いちばん親切な
着物の
The easiest Kimono Manual
教科書

初めてでも自分でできる！

着物の着付けと帯結び

監修◎赤平幸枝

世界文化社

いちばん親切な着物の教科書
初めてでも自分でできる!
着物の着付けと帯結び

目次

Part 1
自分で着る
基本の着付け
まずは小紋からはじめる

Part 2

自分で着る 格式ある席の着付け

訪問着・留袖・喪服

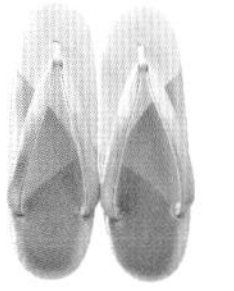

Part 3

晴れの日のために 振袖・袴の着付け

基本と華やかな帯結び

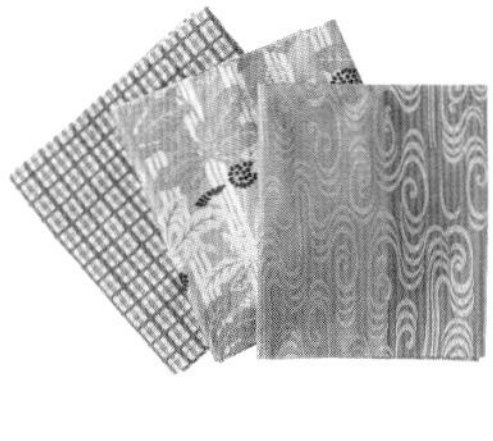

Part 4

着る前、着たあとに

着付けのために知っておきたいこと

下準備とお手入れ

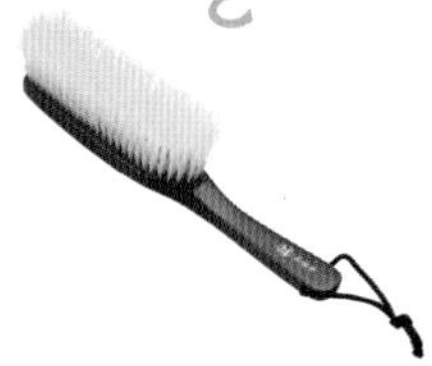

はじめに準備すること

着付けの下準備

自分でできるお手入れ

着物を着たあとは

自分でできるお手入れ

着物と帯のたたみ方

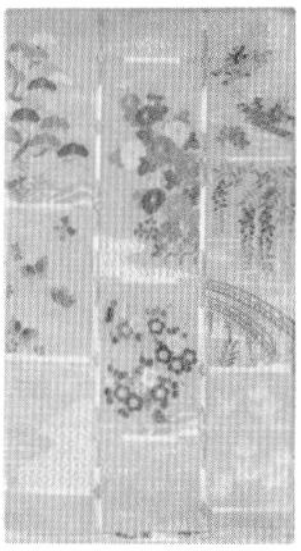

PART

1

◉自分で着る

基本の着付け

まず小紋からはじめる

着物の種類が変わっても、
すべての着付けの基本が、小紋の着付けの手順です。
衣紋の抜き方や、衿合わせなどは、
回数を重ねれば、だんだん慣れていきます。
自分で着られるようになると、
着物で出かける機会がもっと増えることでしょう。

◎着付けに必要なもの

はじめに揃えます

着物や帯など表から見えるもの以外に、肌着や着付け紐などが必要です。最初に一式揃えておくと、ほとんどの着物に使えます。

ここでは小紋を着るために用意したい一式を紹介します。

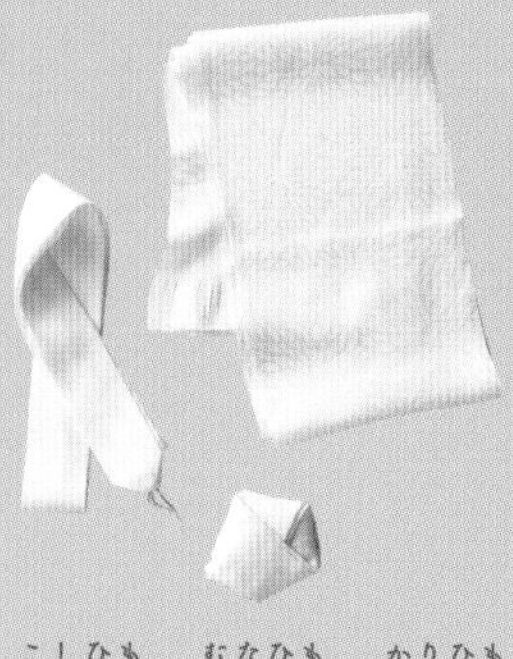

腰紐《こしひも》・胸紐《むなひも》・仮紐《かりひも》

モスリンや絹製などの素材があり、使いやすいものを選びます。予備として５～６本用意を。

肌着

上下分かれた肌襦袢と裾よけや、ワンピースタイプなどがあります。吸湿性・通気性に優れた素材がおすすめです。

半衿《はんえり》・衿芯《えりしん》

半衿は長襦袢に縫いつけます。季節によって素材が変わります。衿芯は縫いつけるものと差し込み芯があり、どちらも衿をきれいに見せるためのものです。

伊達締《だてじ》め

長襦袢や着物の胸元を押さえる幅広の紐です。２本あると便利です。マジックテープがついた市販品もあります。

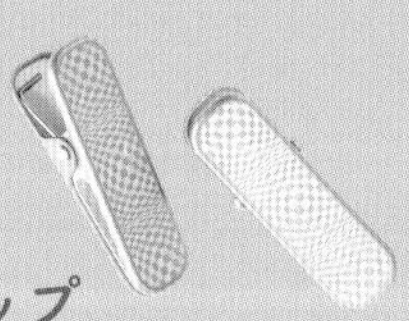

クリップ

着物の衿を留めたり、帯のて先を留めたり、決めた位置がずれないようにして、着付けをサポートしてくれます。

帯揚《おびあ》げ・帯締《おびじ》め

着物と帯に調和するものを選びます。種類が増えると、コーディネートの幅が広がります。

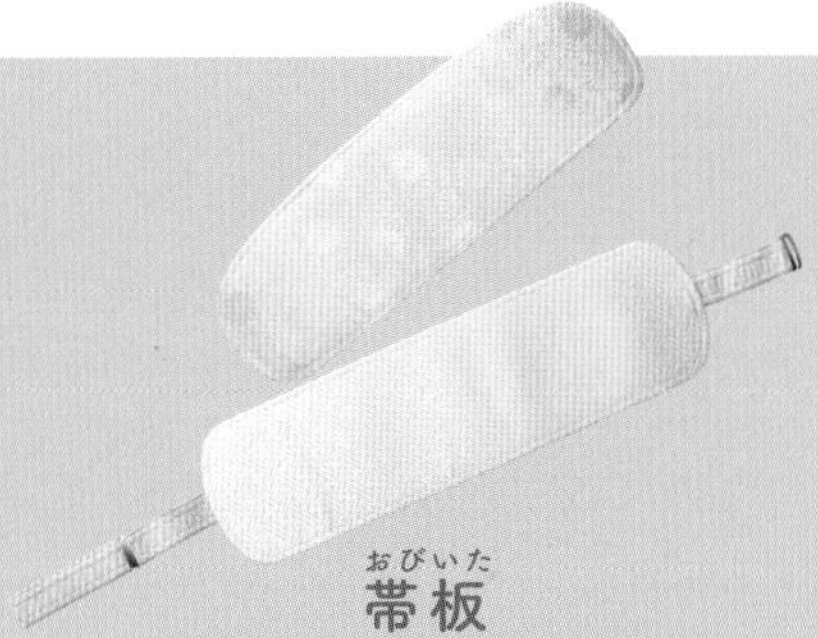

帯板《おびいた》

前帯のしわを防ぐために使います。帯の格や体型によって幅や長さを選びます。

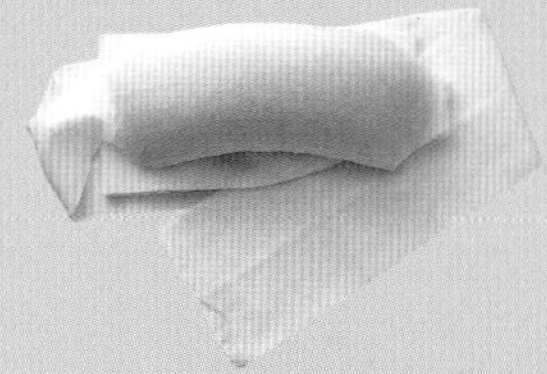

帯枕《おびまくら》

さまざまな帯結びを立体感のある形に整えます。お太鼓に使う一文字の帯枕が使いやすく、ガーゼ紐で包みます。

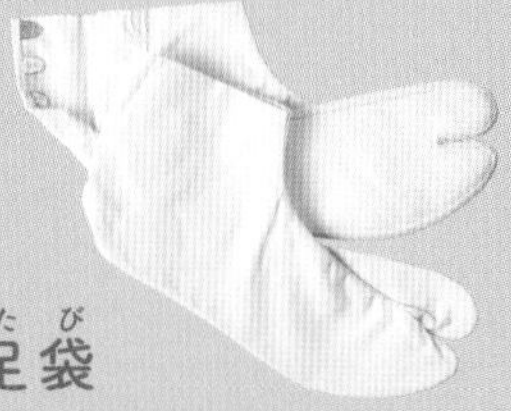

足袋《たび》

白の木綿足袋は、季節を問わずどんな着物にも合います。留め金具のこはぜは、４枚か５枚が一般的です。

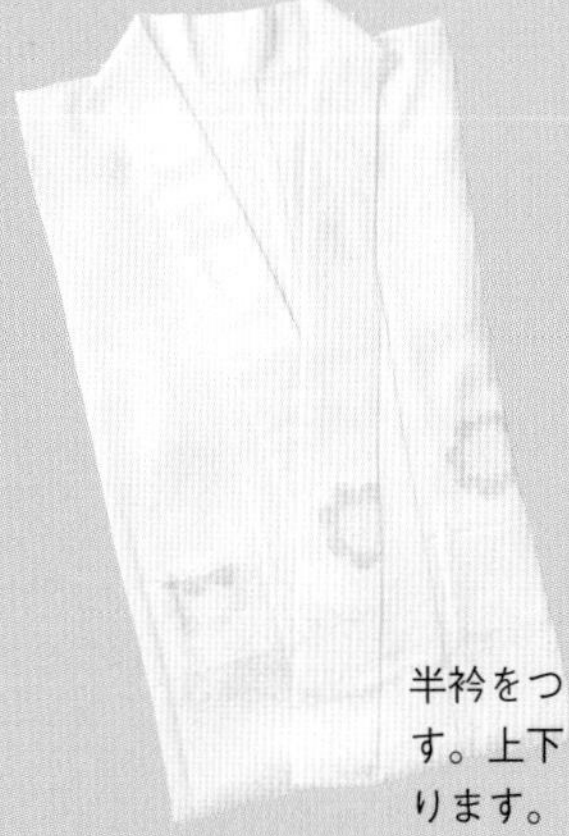

長襦袢《ながじゅばん》

半衿をつけて着物の下に着ます。上下に別れた二部式もあります。

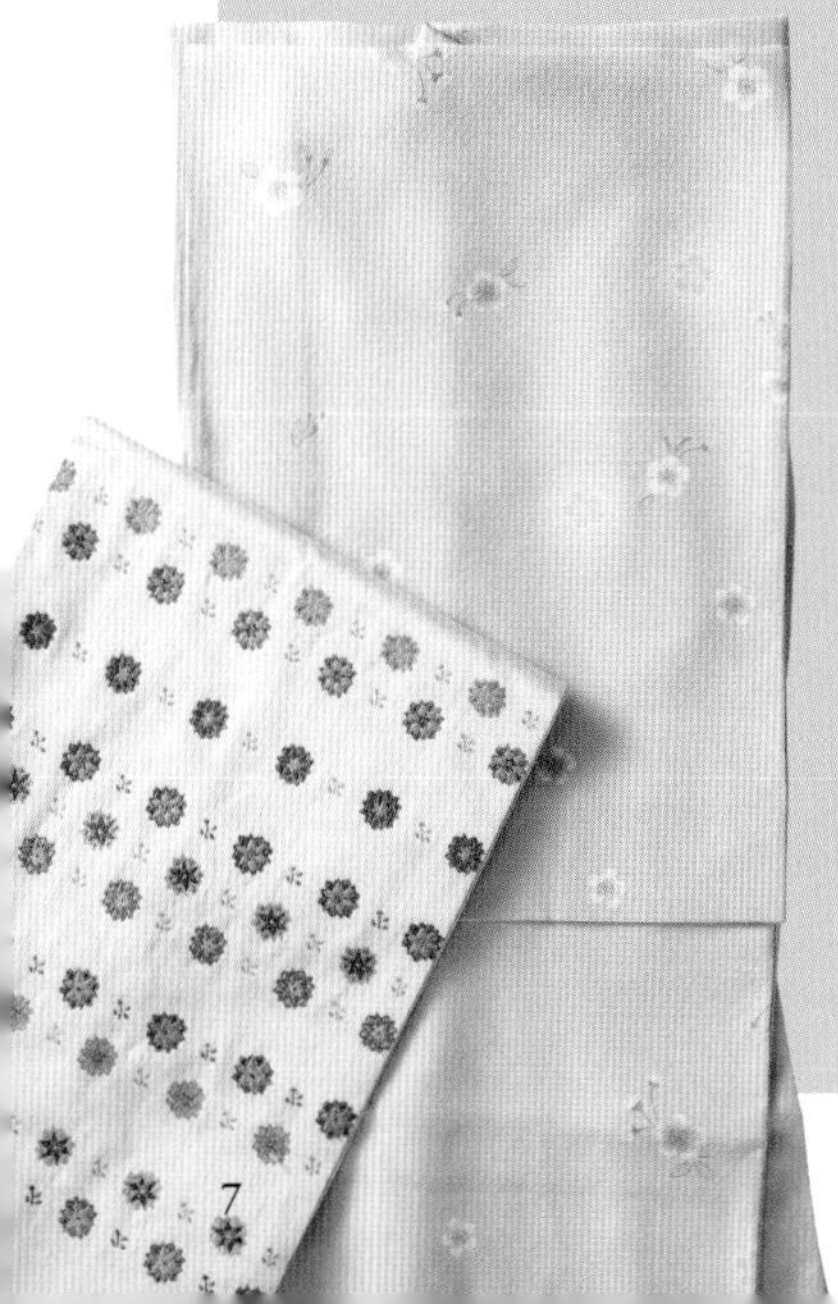

着物・帯

着ていく場所や集まりの格に合わせて、コーディネートを考えます。いろいろな組み合わせを楽しむことができます。

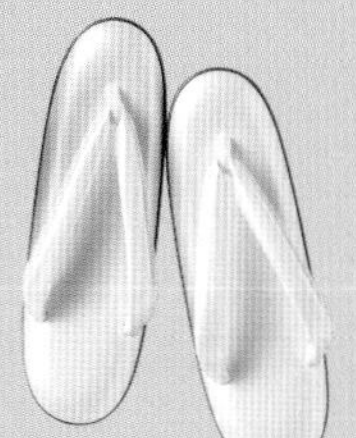

バッグ・草履《ぞうり》

バッグは和装用、洋装用どちらでも使えます。草履は単色の方が着物に合わせやすいでしょう。

着物の
各部の名前

幅約37センチの1枚の布を裁って作る着物には、袖、前身頃、後ろ身頃、衽、衿などの名称がつけられています。洋服にはない独特の呼び名もあるため、着物の寸法を測るときや、着付けの手順を覚える前に頭に入れておくとよいでしょう。

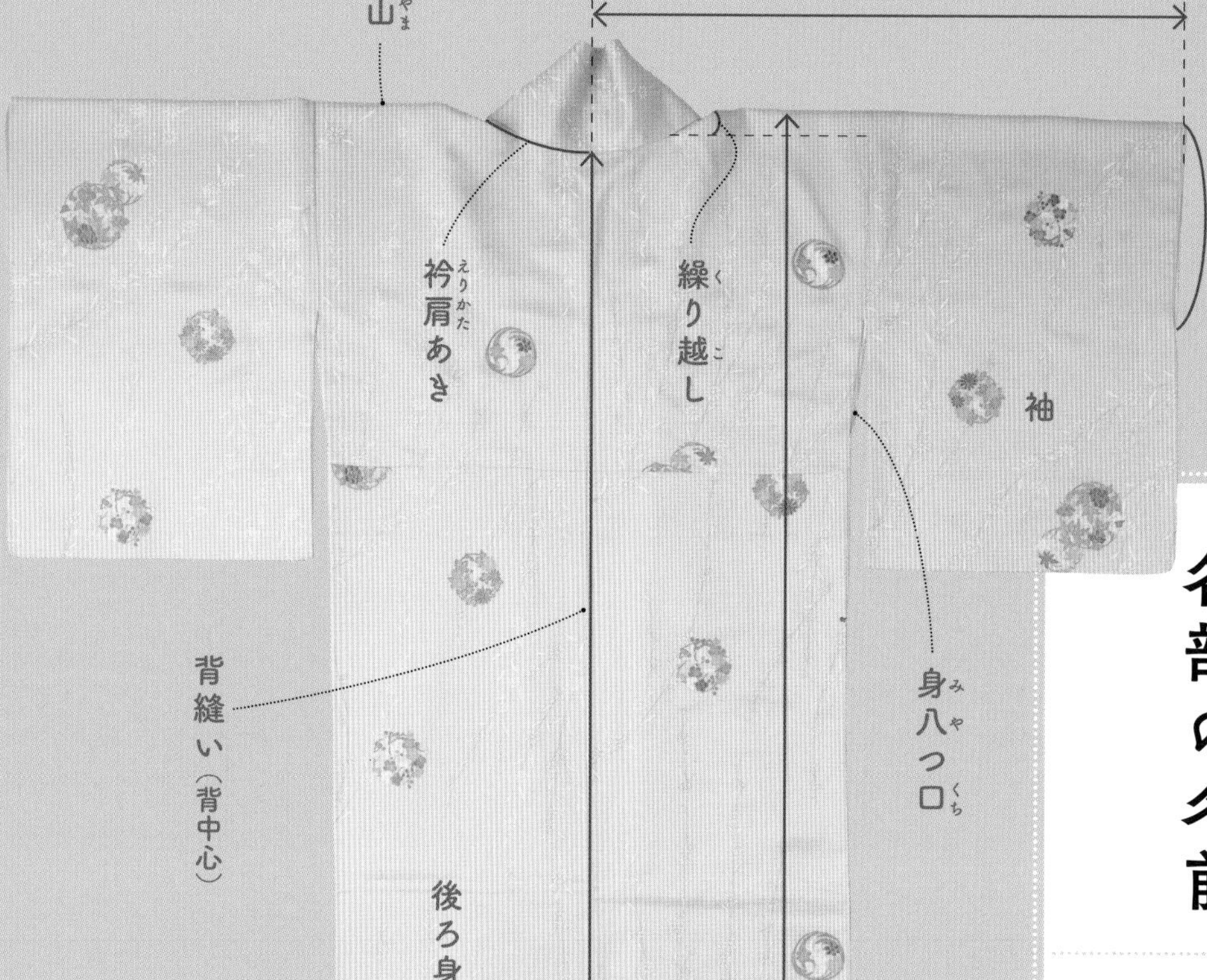

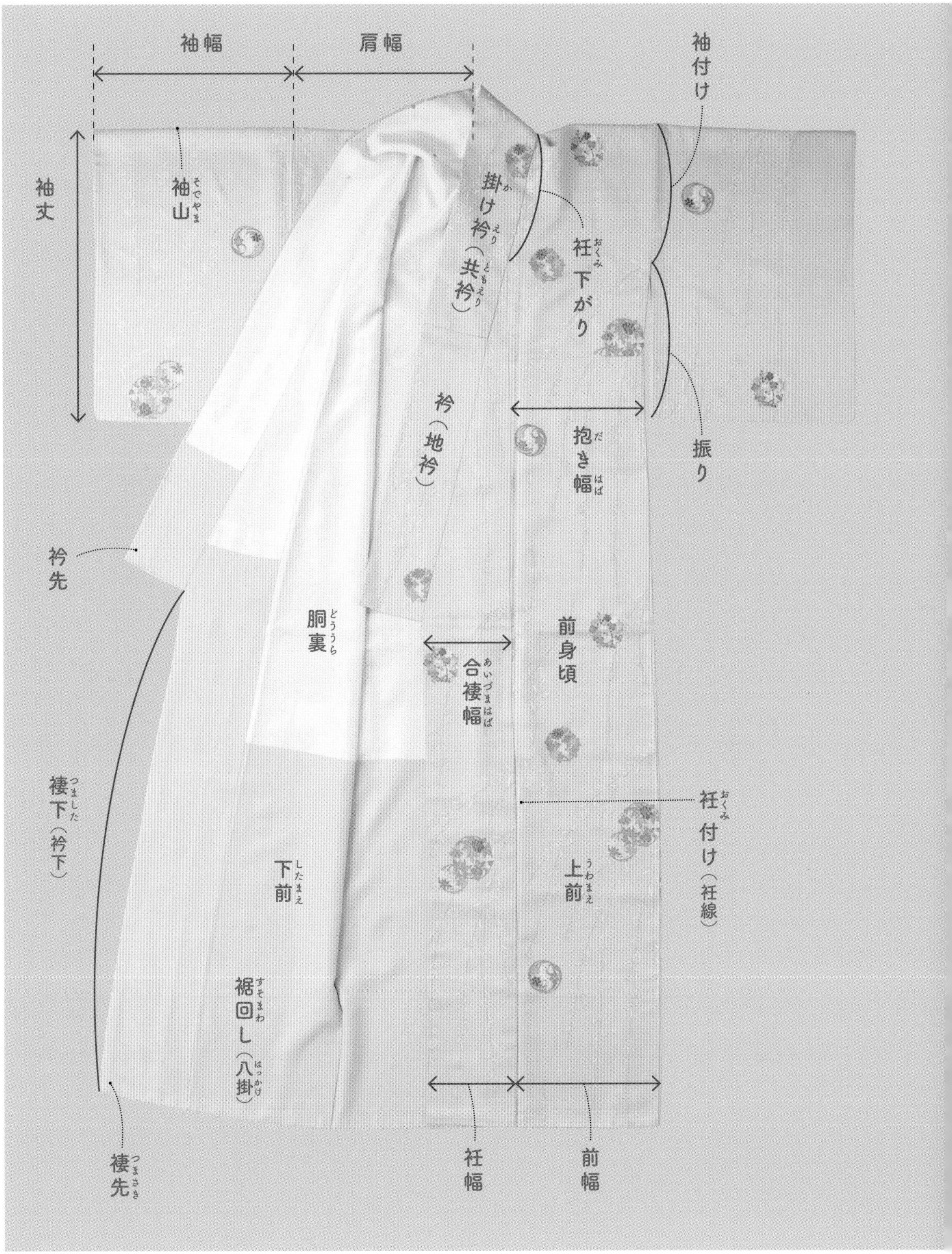
袖幅
肩幅
袖付け
袖丈
袖山《そでやま》
掛《か》け衿《えり》(共衿《ともえり》)
衽《おくみ》下がり
振り
衿(地衿)
抱《だ》き幅《はば》
衿先
胴裏《どううら》
前身頃
合褄幅《あいづまはば》
衽《おくみ》付け(衽線)
褄下《つました》(衿下)
下前《したまえ》
上前《うわまえ》
裾回《すそまわ》し(八掛《はっかけ》)
衽幅
前幅
褄先《つまさき》

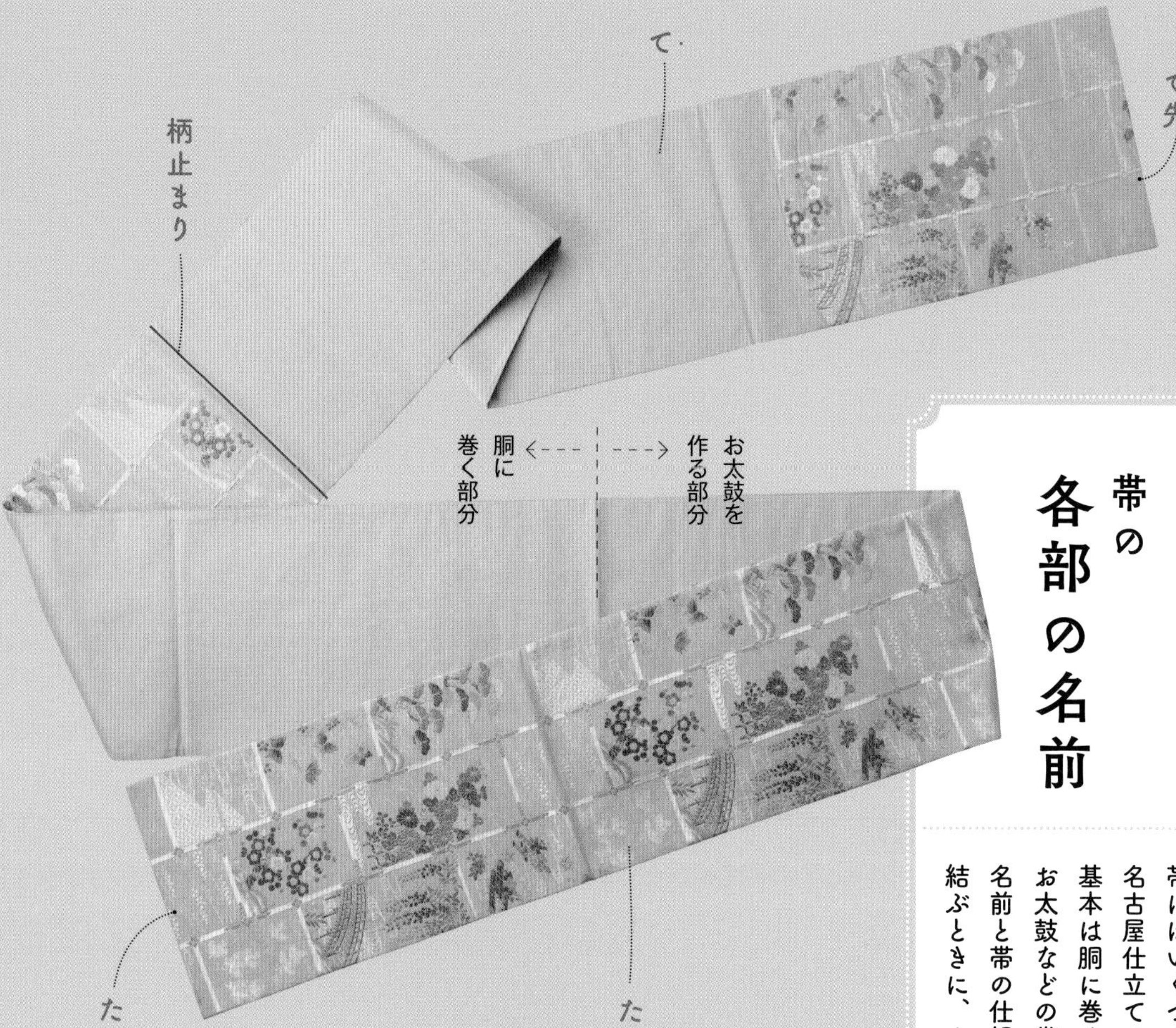

帯の
各部の名前

帯にはいくつか種類があり、ここでは袋帯と、名古屋仕立ての名古屋帯の各部の名前を紹介します。基本は胴に巻く部分のてと、お太鼓などの帯結びの形を作るたれに大別されます。名前と帯の仕組みを覚えておくと結ぶときに、より理解しやすいでしょう。

袋帯

振袖や留袖、訪問着などに合わせるフォーマルなものと、紬などにも合う洒落袋帯があります。

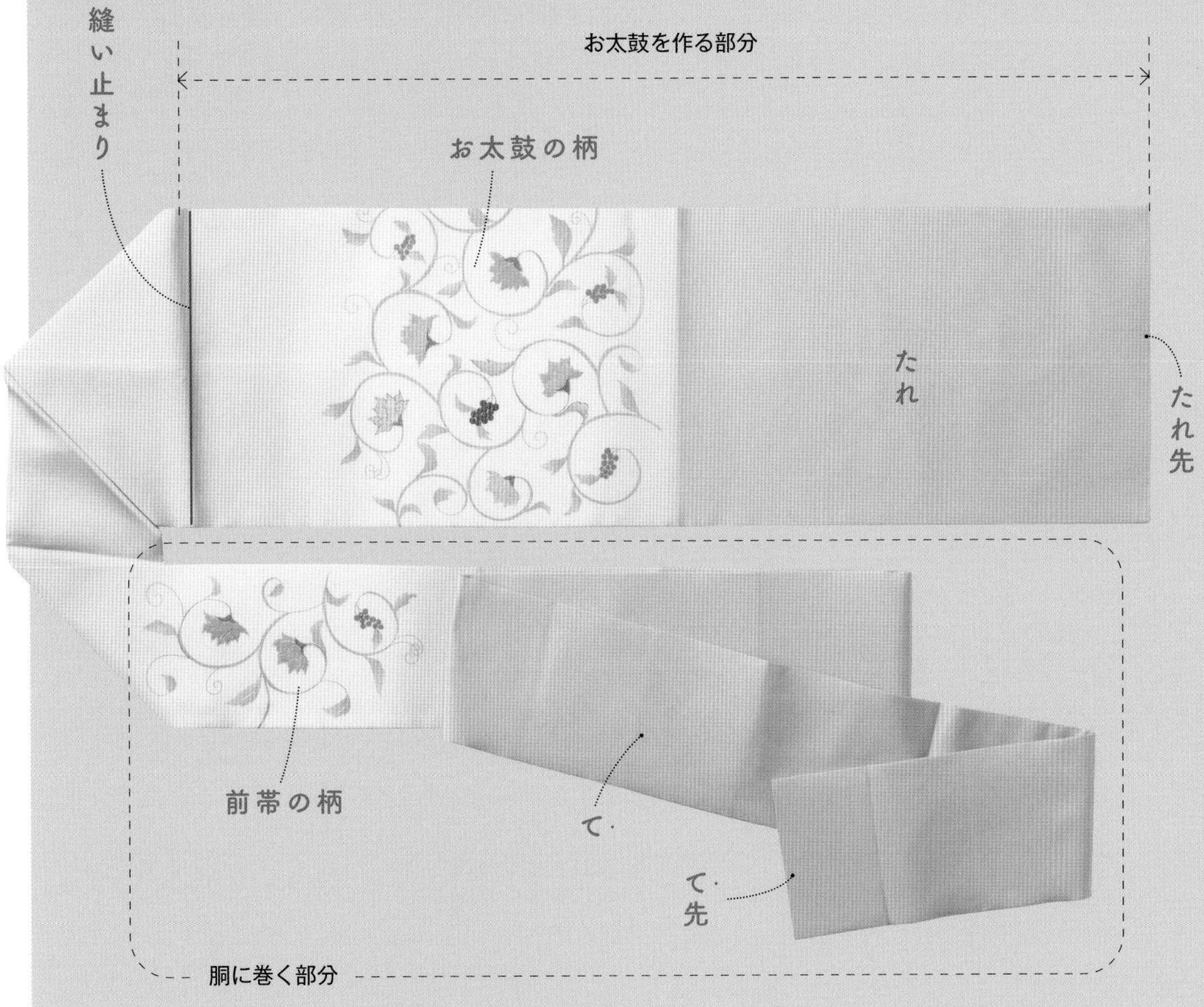

名古屋帯
（名古屋仕立て）

名古屋帯の仕立て方はいくつかあります。名古屋仕立ては、胴に巻く部分を半分に折って仕立てたものです。

◎ちょっとしたお出かけに

小《こ》紋《もん》の着付け

小紋は気軽なお出かけ着として、利用範囲の広い着物です。紬などカジュアルな織りの着物は、生地の風合いは異なりますが、着方は同じです。小紋も紬も名古屋帯で一重太鼓に結ぶのが一般的です。

小紋の着付けは基本中の基本。よそゆきに着るときは、少し着丈を長めにするとエレガントに。紬や御召、木綿などの織りの着物は着丈をやや短めに。

check!

●はじめに**着付けの下準備（p108 ～）**をします。そして着物をはおる前に、**着付けの下ごしらえ（p111 ～）**をして、長襦袢を着たところからはじめます。

step 1

着物をはおる

1

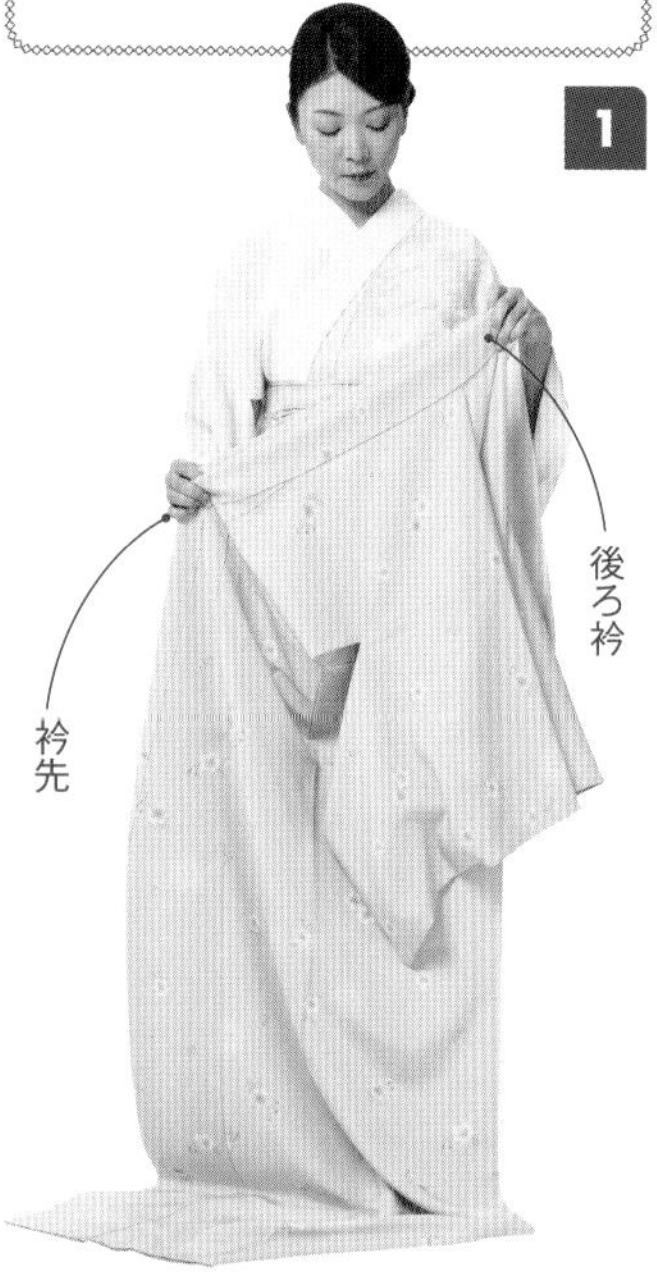

着物は洋服のようにいきなり腕に通さずに、衿の幅を半分に折り、着物の衿先と後ろ衿を揃えて持ちます。

2

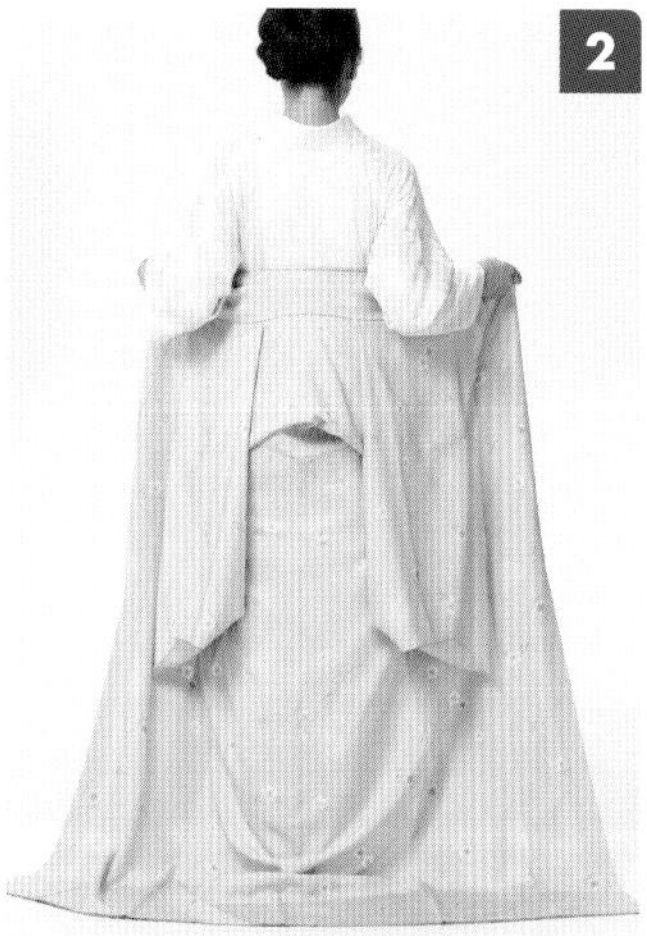

後ろ衿を持った手を離し、衿先を持った手を体の後ろにまわします。後ろで両手に持ち替えて、着物を腰にあてます。

step 2

下前と上前を合わせ、腰紐を結ぶ

3

着物を両肩にかけ、片方の長襦袢の袂《たもと》を握って着物に袖を通します。

4

もう一方の袖も同様に通します。

5

片方の手で着物の両衿を持ち、もう一方の手で背縫いを持って、背中心を合わせます。衣紋を確認します。

6

左右の衿を持ち、着物をいったん持ち上げます。

お茶のお稽古などのときは、立ったり座ったりの動作がしやすいように着丈を短めに。目安は床から２～３cmです。

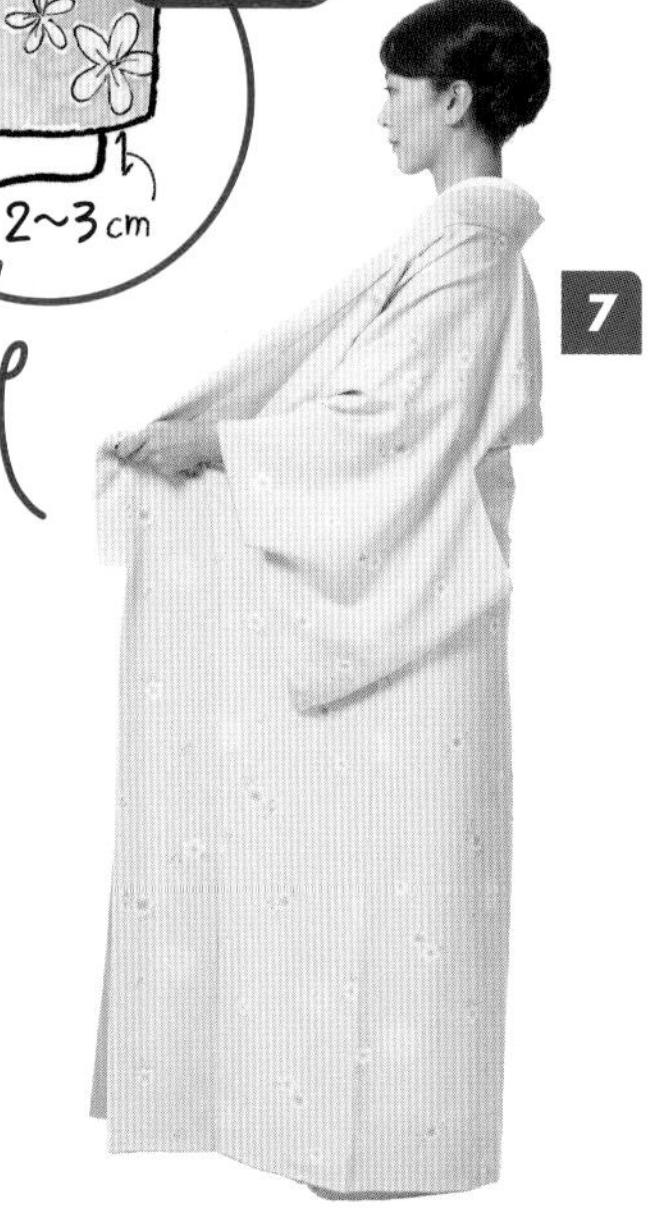

静かに着物を下ろして、着丈を決めます。気軽な街着の場合は、足袋が少し見えるくらいを目安にします。腰紐を結ぶと、着上がりは約２cm短くなります。

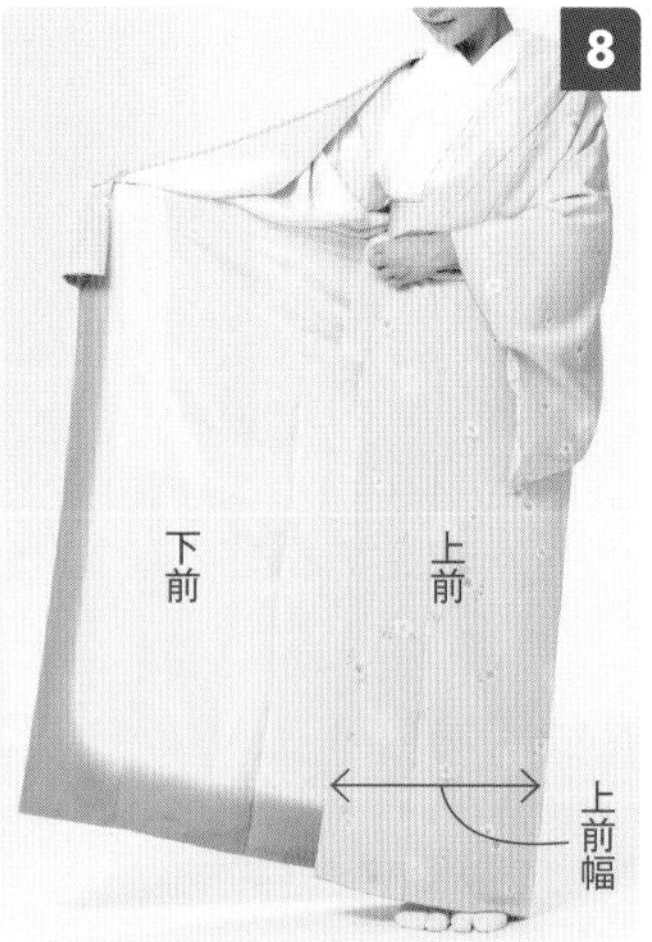

下前を開き、上前の衿先が右の腰骨のところにくるように合わせ、上前幅を決めます。

ここが point! 正座や立ち座りの動作が多いときは、上前幅をいつもより深めに合わせると着くずれしにくくなります。

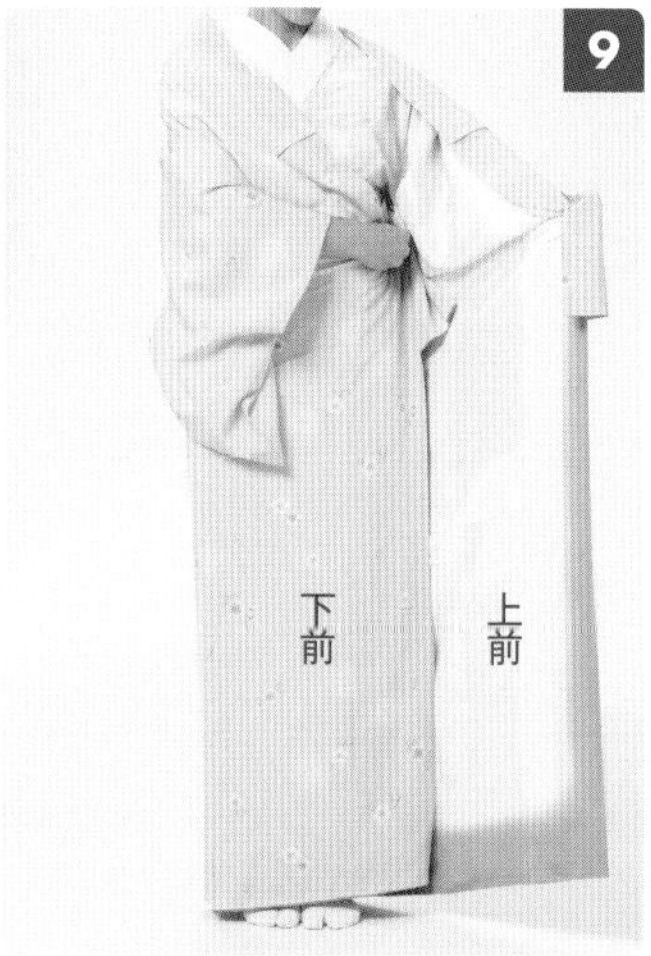

いったん上前を開き、下前を入れ込みます。

この後、裾すぼまりにするために、下前の褄先《つまさき》を15cmくらい上げます。生地に張りのある織りの着物の場合は、10cmくらい上げます。

再び、静かに上前を合わせ、今度は上前の褄先を５、６cm上げます。

右手で上前の衿先を押さえたまま、左手で腰紐をとり、腰骨の少し上のところにあてて、しっかり結びます。短い着物の場合は、腰骨ギリギリで結びます。

▶腰紐の結び方は25ページ。

step 3

おはしょりを整えて、胸紐を結ぶ

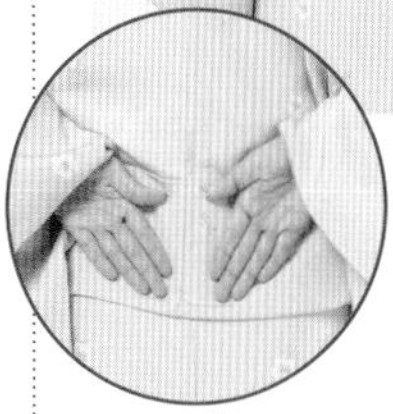

後ろのおはしょりを整えるときの両手の向き。

身《み》八《や》つ口《くち》から両手を入れて、後ろのおはしょりを整えます。両手の指先を伸ばして、とんとんとしわを伸ばします。

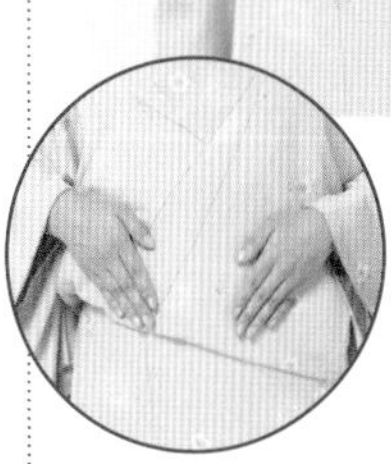

前のおはしょりを整えるときの両手の向き。

身《み》八《や》つ口《くち》から両手を入れて、前のおはしょりを整えます。両手の指先を伸ばして、しわを伸ばします。

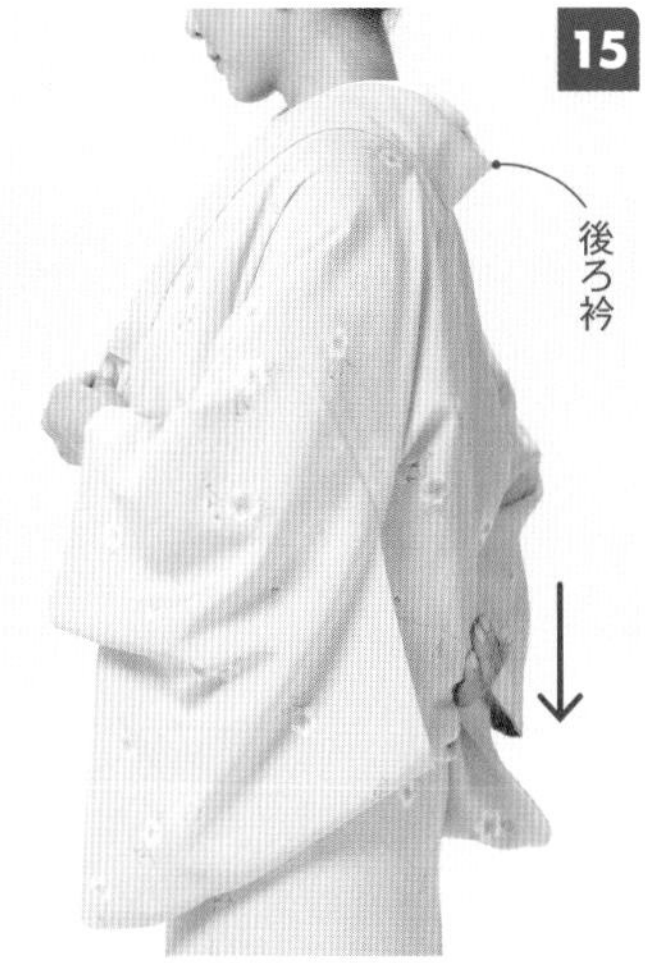

片方の手で着物の衿、もう一方の手で背縫いを持ち、下に引いて後ろ衿を整えます。

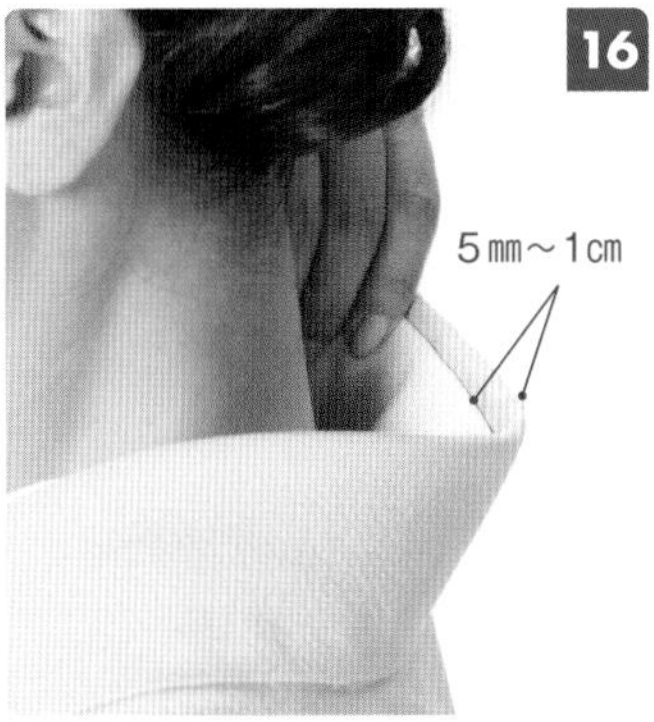

半衿より着物の衿が5㎜～1㎝出るように、後ろ衿（衣《え》紋《もん》）を合わせます。指先で確認するといいでしょう。

ここがpoint!

衣紋の抜き加減は、髪型とのバランスも大事。低めのまとめ髪は、お団子部分が衿に入り、衿や髪型がくずれやすいので調整を。

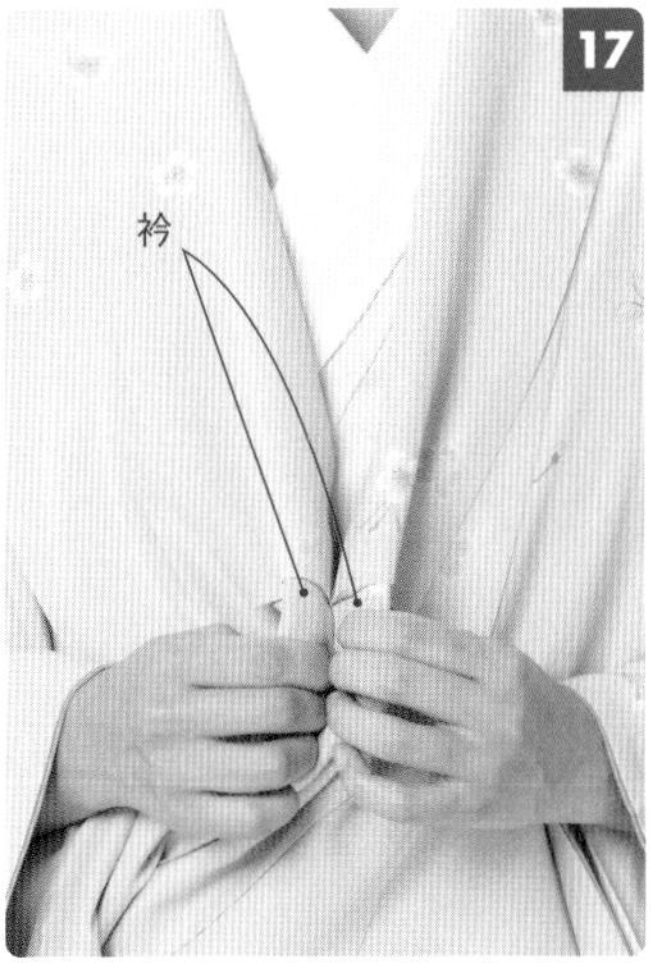

左右の衿を持ち、着物の衿幅を決めます。バストの大きい人は、衿幅を広めにとります。

半衿を左右バランスよく出して、まず下前の衿を整えます。

続いて、上前の衿を合わせて整えます。

左右の衿幅を確認してから、胸の下に胸紐を結びます。

▶胸紐の結び方は26ページ。

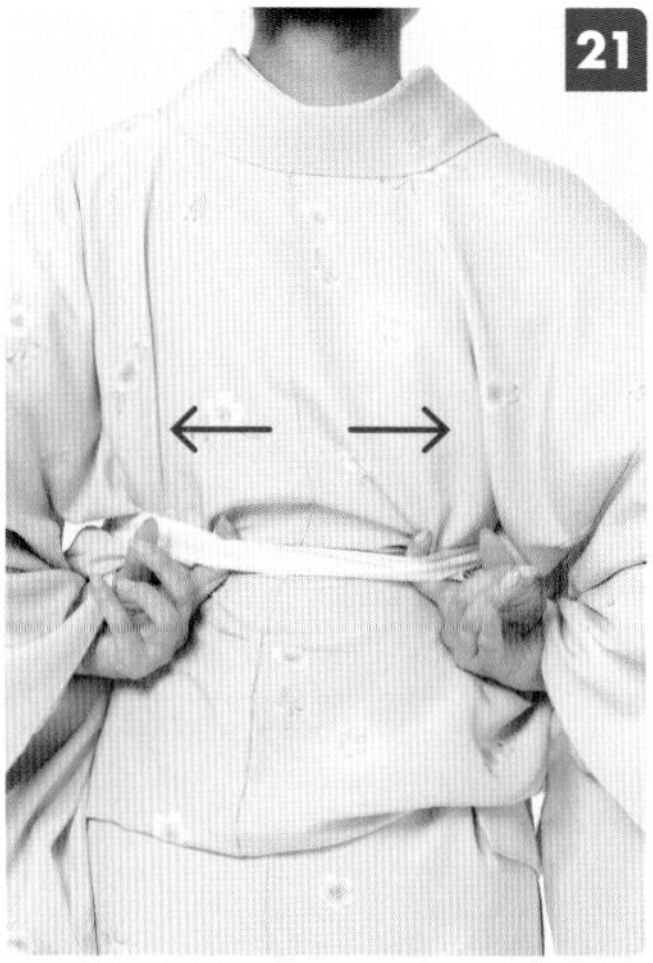

背中心のところで、胸紐の下から人さし指を入れて、背中のしわを左右に寄せます。

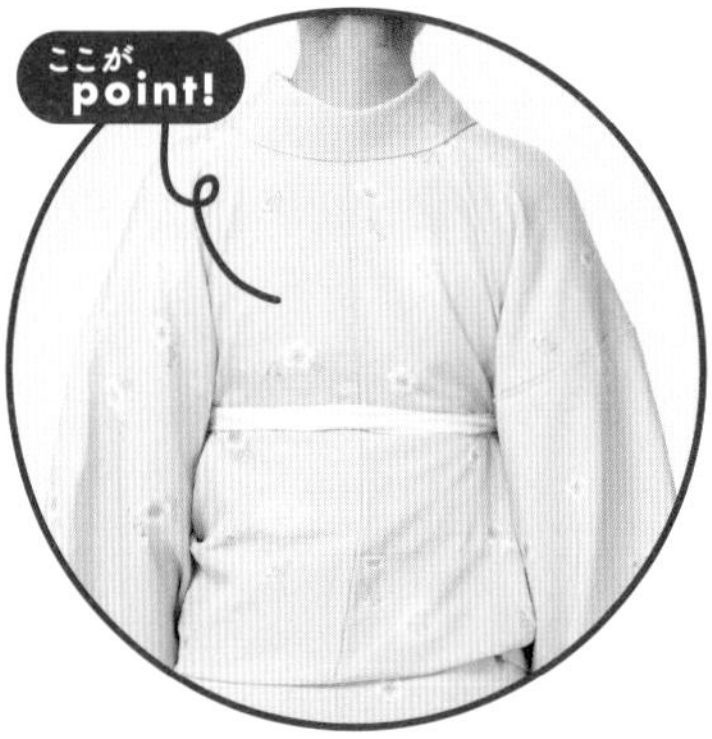

胸紐の上に
余分なしわやたるみが
ないように！

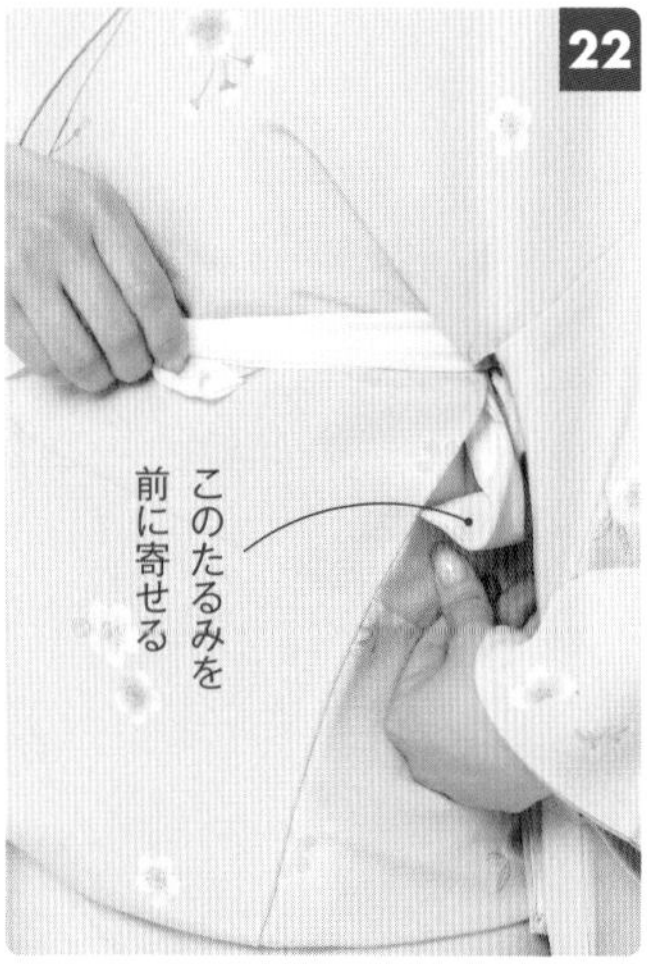

左右に寄せたしわは、後ろ身頃に前身頃をかぶせてタックをとります。

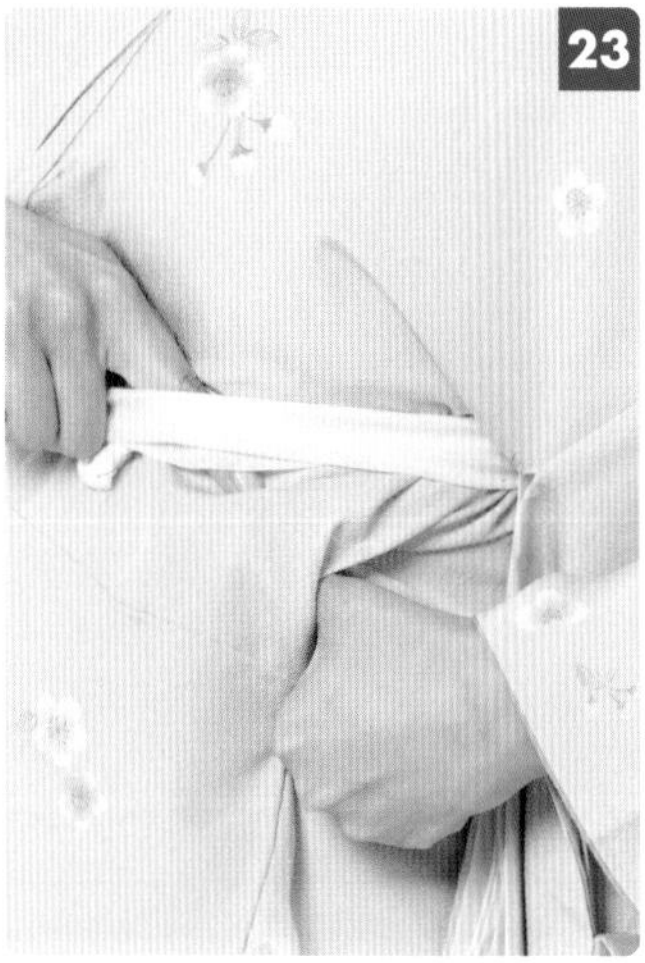

前身頃を引くときは、衿合わせをくずさないように注意しながら胸紐で押さえます。

24

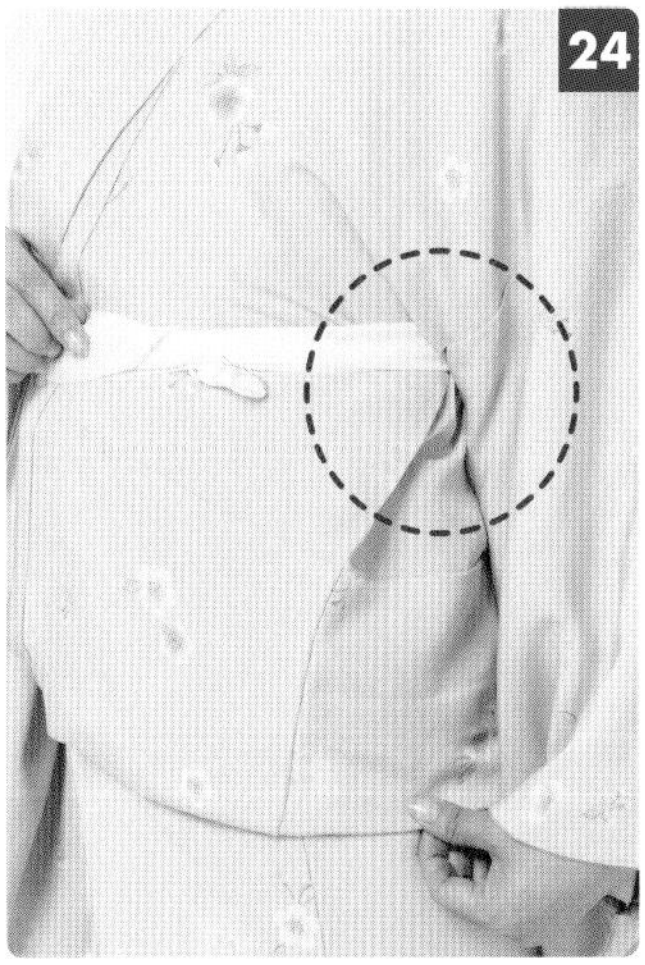

反対側も同様に整えます。

25

おはしょりを整えながら衽線も合わせます。整えたおはしょりの上に伊達締めを結びます。みぞおちに当たる胸紐は、少し下げておきましょう。

▶伊達締めの結び方は26ページ

着物の着付け
完成！

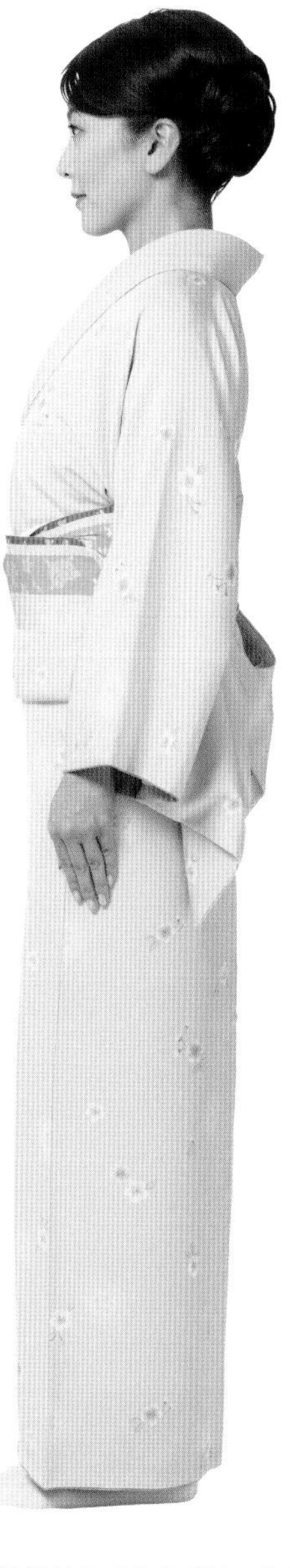

小紋の着付けのでき上がり。余分なしわがなく、衣紋もきれいに抜けています。
※慣れてきたら、胸紐か伊達締めを省略してもかまいません。

名《な》古《ご》屋《や》帯《おび》でお太《た》鼓《いこ》結《むす》び

お太鼓部分が1枚の一重太鼓は、基本の帯結びです。帯の柄や格によって用途が広がり、いろいろなコーディネートを楽しめます。

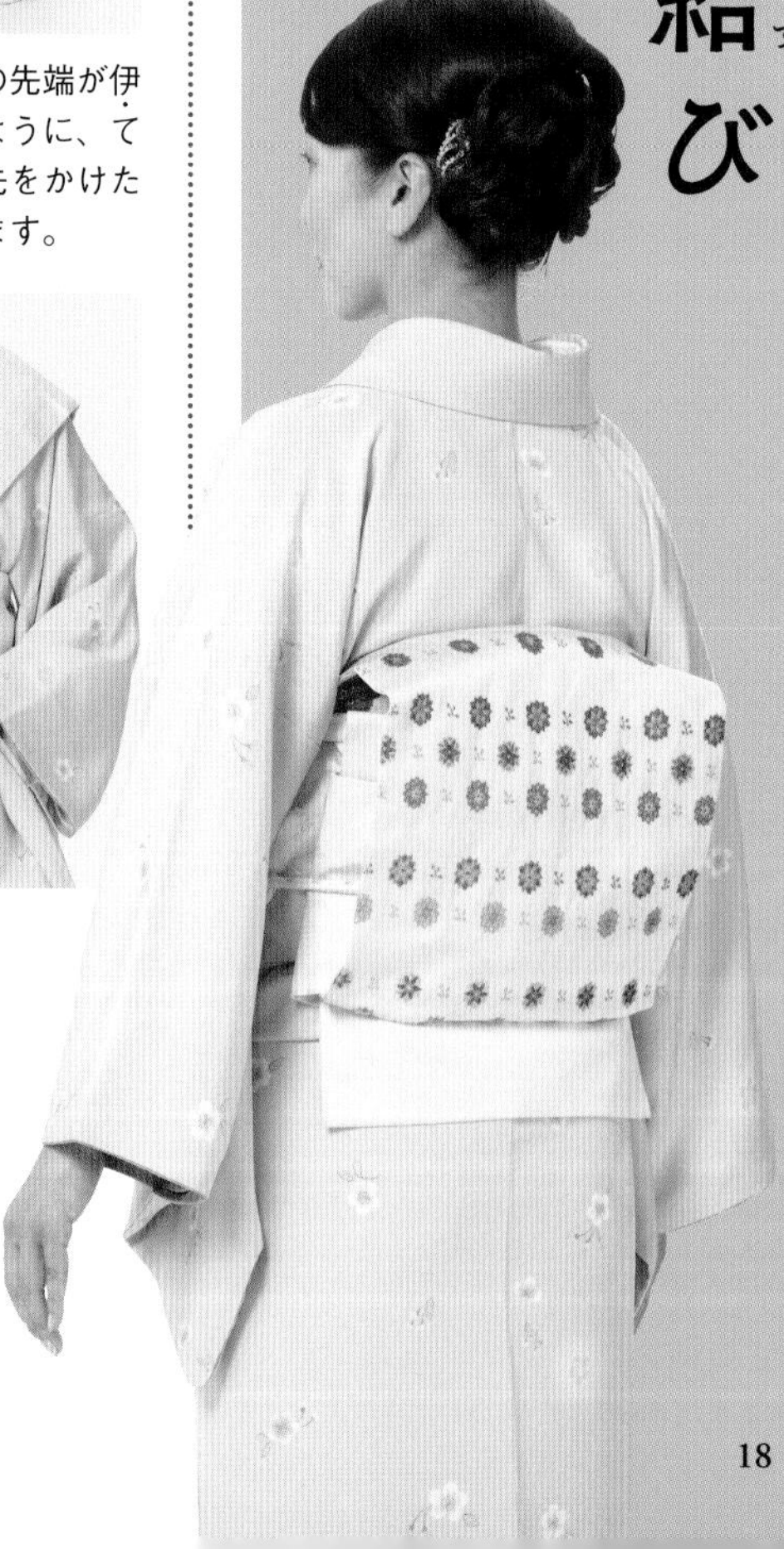

step 1

胴に帯を二巻きする

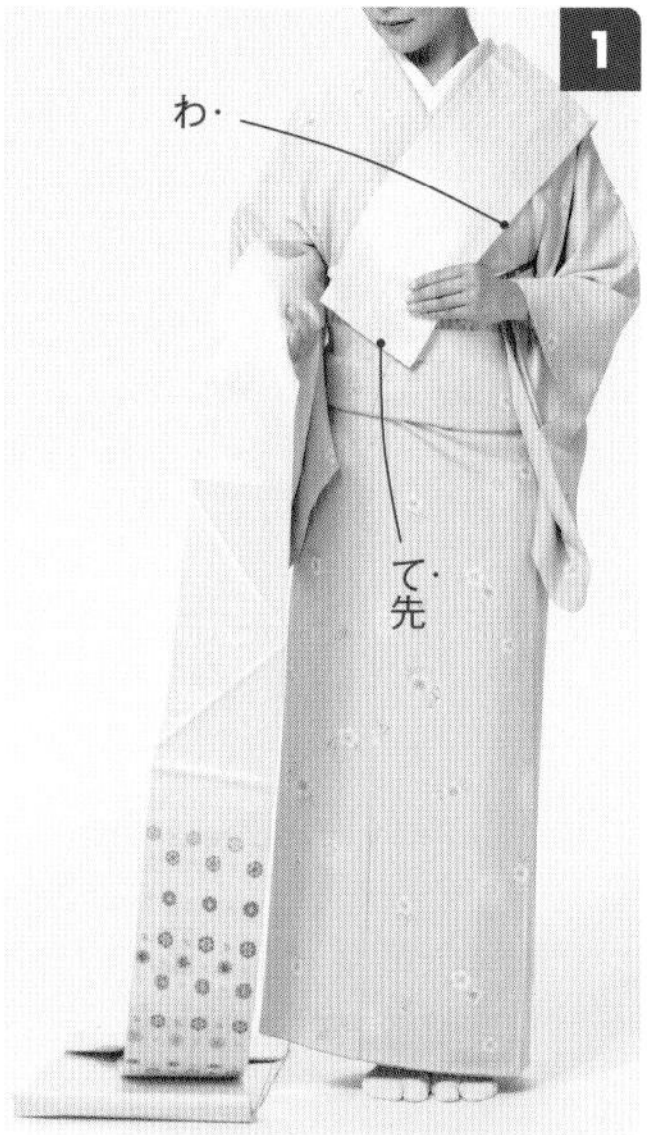

て先を左肩にかけ、て先の先端が伊達締めの下あたりにくるように、て先の長さを決めます。て先をかけたまま、胴に帯を巻き始めます。

※体型や帯の長さによって、て先は短くてもかまいません。また、前帯の柄の出し方によって、て先を右肩にかけて巻く場合もあります。

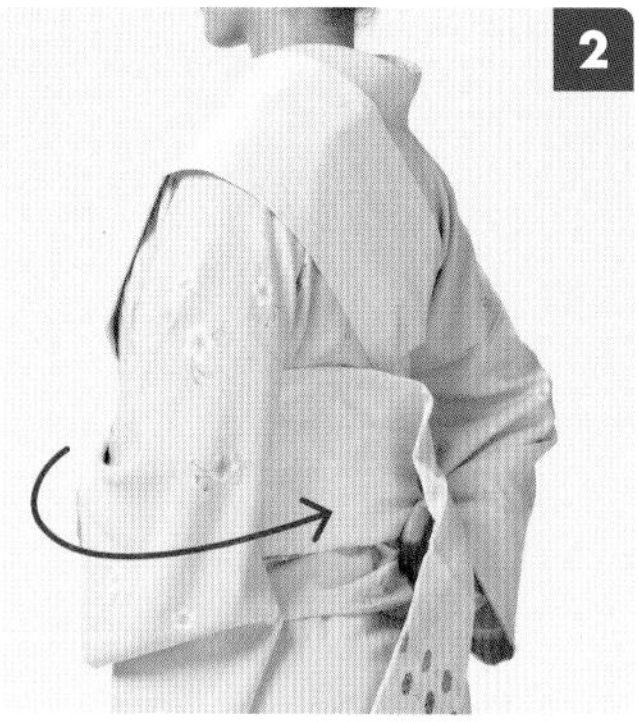

帯の下を持って、胴に沿わせるように右側から一巻き目を巻きます。

一巻きしたら、肩にかけていたて先を外します。

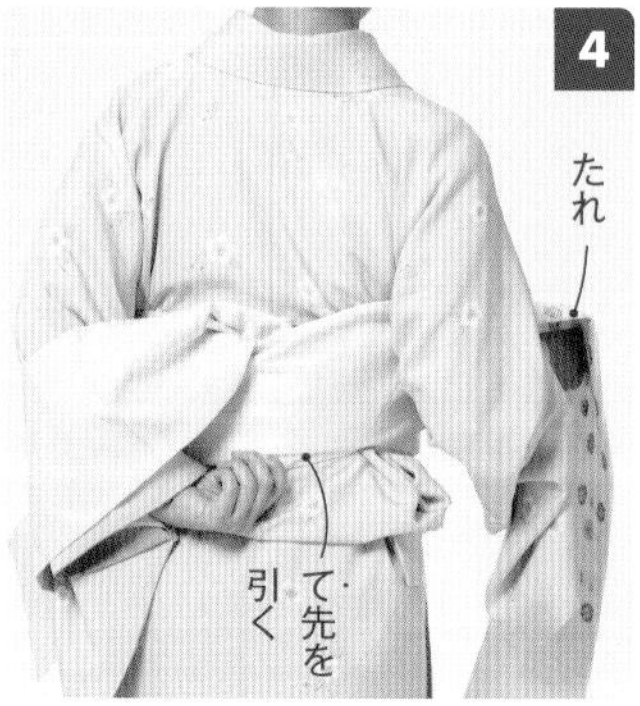

右手でたれの下を持ち、左手でたれの下からて先を引き、て先を引いたまま、たれを締めます。

step 2

たれを折り上げる

二巻き目を巻くときに、帯板を入れます。ゴム紐つきの帯板の場合は、帯を巻く前に伊達締めの上からつけておきます。

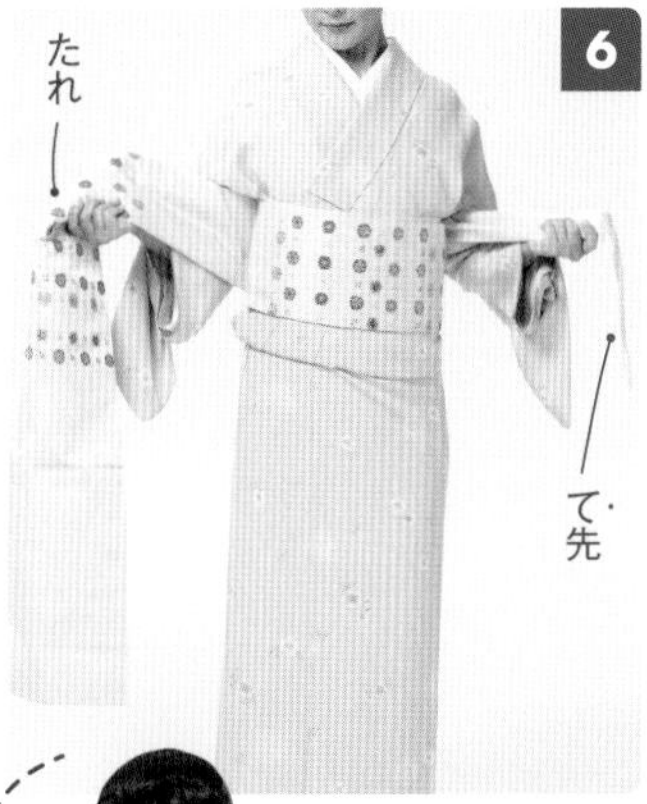

右手にたれ、左手にて先を持ち、二巻き目を締めます。

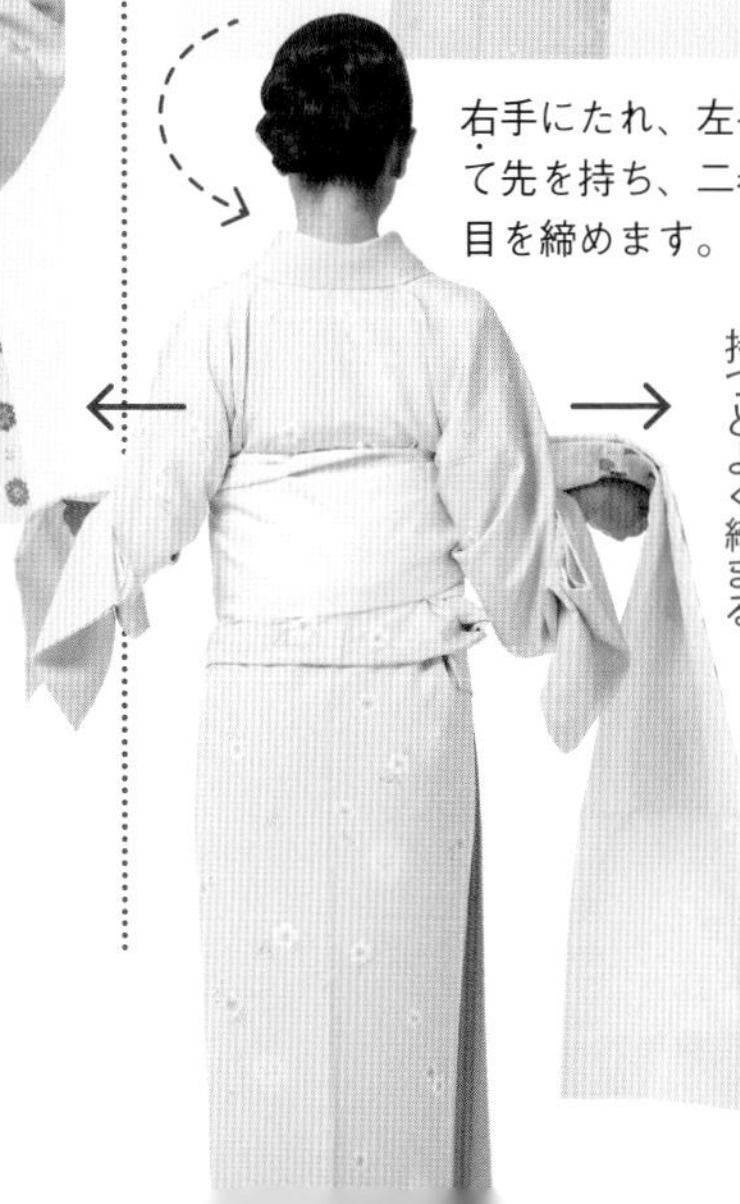

背中心のところで、左手でて先を下げ、右手でたれの元を持ちます。

左手はて先を握ったまま、右手でたれを折り上げます。

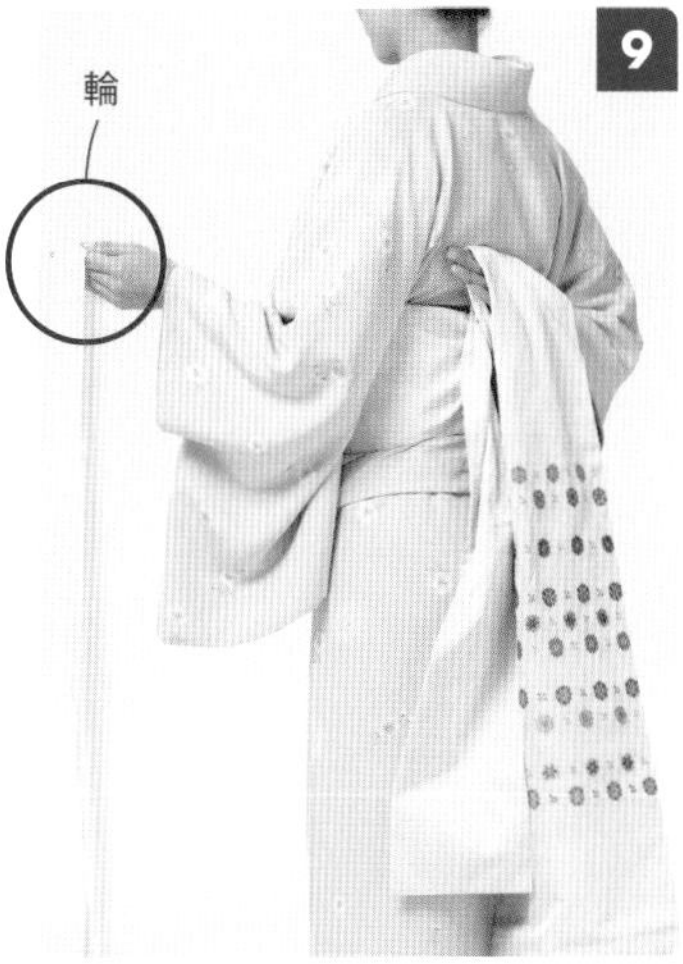

右手でたれを折り上げたまま、左手で半分に折った仮紐の輪を持ちます。

仮紐の輪を右手に持ち、２本になっている仮紐でたれを押さえながら前に渡します。

仮紐は半分に折ったまま、前にまわします。

仮紐の輪に紐端を１本通します。仮紐は１本のまま結ぶよりも、輪に通したほうがしっかり締まり、長い紐が邪魔になりません。

仮紐は仮結びをしておきます。

て先はしばらく使わないので、前帯に重ねてクリップで挟んでおきます。

step 3

お太鼓を作る

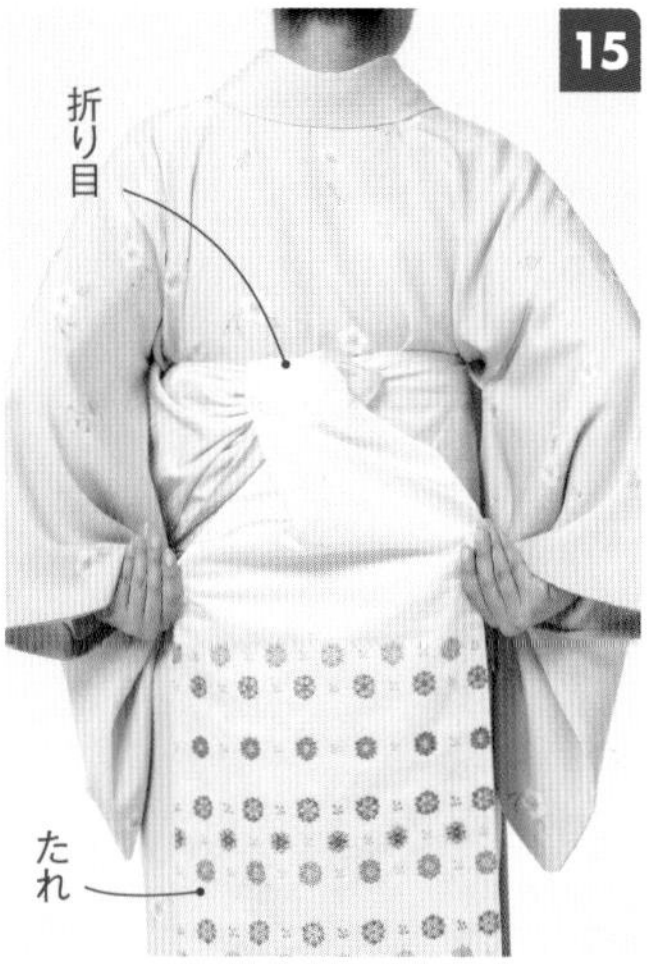

たれを折り目の近くから、きれいに広げます。

折り目の下に仮紐をあてます。
※慣れてきたら、この仮紐は省略してもかまいません。

仮紐を前で、前帯の上に結んでおきます。

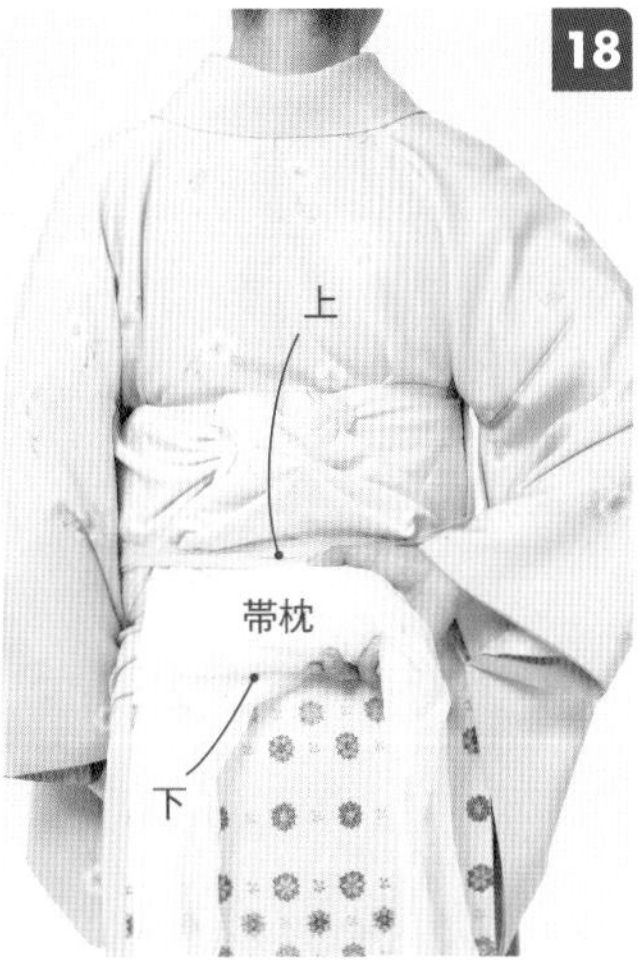

帯枕を手にとります。
※帯枕にはあらかじめ帯揚げをかぶせて、ずれないように中央をゴムで留めておくこともできます。p70プロセス**8**、p92プロセス**18**も参照。

帯枕をたれの内側に入れ、両手で帯枕のガーゼ紐を持ちます。

帯枕のガーゼ紐を持ち上げて、たれを背中にしっかりつけます。ガーゼ紐を前で少し下げながら引きます。

帯枕のガーゼ紐は前で結び、帯と伊達締めの間に入れ込みます。

▶帯枕のガーゼ紐の結び方は27ページ。

２本の仮紐をほどき、静かに引き抜きます。（１本目の仮紐は、つけたままでもかまいません）

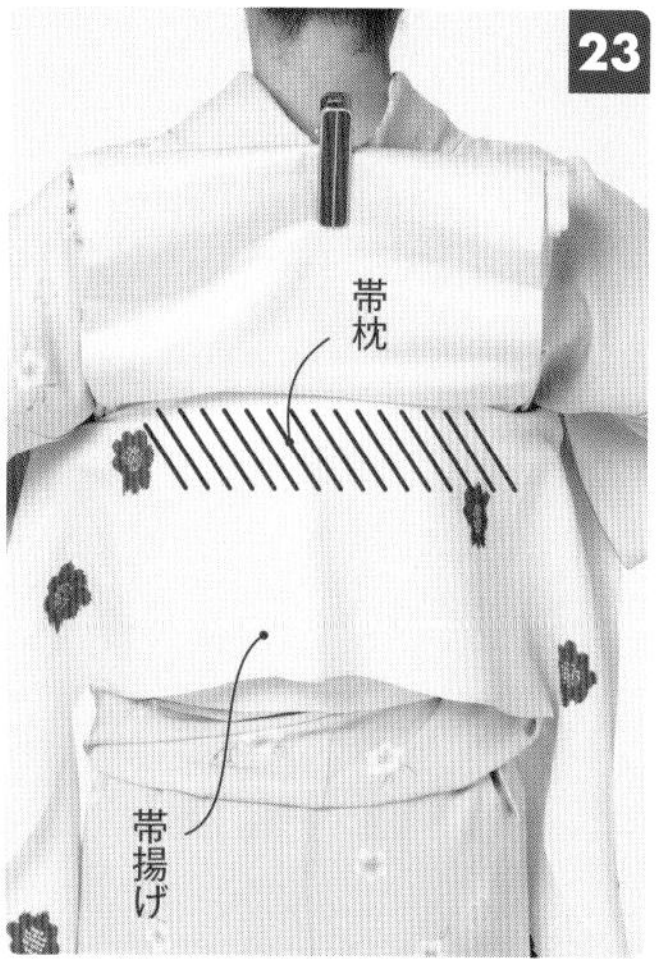

帯枕の上に帯揚げをかぶせます。

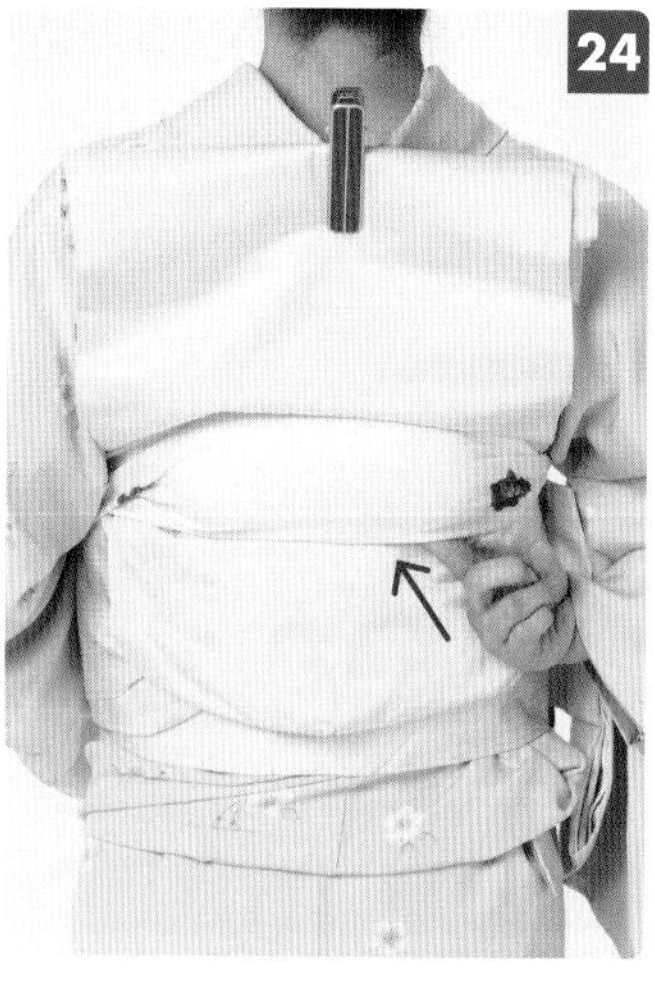

帯揚げの下部分を帯枕に指で入れ込み、帯枕を包むように整えます。

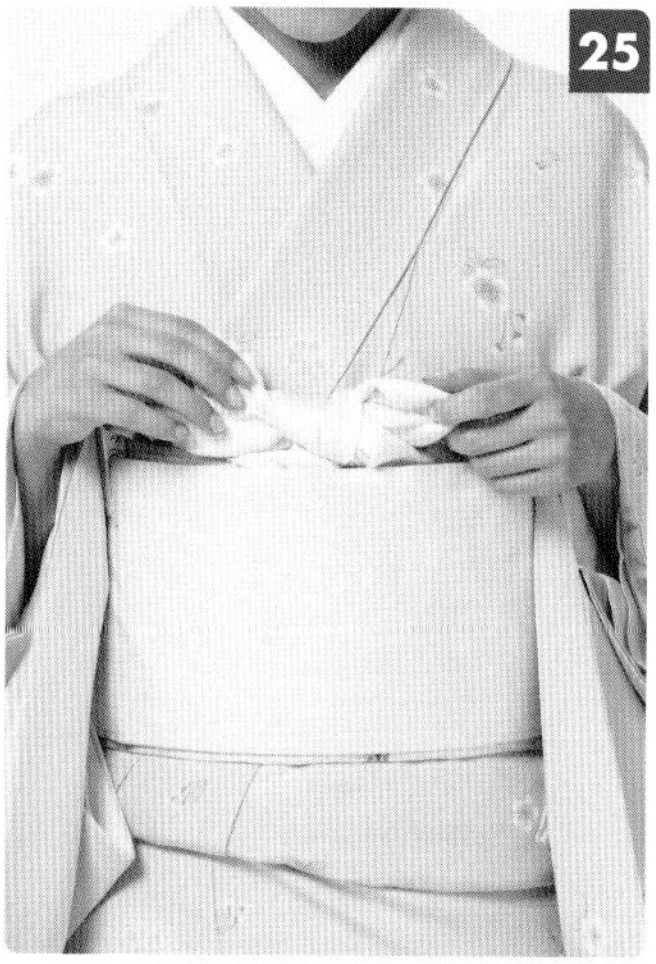

帯揚げは前で仮に結んでおきます。

お太鼓の大きさを決めて（胴帯の下あたりを目安にする）、たれの内側に仮紐をあてます。

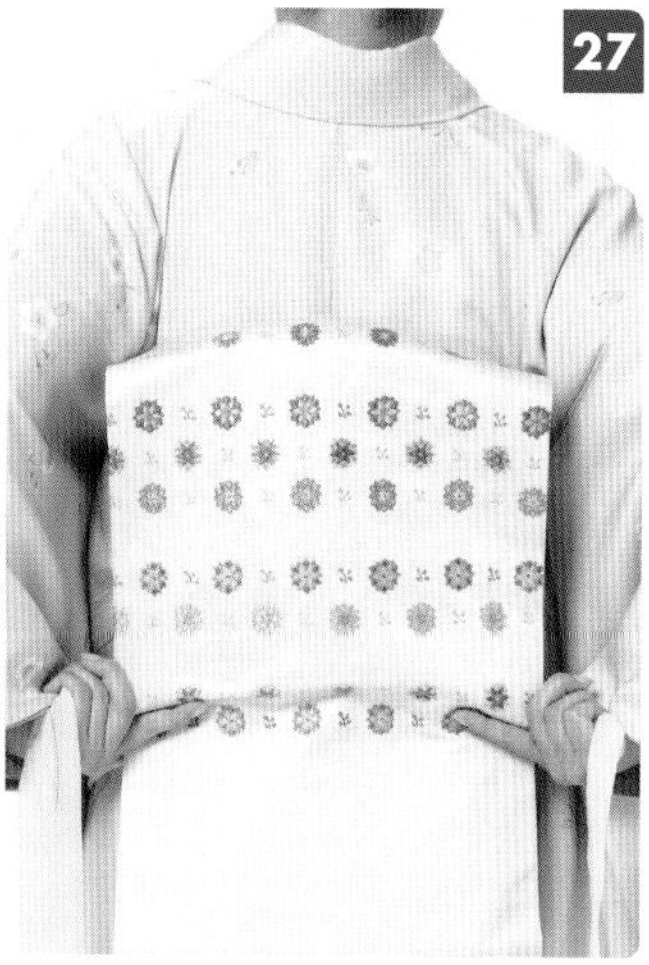

仮紐をあてた線（お太鼓の下線）に、左右の人さし指をあてます。

人さし指を使ってお太鼓の下線を内側に折ります。

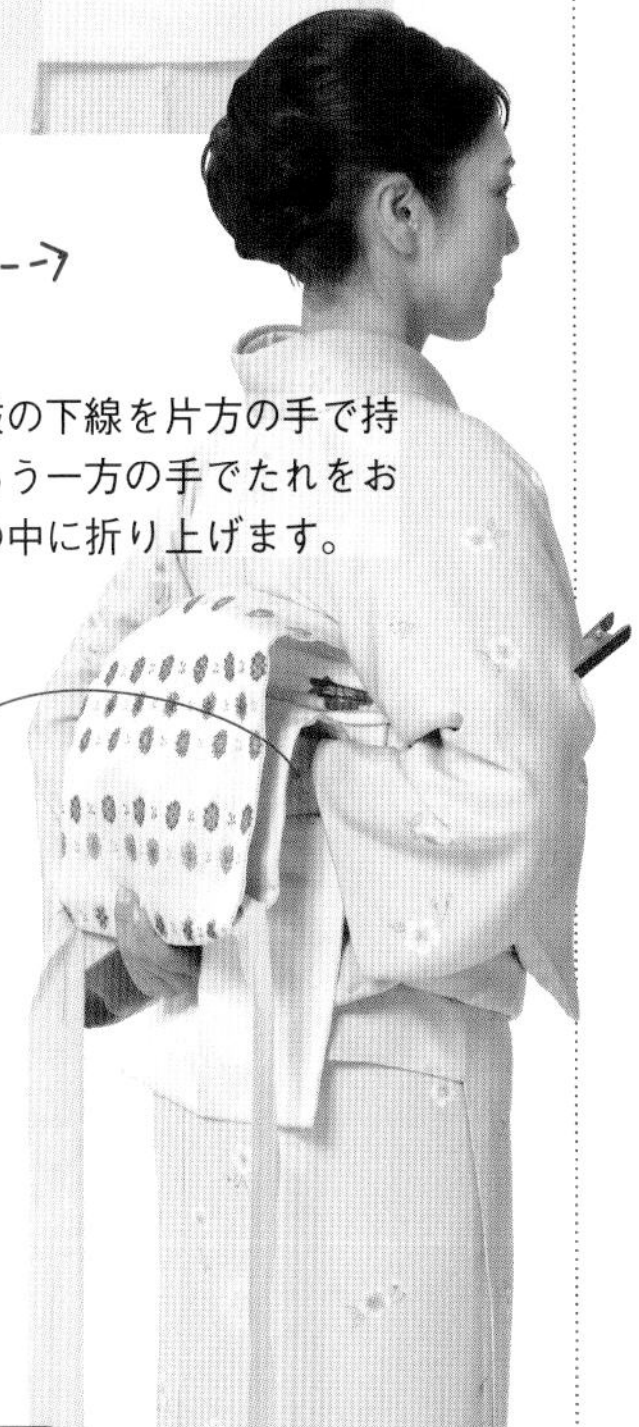

お太鼓の下線を片方の手で持ち、もう一方の手でたれをお太鼓の中に折り上げます。

ここがpoint!

片方の手で、お太鼓の中央を仮紐と一緒に押さえながら、もう片方の手の甲を背中にスライドさせるように折り上げます。

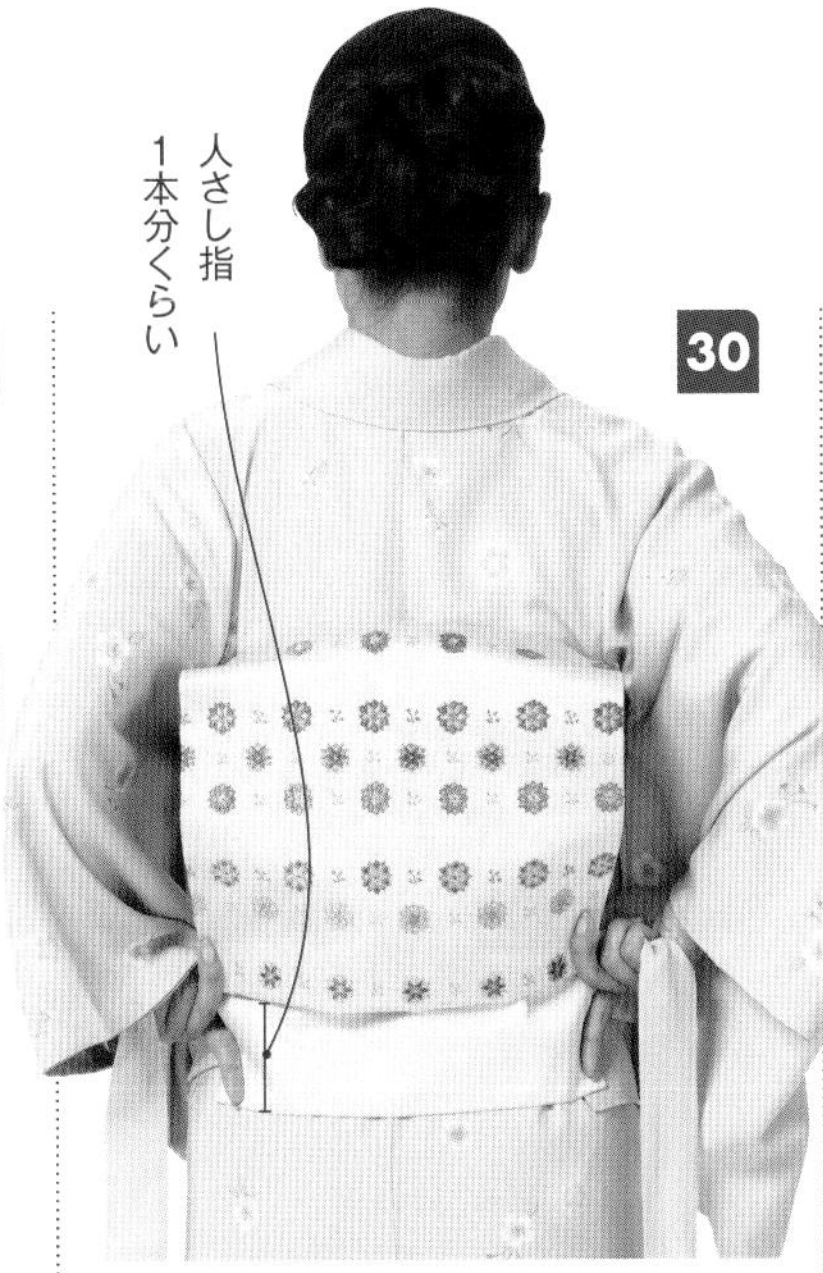

たれ先の長さを人さし指で測ります。7～10cmを目安にします。

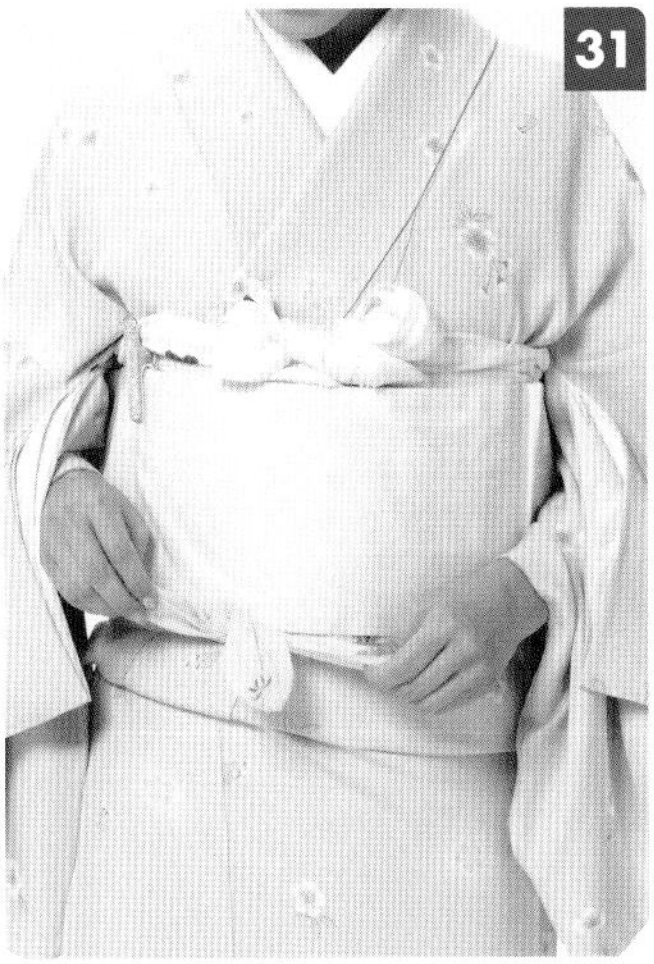

仮紐はゆるまないように、前にまわして前帯の下線でしっかり結びます。

前に留めておいたて先のクリップを外します。

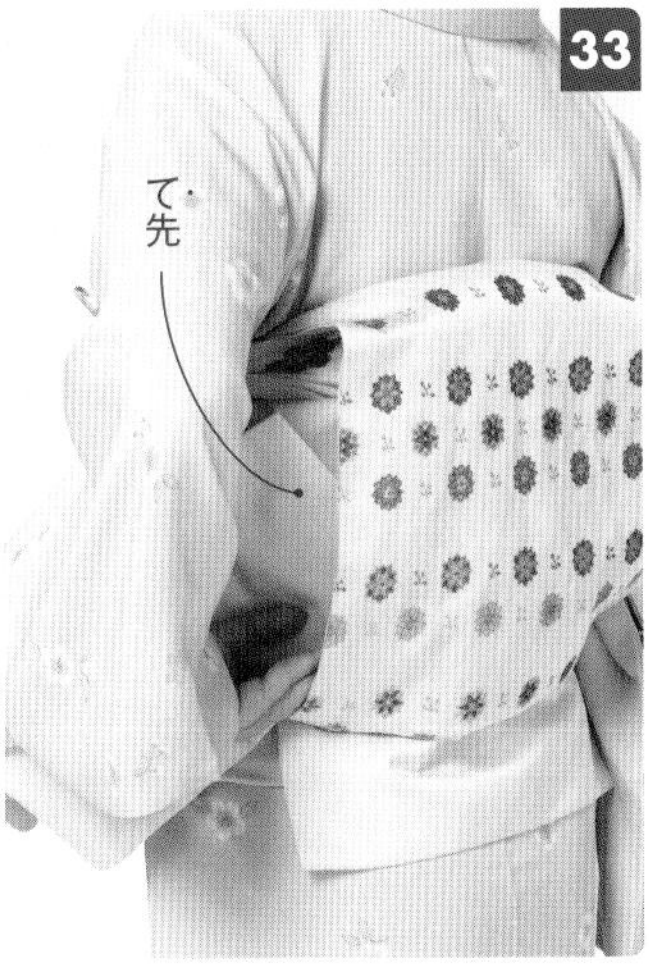

て先を左からお太鼓の中に入れます。

step 4

仕上げる

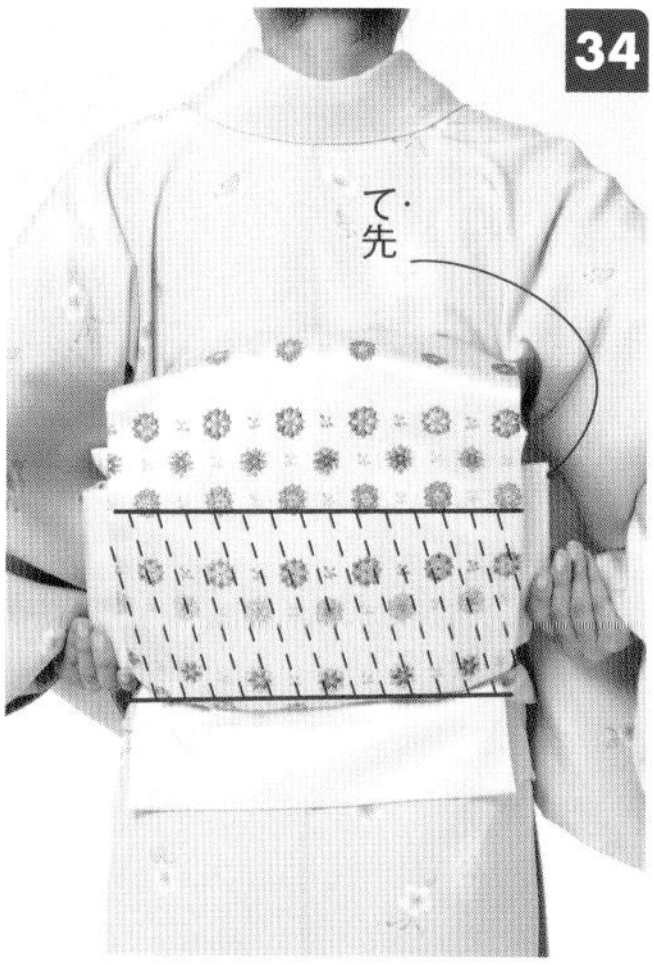

て先はお太鼓の両側から2～3㎝出します。帯の長さや体型によっては、て先が出ないこともあります。

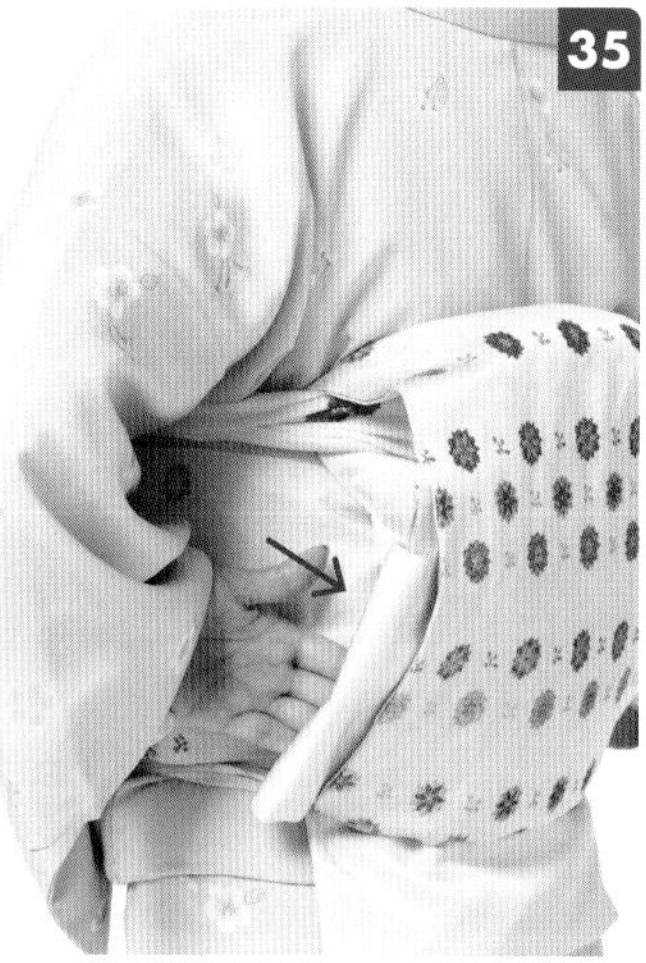

て先が余った場合は、左側で内側に入れ込みます。

帯揚げを結び直します。
▶**帯揚げの結び方は30ページ。**

帯締めを半分に折って輪のほうを持ち、左側からお太鼓の中に入れます。

帯締めはて先の幅の中央にあて、前でしっかり結びます。この後、仮紐を外します。
▶**帯締めの結び方は28ページ。**

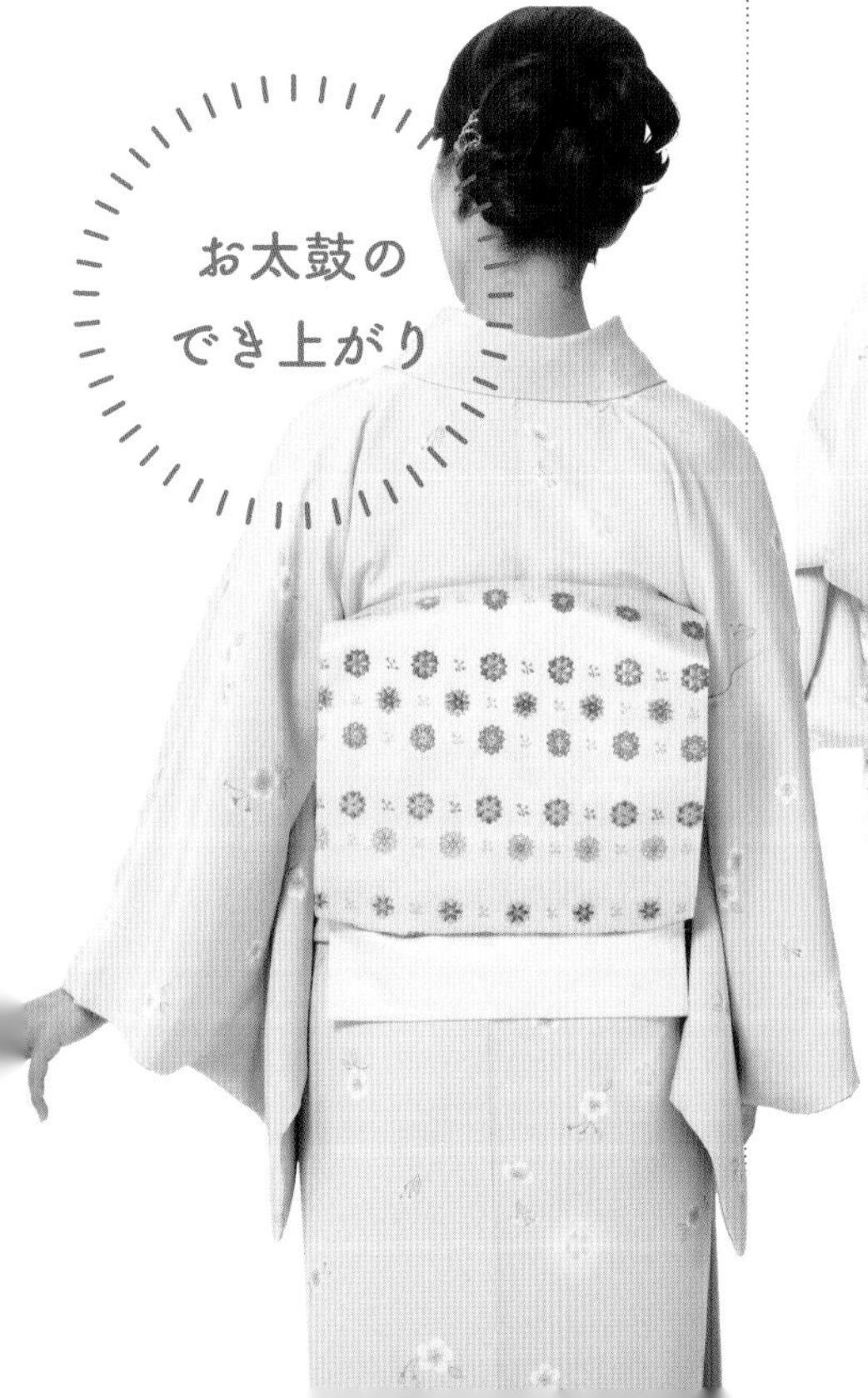

覚えたい
point

着付け紐《ひも》の結び方

着物の着付け、帯結びの手順の中では
腰紐、胸紐、伊達締め、
帯枕のガーゼ紐の4種類の紐を
それぞれのプロセスで結びます。
見えない部分でも、
美しい仕上がりに関わる大切なものです。

腰紐

着物の下前と上前を合わせたら、腰紐を結びます。
着付けの要となる紐なので、しっかり結びます。
ここでは片わな結びを紹介します。
※着丈が短い着物の場合、腰紐を少し下に締めると
着丈とおはしょりを調整することができます。

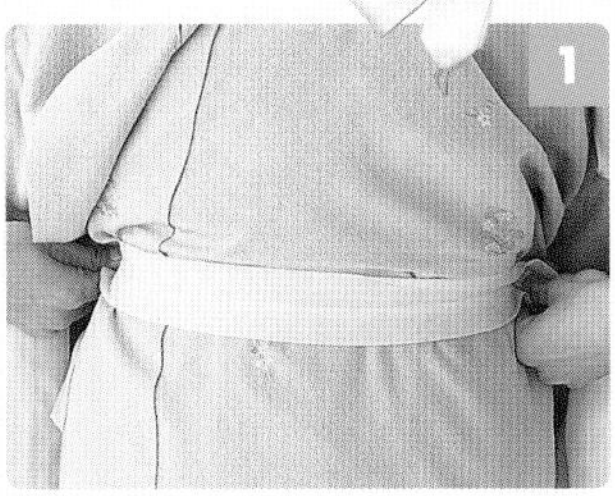

腰骨より少し上の位置に、腰紐を水平にあてます。

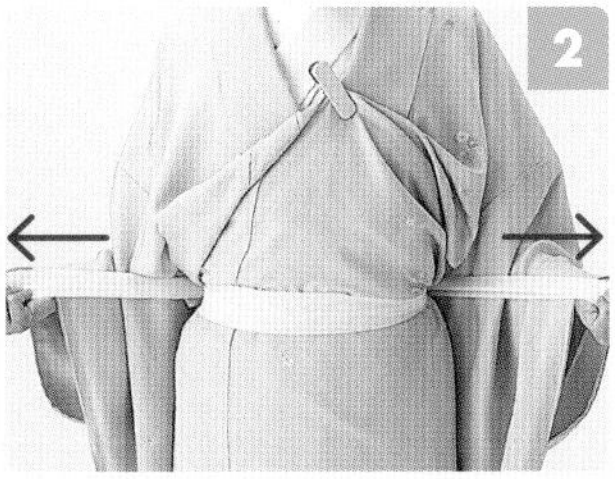

後ろにまわして交差させ、左右の紐をしっかり締めます。

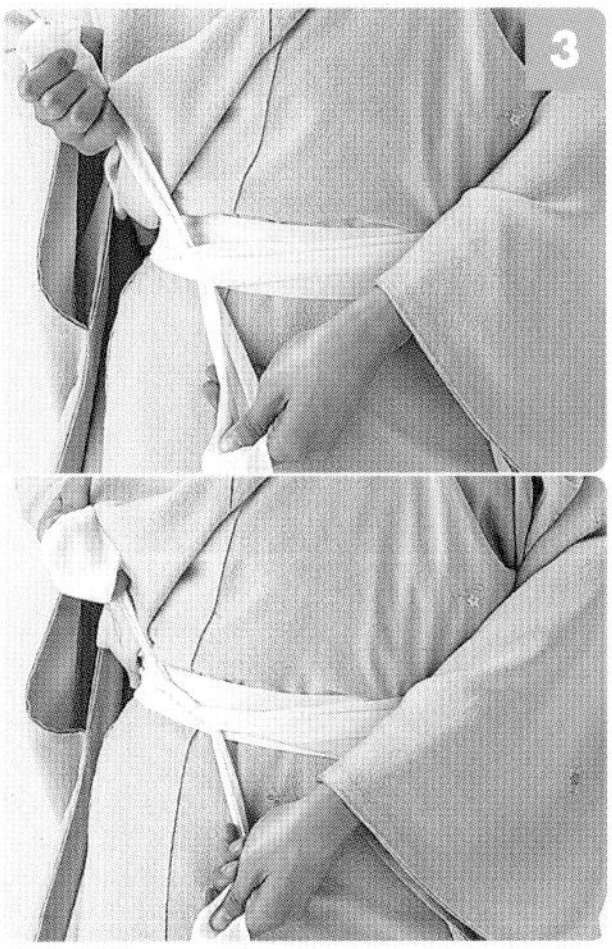

体の中央を避け、紐を1回からげます。ここでは引き締めないように注意。もう1回からげますが、このときも紐は引き締めません。

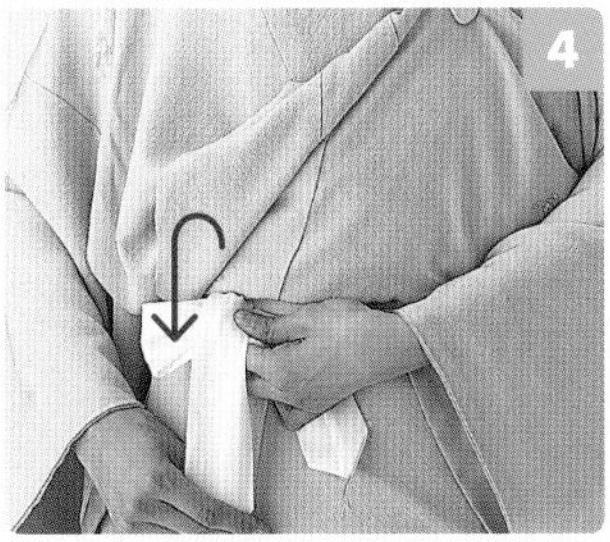

下の紐を二つ折りにし、上の紐をかぶせます。

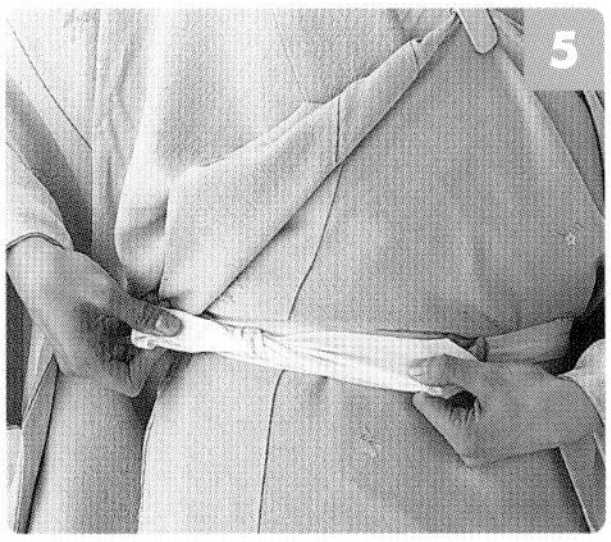

そのままひと結びします。これで片わな結びのでき上がり。

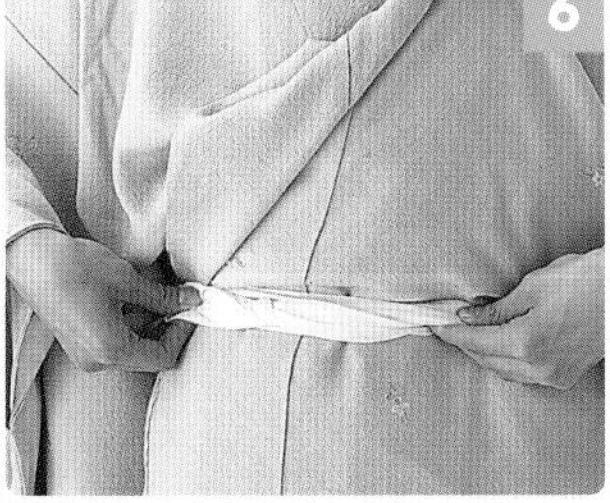

右の紐は上から、左の紐は下から挟みます。

胸紐

長襦袢や着物の衿合わせの後、
胸の下に結ぶのが胸紐です。
腰紐に比べて、やや軽く結びます。
ここでは紐を結ばずに、
挟み込んで仕上げる方法を紹介します。

紐は後ろで交差させて、やや引き締めます。

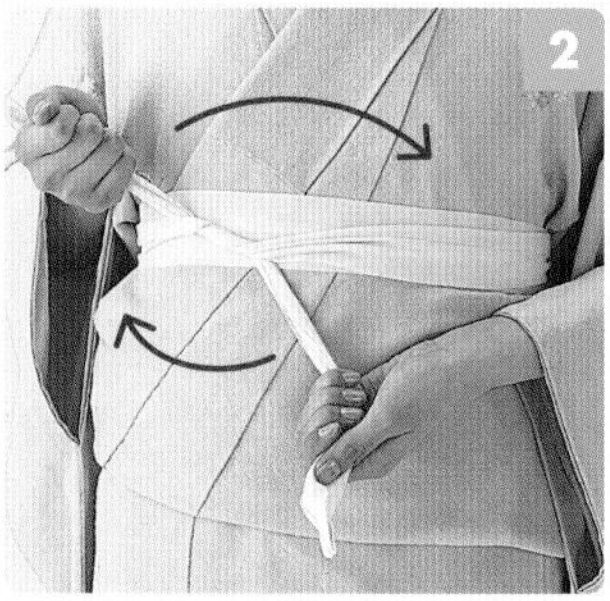

体の中央を避けて、２回からげてから、矢印のようにねじります。

ねじった紐を左右に振り分けます。

右の紐は上から、左の紐は下から挟みます。

伊達締め

衿幅を確認し、胸元がきれいな状態で伊達締めをあてます。

後ろにまわして、背中心のあたりで交差させます。

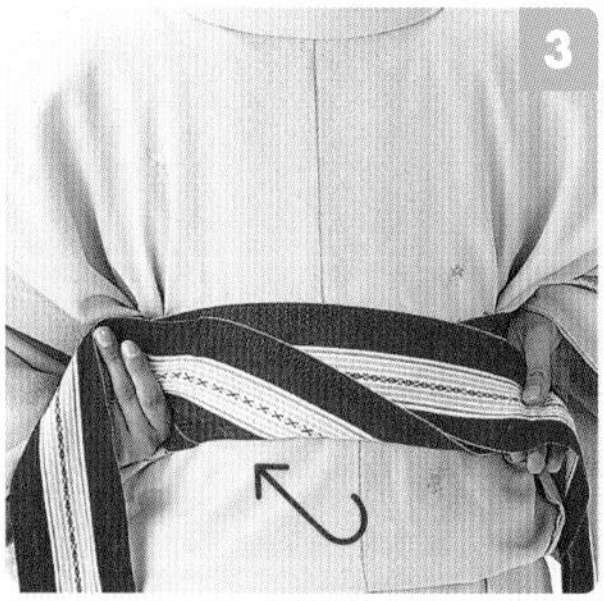

下になっている伊達締めを、斜めに折り上げます。

長襦袢や着物の着付けの際、
一般的に胸紐の上に結びます。
幅広の紐なので、
結びやすく安定感があります。

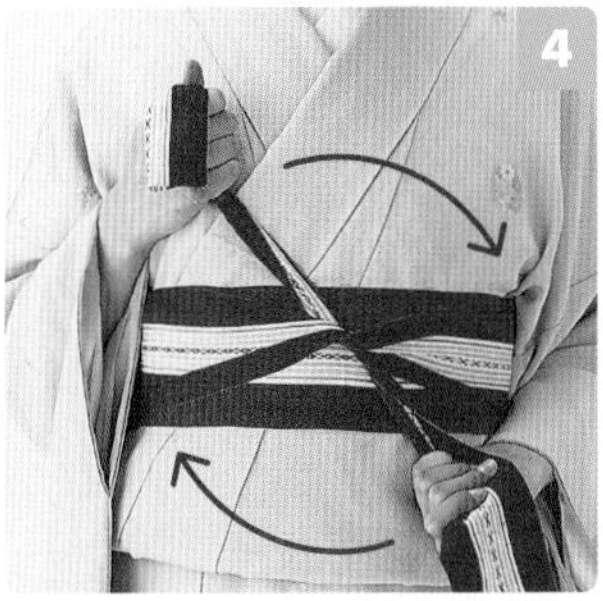

前にまわして2回からげますが、引き締めないように注意。からげたら矢印の方向にねじります。

ねじった伊達締めを、左右に振り分けます。

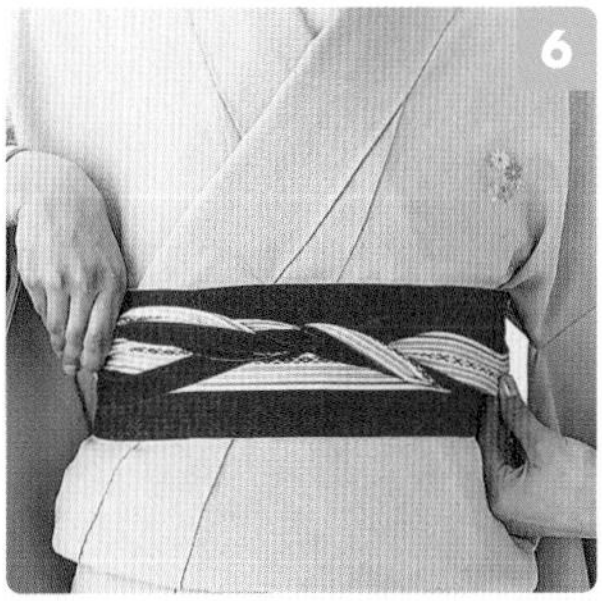

右の紐は上から、左の紐は下から、伊達締めに挟みます。

帯枕の紐

ほとんどの帯枕は、
幅3～5㎝の紐やガーゼ紐で結びます。
どちらも結び方は同じです。
帯のお太鼓を支える紐なので、
しっかり結びましょう。

左右の紐（ここではガーゼ紐）を体の中央で、苦しくない程度に締めて2回からげます。

下の紐を二つ折りにして、上の紐をかぶせ、片わな結びにします。

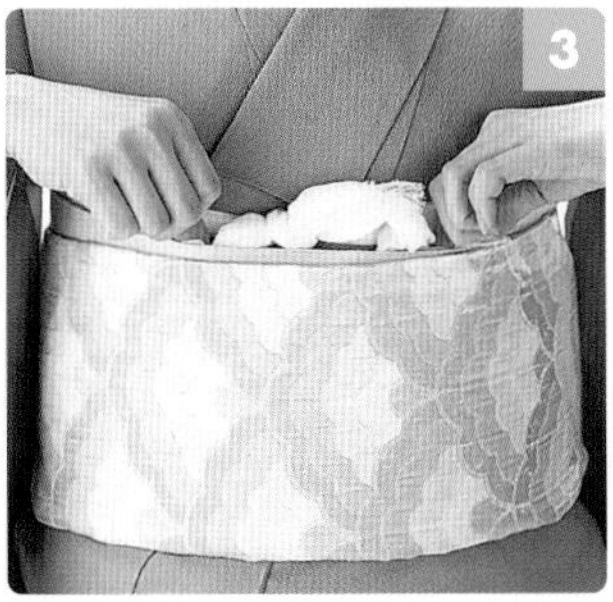

余分な紐端を、伊達締めと帯の間に入れ込みます。

続いて、結び目を指で帯の中に押し込みます。

覚えたい
point

帯《おび》締《じ》めの結び方

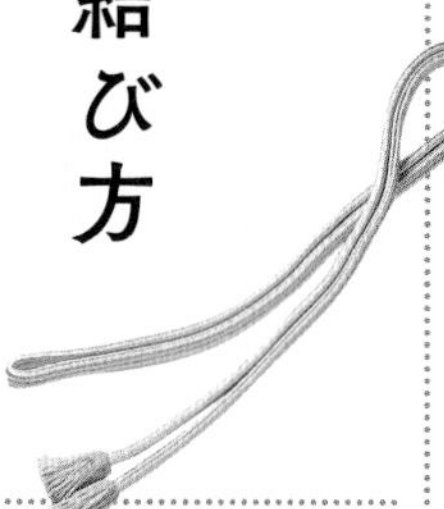

帯締めには平《ひら》組と丸組がありますが、組み方が違うだけで、結び方は同じです。ここで紹介する本結びは、普段着から正装まで結べます。

前帯の中央で、帯締めの左右の長さを揃えて持ちます。

前帯の中央でひと結びします。左右どちらの帯締めが上でもかまいません。

真横に折り返す

結び目を左手の指で押さえながら、上になっている帯締めを真横に折り返して輪を作ります。

そのまま結び目を左手の指で押さえ、下になっている帯締めを真上に上げます。

4で上げた帯締めを**3**の輪の中に通します。まだ、左手の指は結び目を押さえています。

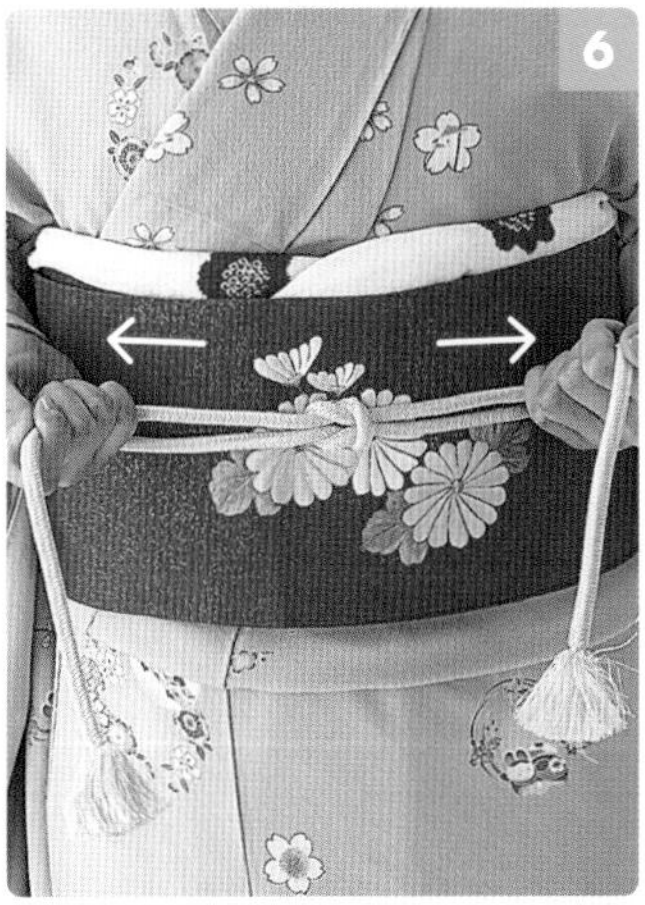

ぎりぎりまで結び目を押さえ、両手で左右の帯締めを引いて締めます。

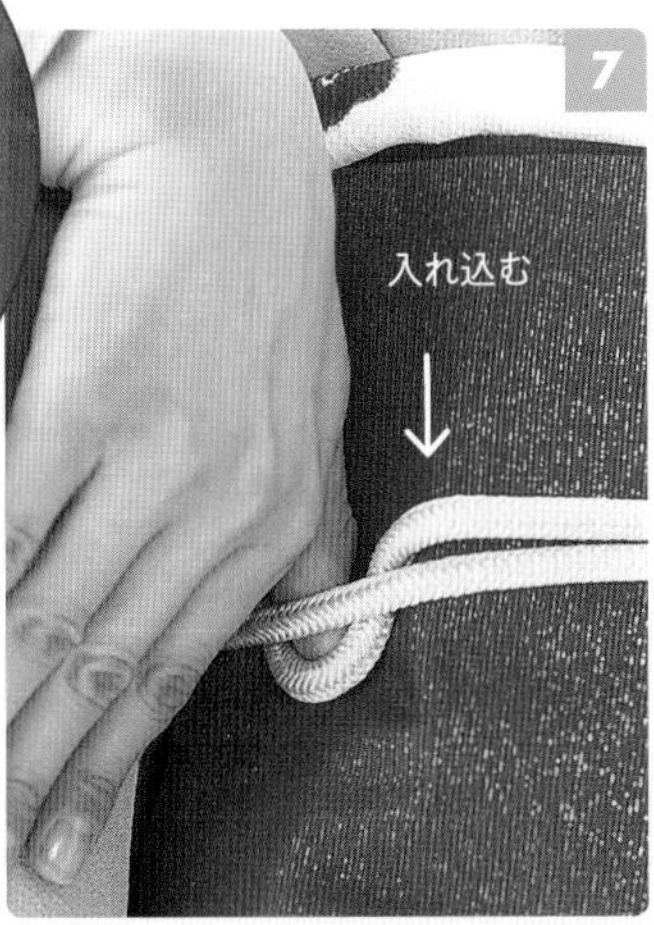

親指を使って、左右の帯締めの先端を上から入れ込み、房を上へ向けます。

本結びのでき上がり。平組の場合は、結び終えた後、２本の帯締めを重ねて整えます。

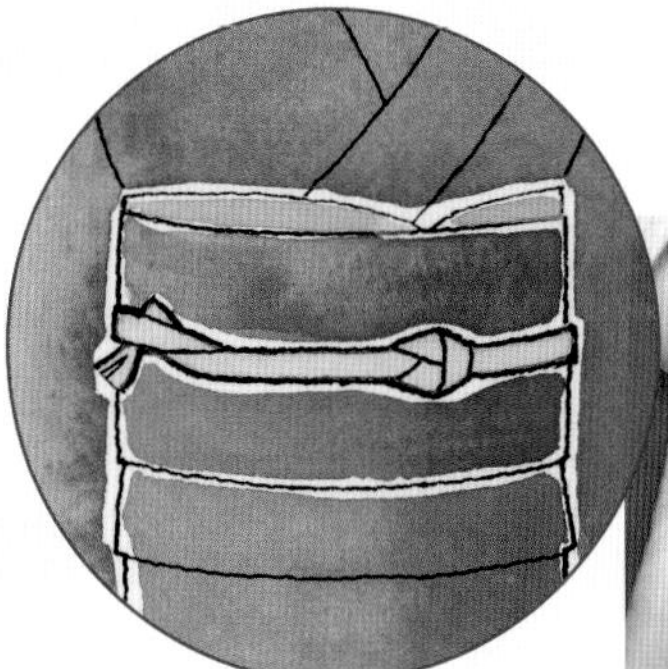

葬儀や法要など不祝儀の場合、先端は下から上に挟み込み、房を下向きにします。これは地域によっても異なります。

平らに組まれたものが「平組(平打ち)」、丸く組まれたものが「丸組」です。組み方によって、さまざまなデザインを楽しめます。

覚えたい
point

帯《おび》揚《あ》げの結び方

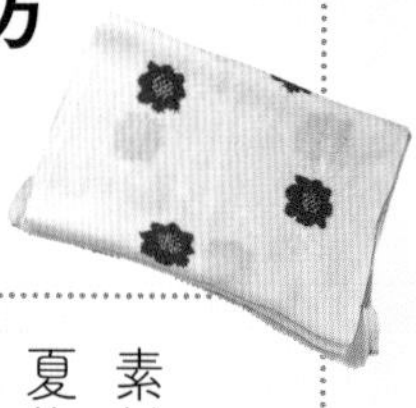

素材には絞《しぼ》り、綸子《りんず》、縮緬《ちりめん》などのほか、夏物もあります。ここで紹介する本結びは、普段着の紬から正装の留袖まで同じように使えます。

左右の長さを揃え、耳（フチ）を内側にして、幅を三つ折りか四つ折りにたたみます。

体の中央でひと結びし、結び目を立てます。

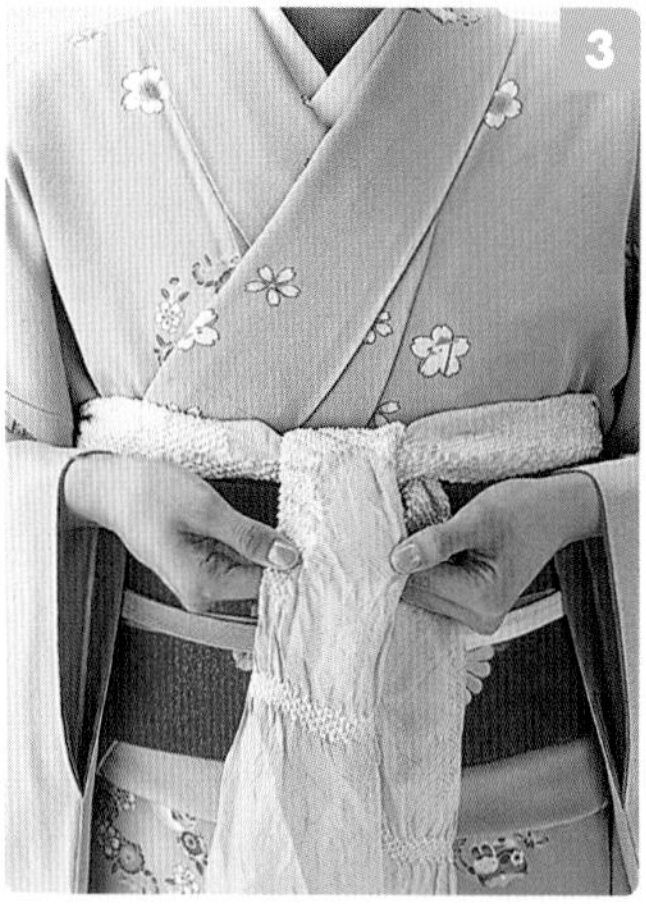

上になっている帯揚げの幅をきれいに整えます。

下の帯揚げで輪を作ります。

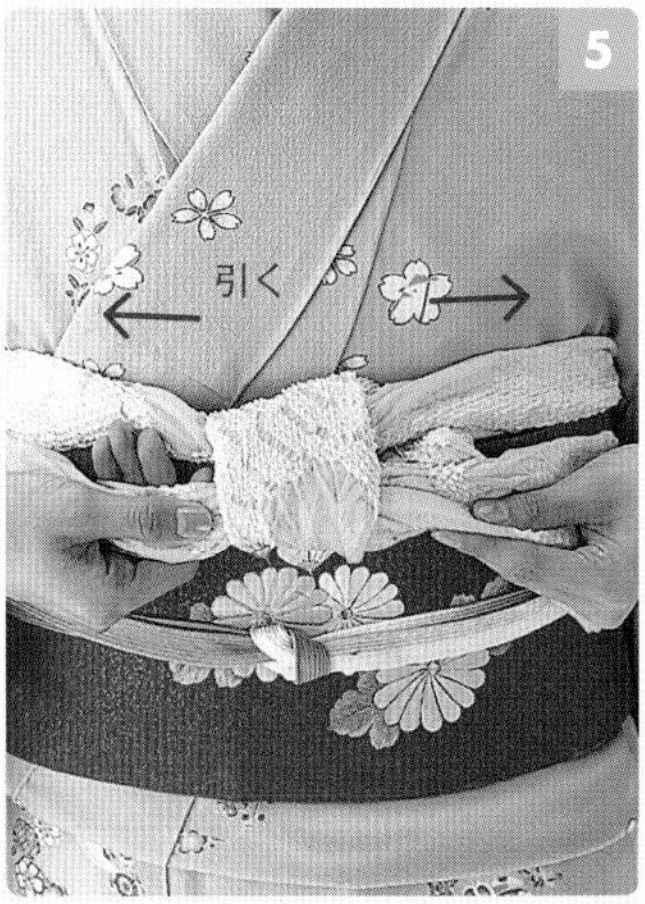

上の帯揚げを輪の中に下から通し、左右にゆるめに引きます。

左右の余分な帯揚げを、帯の中に入れます。

人さし指と中指で、結び目を帯の中に入れます。

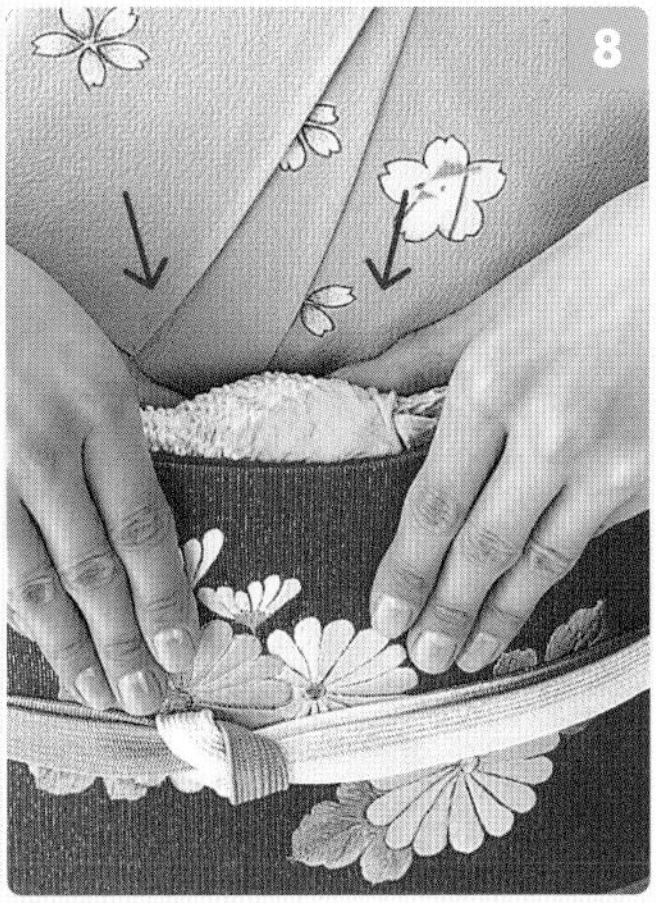

さらに、両手の親指を使って帯揚げを帯の中に入れ、結び目を整えます。

本結びのでき上がり。表から見える帯揚げの分量は、好みで調整します。

◎帯結びのバリエーション

名古屋帯で 変わり角《つの》出《だ》しの結び方

帯枕を使わず、お太鼓の下にふくらみをつけて、左右に角を均等に出した粋な帯結びです。「銀座結び」とも呼ばれます。小紋のほか、紬などの織りの着物にも合います。たれ先を長めにとるとバランスよく仕上がります。

step 1

胴に帯を二巻きする

て先の先端がウエストあたりにくるように、て先の長さを決めます。

て先を上にして、たれを胴に一巻きします。

左手にて先、右手にたれを持って、一巻き目を締めます。

二巻き目との間に帯板を入れます。
※ゴム紐つきの帯板の場合は、帯を結ぶ前に、伊達締めの上につけます。

二巻き目を締め、たれをて先に重ねます。

step 2

たれを押し上げる

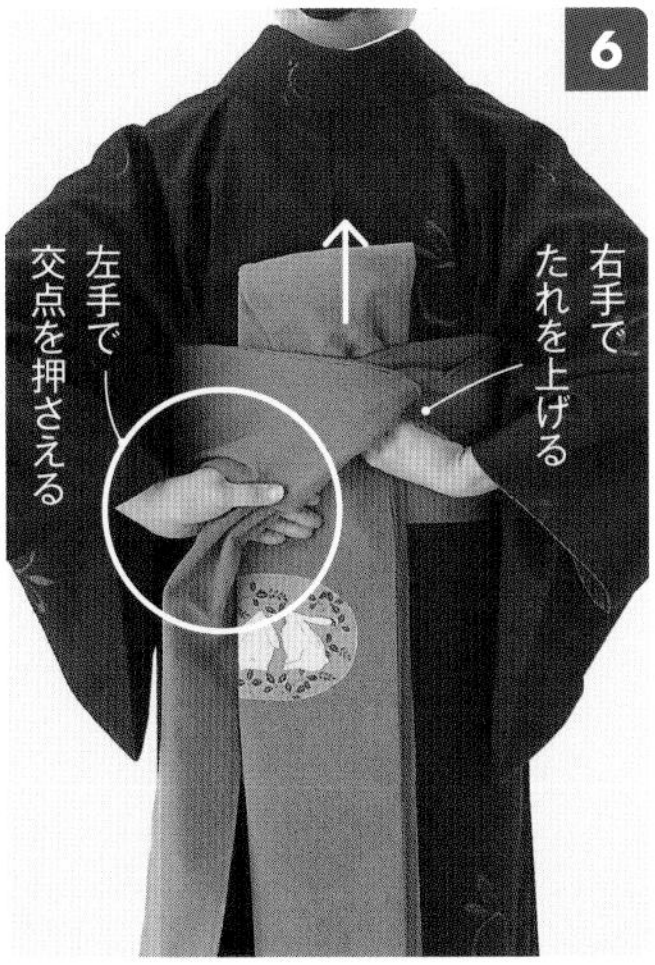

て先とたれを結びます。途中まで右手でたれを上げ、さらに肩の上から右手で引き上げると楽に結べます。

帯の上線のところで、たれが上になるように結びます。結び目がお太鼓のふくらみを作るのに役立ちます。

step 3

お太鼓を作る

て先は左から前にまわして、クリップで留めます。たれを下ろし、元からきれいに広げます。

て先を外して結び目にあてるように折り返します。仮紐で押さえて前で結びます。

両手を自然に下ろした位置で、ガーゼ紐だけをたれの内側にあてます。（帯枕は使いません）

お太鼓の柄を確認しながら、両手でたれの布目を整えます。

そのままガーゼ紐を持ち上げ、たれを背中につけます。ガーゼ紐は前で結んで帯に入れ込みます。

▶**ガーゼ紐の結び方は27ページ。**

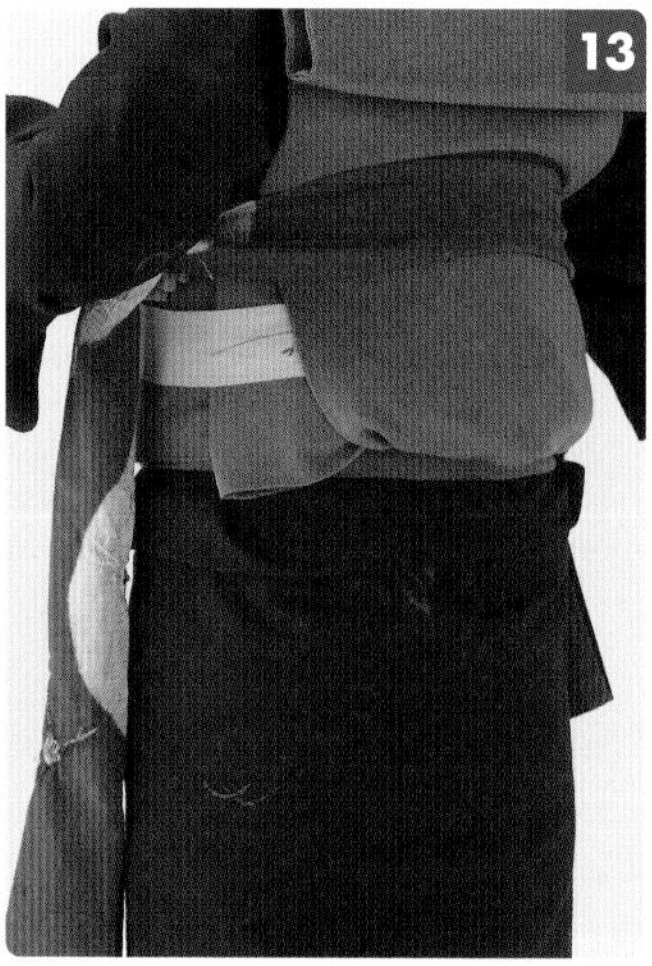

帯揚げの幅を四つ折りにしてガーゼ紐に重ね、前で仮結びします。

step **4**

仕上げる

両手を自然に下ろした位置で、たれの内側に帯締めをあてます。

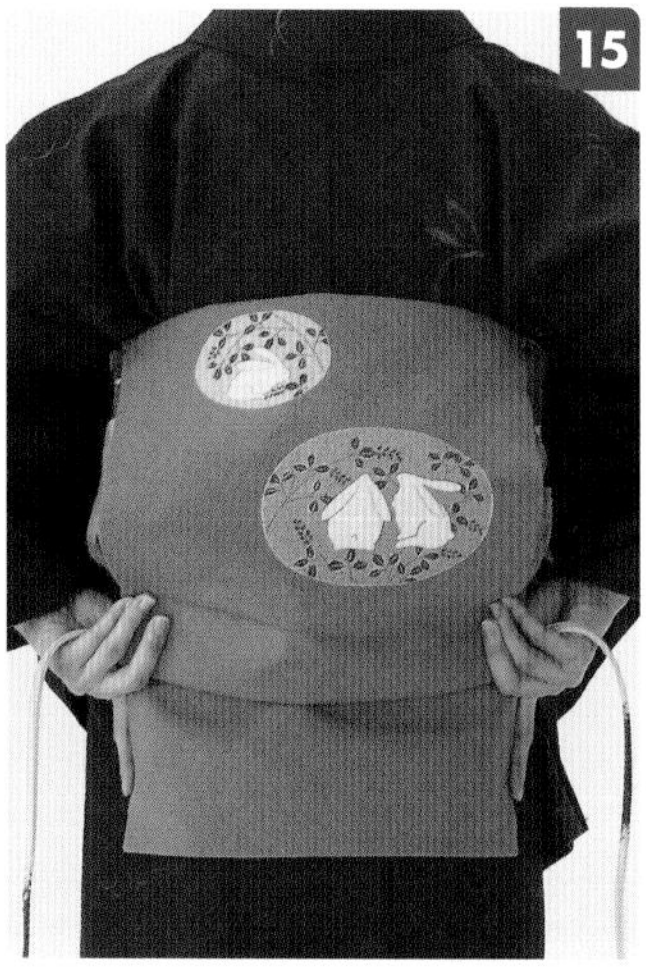

たれ先を人さし指より長めにとり、たれを内側に折り上げます。

16

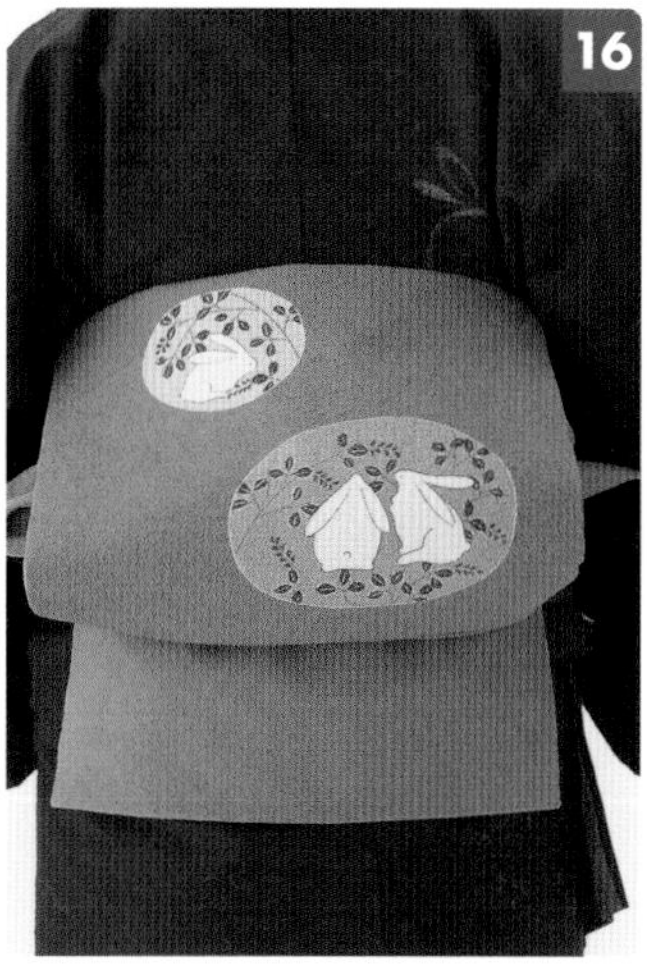

帯締めを持ち上げるようにして、お太鼓の下にふくらみを作ります。

17

帯締めを仮結びし、て先を押さえていた仮紐を外します。この後、帯締めを結び直します。

▶**帯締めの結び方は28ページ。**

18

帯揚げを結び直し、て先を両手で外側に起こして、形を整えます。

▶**帯揚げの結び方は30ページ。**

変わり
角出しの
でき上がり

半幅帯でパーティー結び

帯幅が約半分のものが半幅帯です。
上質な織りの半幅帯は色無地や付け下げに合わせて、
パーティー用の帯結びとしても使えます。
名古屋帯より手軽に結べるため、もっと活用してみましょう。

松葉結び

一見難しそうですが、
羽根にたれをかぶせて形を作る帯結びです。
格調高い半幅帯で、羽根を上向きに
仕上げると優雅な雰囲気になります。

年代を問わず結べます。背の高い人はたれを長めにすると、バランスがよくなります。

体の中央で、て先の長さを約45cmとります。

て先を上にして、帯を胴に二巻きします。

半幅帯で松葉結び

3

て先とたれの元の幅をそれぞれ半分に折り、たれが上になるように結びます。

4

て先を反対側に折り上げ、半分に折ったたれをかぶせます。

5

たれとて先を結びます。たれは全部引き抜かずに、て先と同じ長さになるようにします。

6

続きのたれを持ち上げて結び目の上にかぶせ、結び目と胴に巻いた帯の間に通します。もう一度たれを同じところに通して、下に抜きます。

7

たれが余っている場合は、さらにもう一度同じところに通します。ここでは計3回結び目に通しましたが、帯の長さによっては2回でもかまいません。

8

3枚のたれをバランスよく開き、羽根を上向きに整えてから、帯を右まわりに後ろへまわします。一巻き目と二巻き目の前帯の間に、帯板を入れて完成です。

花びら結び

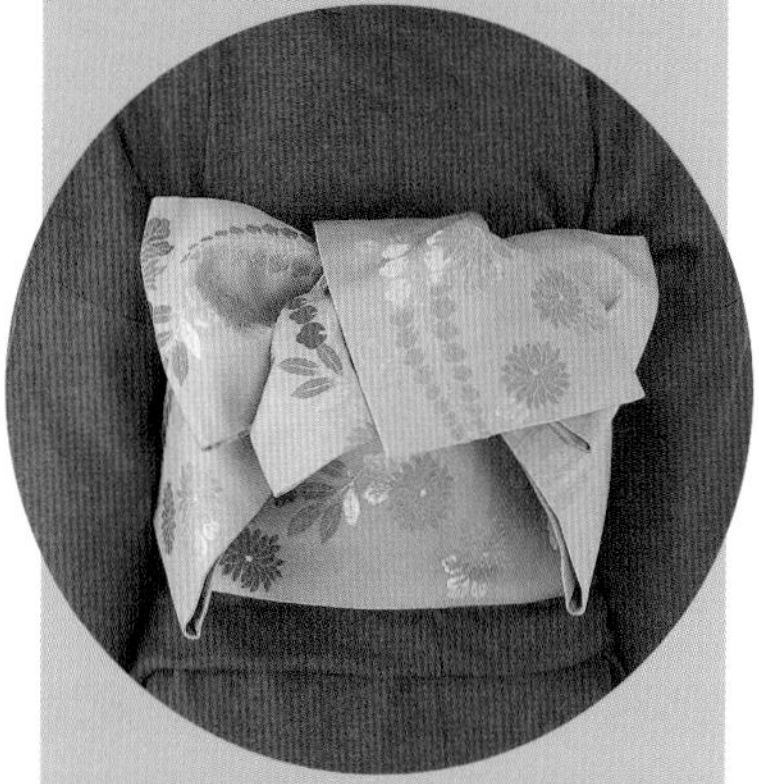

重ねた文庫結びにふわりとかぶさるて先が、上品な印象を与えます。羽根を体に沿って下向きにすると、落ち着いた雰囲気になります。

アクセントに帯揚げを使うと個性的な仕上がりに。効かせる色によって変化を楽しめます。

て先の長さを約45 ～ 48㎝（帯幅の２～３倍）とり、体の中央にあてます。

帯を胴に二巻きし、て先とたれを元の半分の幅に折り、て先が上になるように結びます。

結び目の上に細く折りたたんだ帯揚げをあて、後ろにまわして仮結びをします。

たれを結び目の下から広げます。３枚の羽根の長さを変えて、屏風だたみにします。

5

たたんだたれの中央で、二つ山ひだを作ります。

6

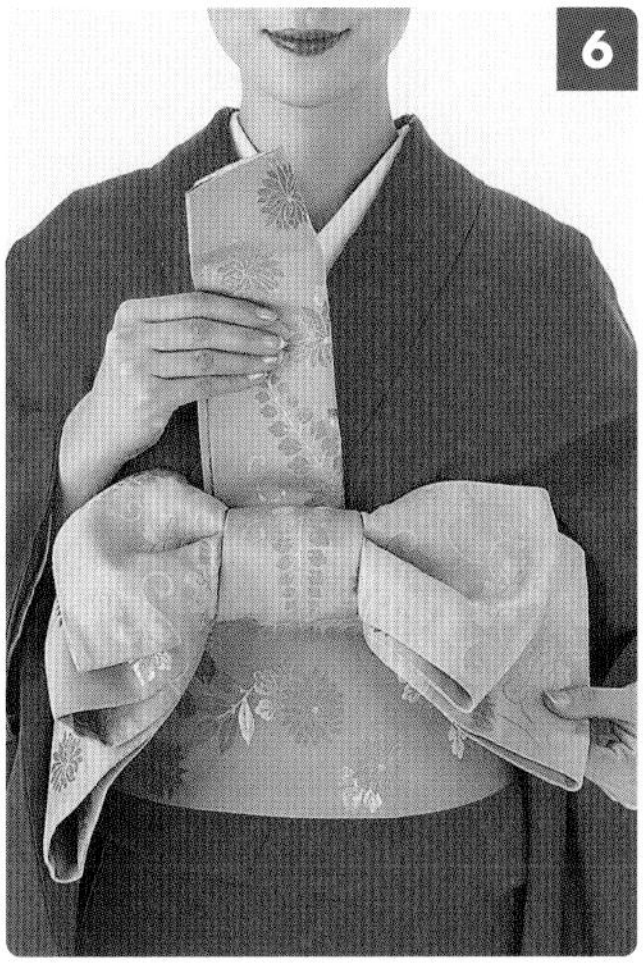

て先を下ろしてひだの中央に巻きつけて、上に抜きます。

7

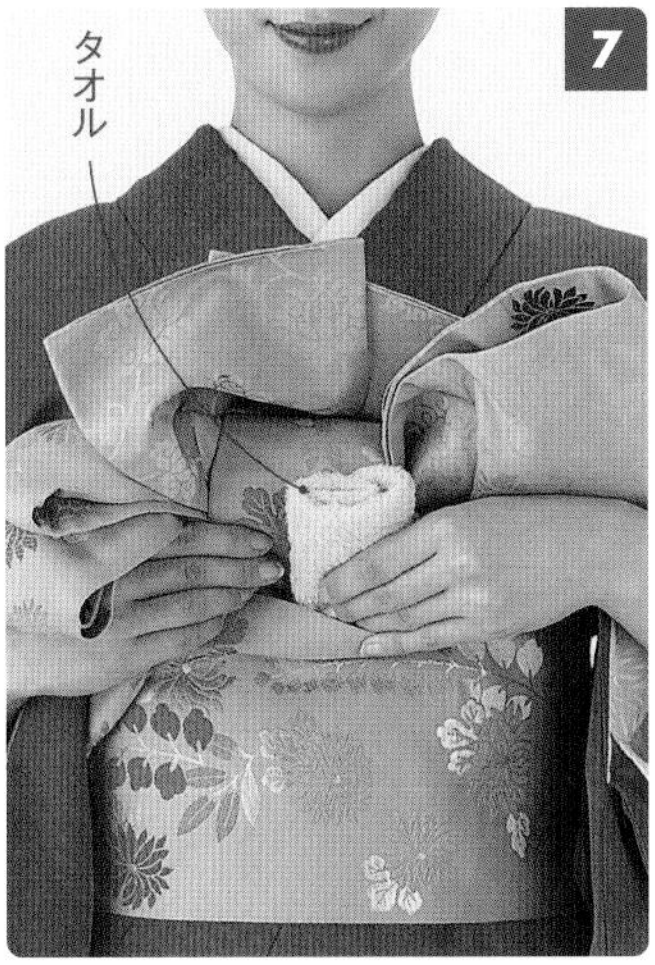

伊達締めと帯の間に、小さくたたんだタオルを入れ、羽根の支えにします。

8

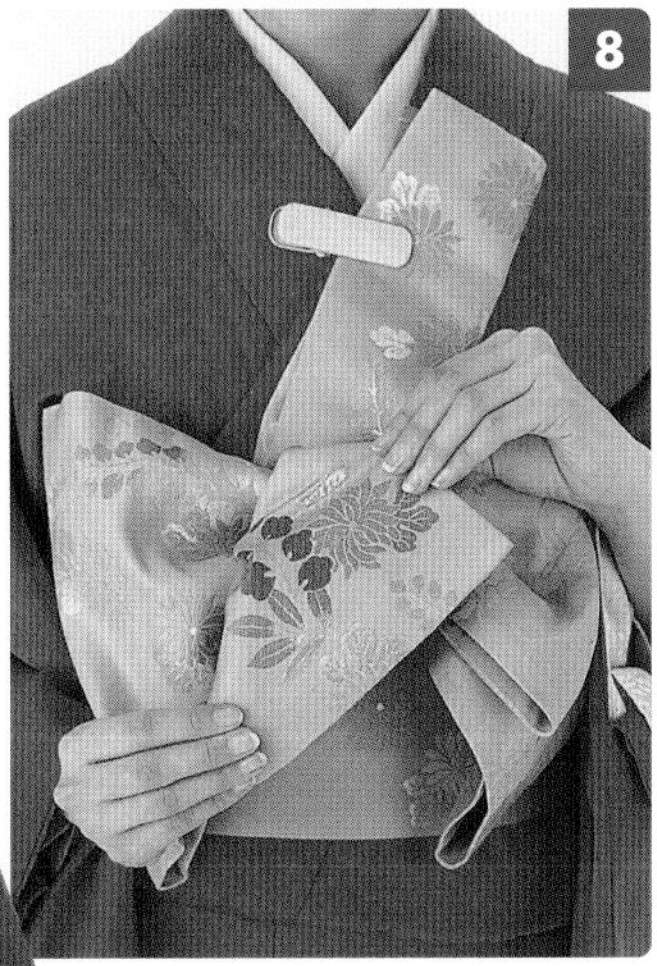

て先は衿にクリップで留めておきます。一番上の羽根は折り返します。４枚の羽根は下向きに形づくり、て先を下ろして元から広げ、結び目の上に重ねます。

9

帯を右まわりに後ろにまわします。一巻き目と二巻き目の前帯の間に帯板を入れ、帯揚げを結んで完成です。

▶**帯揚げの結び方は30ページ。**

帯揚げは省略してもかまいません。代わりに帯締めを結んでもよいでしょう。

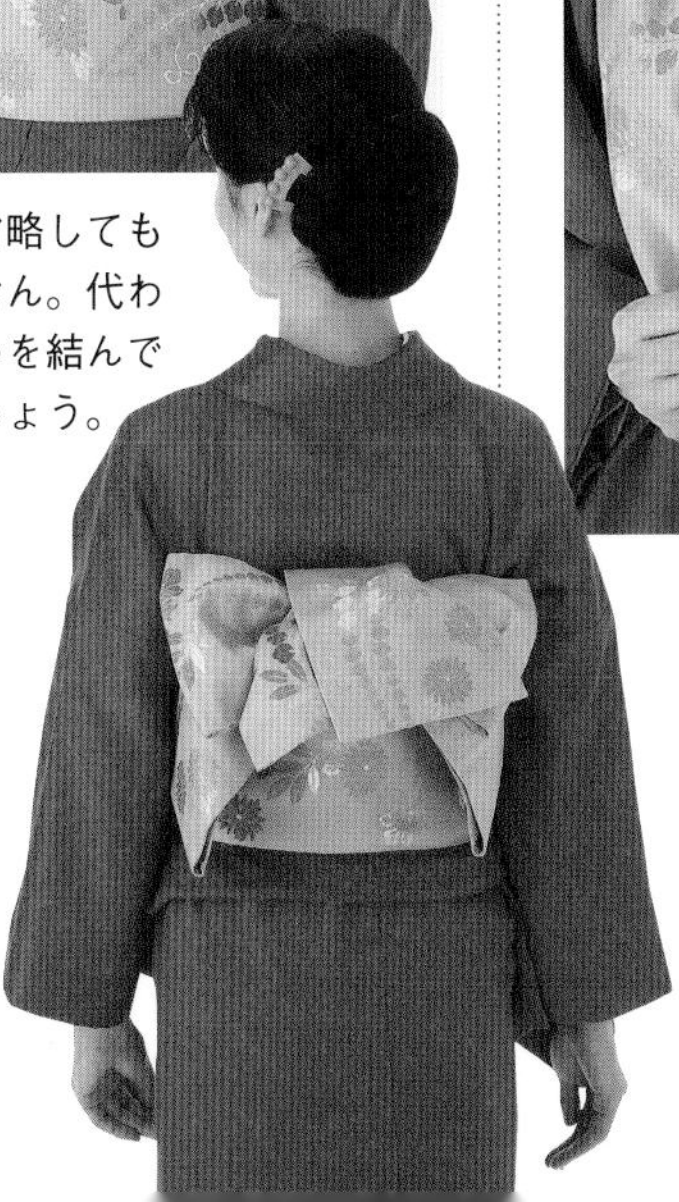

◎長襦袢なしで簡単に
浴衣《ゆかた》の着付け

肌着の上に直接着る浴衣は、着物初心者でも気軽に楽しめます。帯は手軽に結べる、半幅帯を使います。体の前で結んで後ろにまわせばOK。さまざまな結び方がありますが、ここでは4種類をご紹介します。

着丈はお好みですが、浴衣は短めにすると涼しげに見えます。

1

浴衣をはおったら、両手で衿を揃えて持ち、着丈をくるぶしが隠れるくらいに決めます。

2

下前を開き、右の腰骨のところに上前の衿先がくるように合わせ、上前幅を決めます。

いったん上前を開き、下前を入れ込みます。裾すぼまりにするために、下前の褄先《つまさき》を10㎝上げます。

上前の衿先を**2**の腰骨の位置に戻して褄先を５～６㎝上げてから、腰骨の少し上に腰紐を結びます。

▶腰紐の結び方は25ページ。

左右の身《み》八《や》つ口《くち》から手を入れて、後ろのおはしょりを整えます。腰紐におはしょりが挟まっていないか確認しましょう。

前のおはしょりも整えます。

片方の手で両衿をつまみます。

もう一方の手で背縫いを持って、背中心に合わせ、後ろ衿を引きます。これを「衣紋《えもん》を抜く」といいます。

9

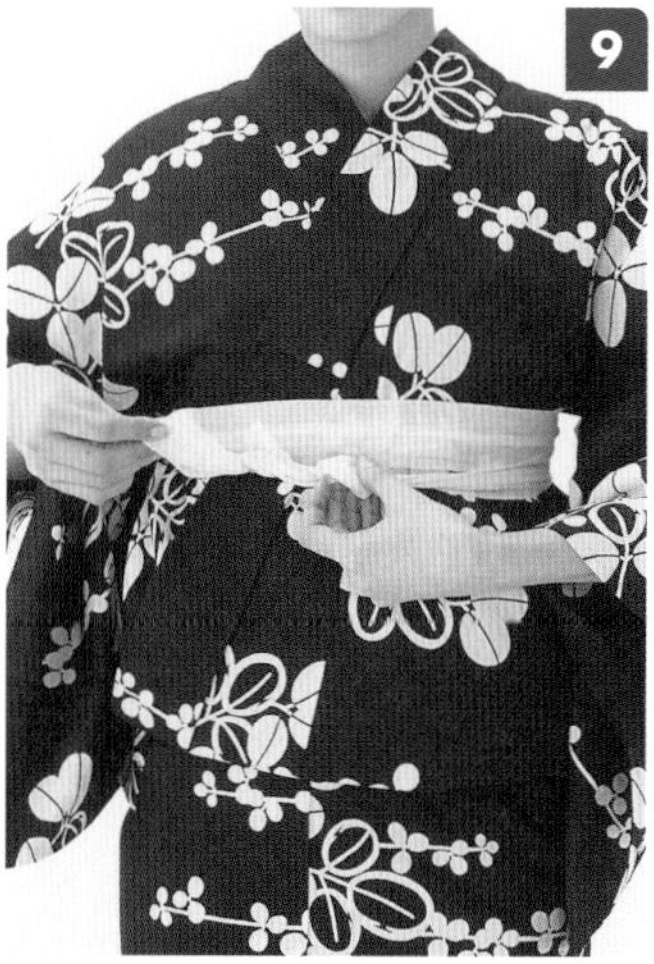

左右の衿を深めに合わせて、胸の下に胸紐を結びます。

▶**胸紐の結び方は26ページ**

10

背中心のところに人さし指を入れ、指でしごいて背中のしわを左右に寄せます。

浴衣の着付け完成！

11

おはしょりを整えて伊達締めを結びます。浴衣の着付けができました。

▶**伊達締めの結び方は26ページ**

半《はん》幅《はば》帯《おび》で一《いち》文《もん》字《じ》結び

左右に羽根を真っ直ぐ揃えた一文字は、文庫の結びのアレンジです。文庫よりも羽根を短めにしてキリッと結びます。

体の中央で、て先の長さを60 ～ 70㎝とります。

て先を上にして、中央がずれないようにたれを胴に一巻きして、軽く締めます。

たれを胴にもう一巻きしたら、て先とたれの幅を半分に折ります。帯幅を細くすることで、結びやすくなります。

たれにて先をかぶせるようにして、体の中央で結びます。

て先を右肩にあずけ、たれを結び目からきれいに広げます。

たれを右側に持ってきてから内側に折り返し、肩幅と同じくらいの長さにたたみます。これが羽根になります。

羽根の中央で山ひだを作ります。最初に山を作り、続いて両端を内側に折ると、ひだが均等になります。

右肩にあずけておいたて先を、ひだの中央にかぶせるようにして、上から1回巻きます。

もう一度巻いたら、て先を伊達締めと帯の間に通して下に引き、結び目を締めます。

10

山ひだを整えて、一という字のように、羽根を左右にピンと張ります。

11

羽根の中央と帯の下を持って、右まわりに後ろへまわします。

12

帯の下からて先が出ているときは、帯の中に入れ込みます。

13

帯の素材が薄い場合は、一巻き目と二巻き目の間に帯板を入れます。これで帯結びのでき上がり。

一文字の
でき上がり

◎半幅帯結びのバリエーション

半幅帯で文庫結び

浴衣の帯結びの中で定番なのが文庫結びです。途中までは一文字と同じように結びます。ポイントは羽根を長めにとって、下向きに羽根を整えふっくらと形作ることです。柔らかく、優しい印象に仕上がります。

ここまでは一文字の**1**から**6**までと同じように結び、肩幅より長めの羽根を作ります。

羽根の中央に山ひだをとります。

て先をひだの中央にかぶせて２回巻き、左右の羽根を下向きに整えます。

帯を後ろにまわし、て先を帯の中に入れ込みます。必要に応じて帯板を入れてでき上がり。

◎半幅帯結びのバリエーション

半幅帯で リボン結び

4枚の羽根を大きく広げた存在感のある帯結びです。薄手で柔らかな半幅帯や、張りのある兵《へ》児《こ》帯で結ぶとボリュームが出て華やかになります。はつらつとお出かけしたい日に。

体の中央でて先の長さを60 ～ 70㎝とります。

て先を上にして、たれを胴に二巻きし、軽く締めます。

て先とたれの幅を半分に折り、体の中央でたれにて先をかぶせて、しっかり結びます。

て先を右肩にあずけて、たれを結び目からきれいに広げます。たれを肩幅よりやや長めに内側にたたんで羽根を作ります。

たたんだ羽根は両手で２枚をずらして、左右対称にします。

２枚の羽根の中央を谷折りしてから山ひだを作り、ひだの中央をしっかり持ちます。

右肩にあずけておいたて先を下ろし、ひだの中央にかぶせて一巻きします。

さらにもう一巻きして、今度はて先を伊達締めと帯の間に通します。

４枚の羽根をバランスよく広げたら、帯を後ろへまわして帯板を入れてでき上がり。て先が出ている場合は、帯の中に入れ込みます。

リボン結びのでき上がり

◎半幅帯結びのバリエーション

半幅帯で 貝の口

どなたにも似合う結び方です。
女性は半幅帯、男性は角帯を使います。
スッキリした着姿は、
普段着用の小紋や紬にも似合います。
最後にて先を締めるとき、ぎゅっと
結ぶと形がくずれるので加減しましょう。

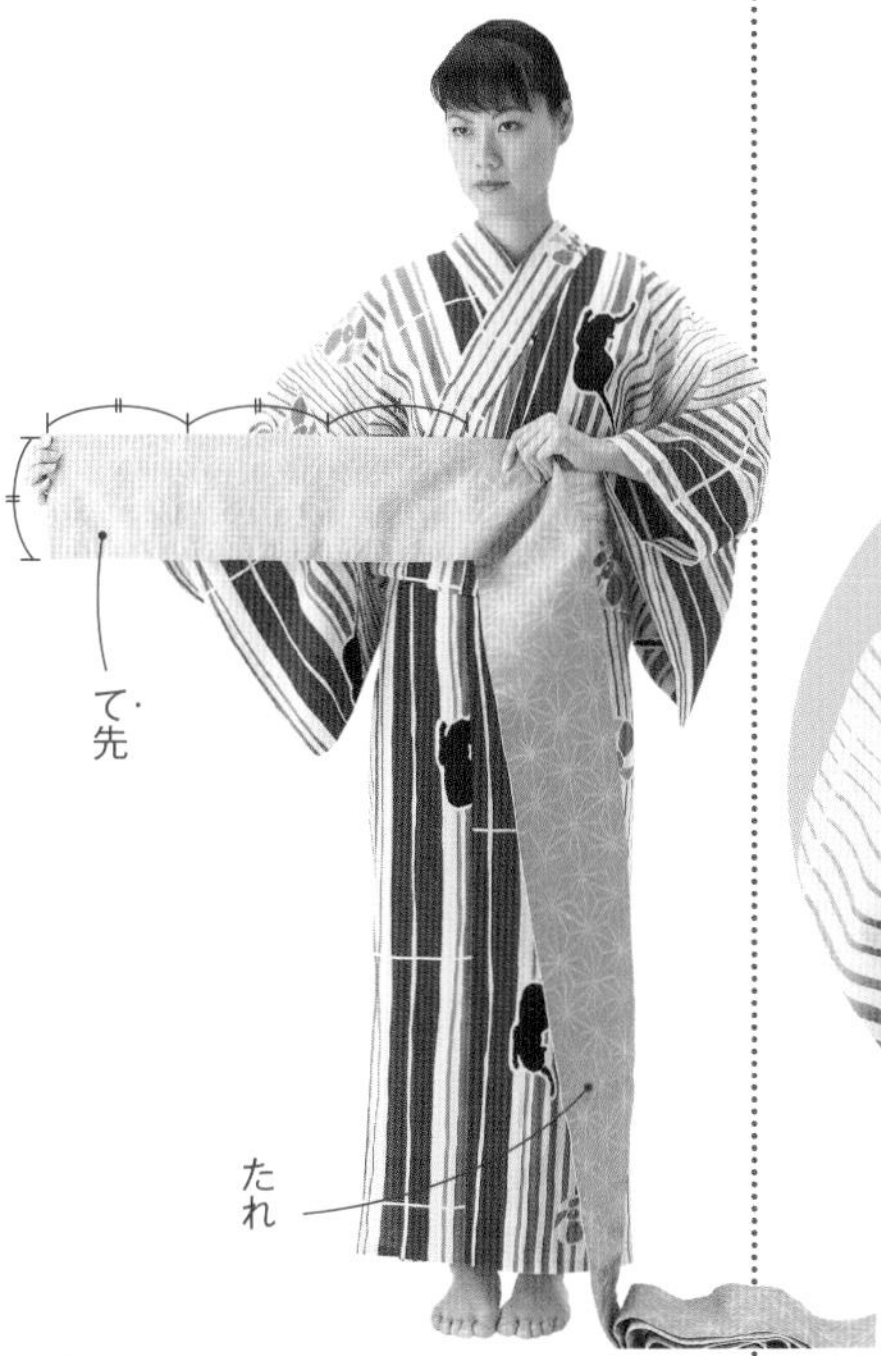

て先の長さを帯幅の３倍半とり、体の中央にあてます。

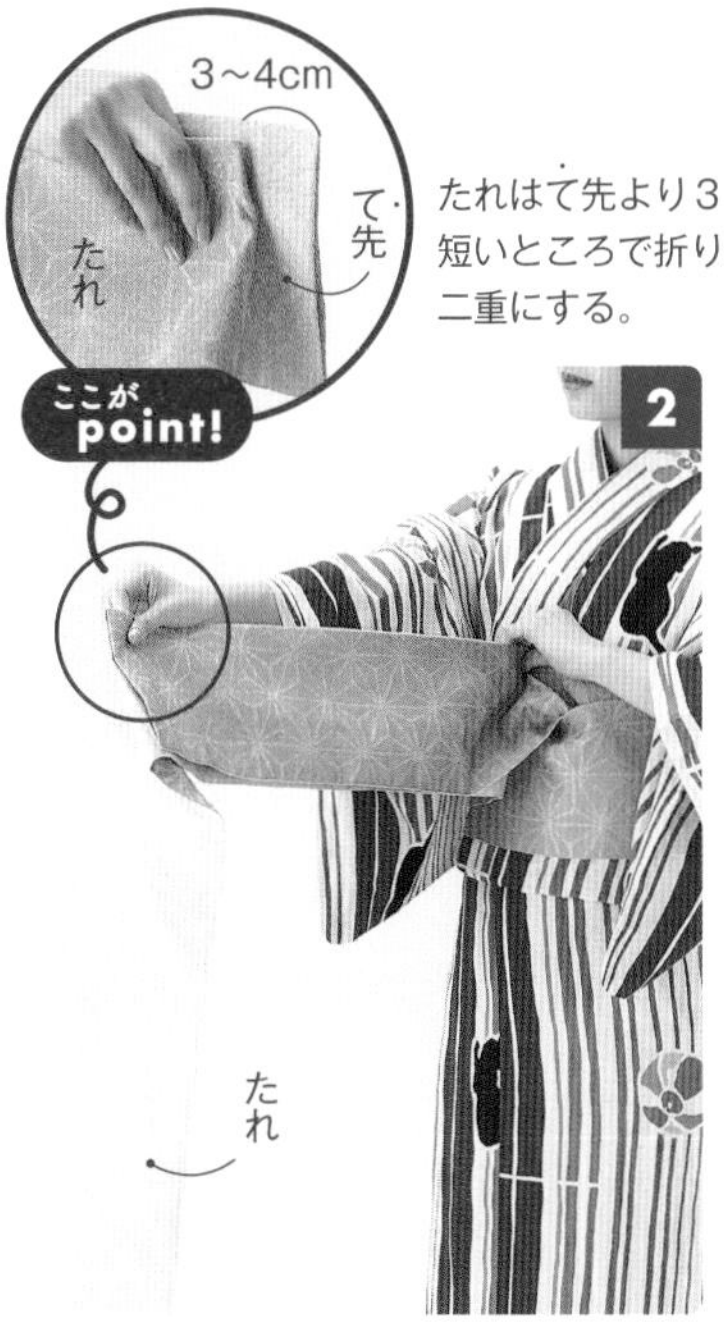

たれはて先より３～４㎝短いところで折り返し、二重にする。

たれを胴に二巻きし、体の中央でて先と合わせ、たれの長さを決めます。

余ったたれ先は垂らしたままにする

折り返したたれ先は、体の右側で内側に入れ込みます。

帯幅を半分に折ったて先と、二重になったたれを揃えて持ちます。

て先にたれをかぶせて、たれが上になるように、斜めに結びます。

たれを下ろし、帯幅の半分あたりから内側に斜めに折り上げます。たれが右側に出ます。

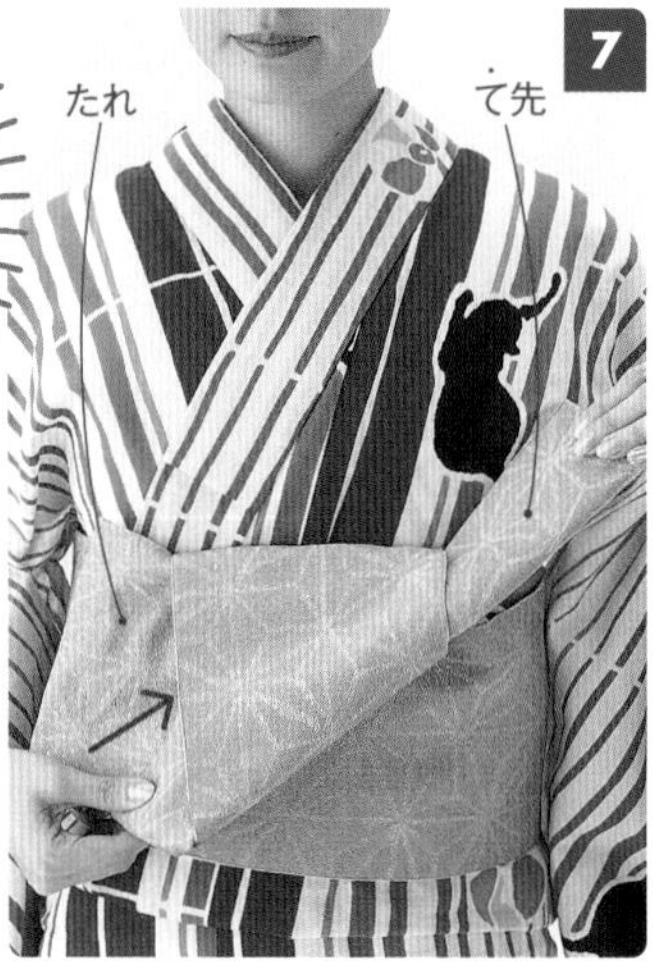

て先を折り上げて、たれの中に通して結びます。このとき、きつく結びすぎないこと。

帯を右まわりに後ろにまわしたら、余ったたれ先を、一巻き目と二巻き目の帯の間に入れます。同じ場所に帯板を入れてでき上がり。

貝の口のでき上がり

PART

2

自分で着る

格式ある席の着付け

訪問着・留袖・喪服

結婚式、各種パーティー、お茶席など
あらたまった席に着ていくときは、
格に合わせたポイントをしっかり押さえて
いつもより、丁寧に着付けましょう。
格調高い雰囲気や、控えめな着姿など
ＴＰＯに合わせることが大切です。

◎お呼ばれの席など

訪《ほう》問《もん》着《ぎ》の着付け

留袖に次いで準礼装の訪問着は、格調高く仕上げます。小紋よりも衣紋を抜き気味にして、着丈も長めにします。ときには伊達衿（重ね衿）をつけて華やかに装いましょう。

上前幅、帯幅ともに広めに、着丈も長めに着付けて、ゆったりと上品な着姿に。結婚式やパーティーでは伊達衿をつけると、華やかさが増します。

check!

●はじめに**着付けの下準備（p108～）**をします。そして着物をはおる前に、**着付けの下ごしらえ（p111～）**をして、長襦袢を着たところからはじめます。

step 1

着物をはおり腰紐を結ぶ

1

着物をはおり、両手で衿を持ちます。伊達衿をする場合は、あらかじめ、着物の衿につけておきます。
※伊達衿のつけ方は80ページ。

2

両手で着物を持ち上げます。

3

着物を少しずつ下ろして、床にたれるくらいに着丈を決めます。

4

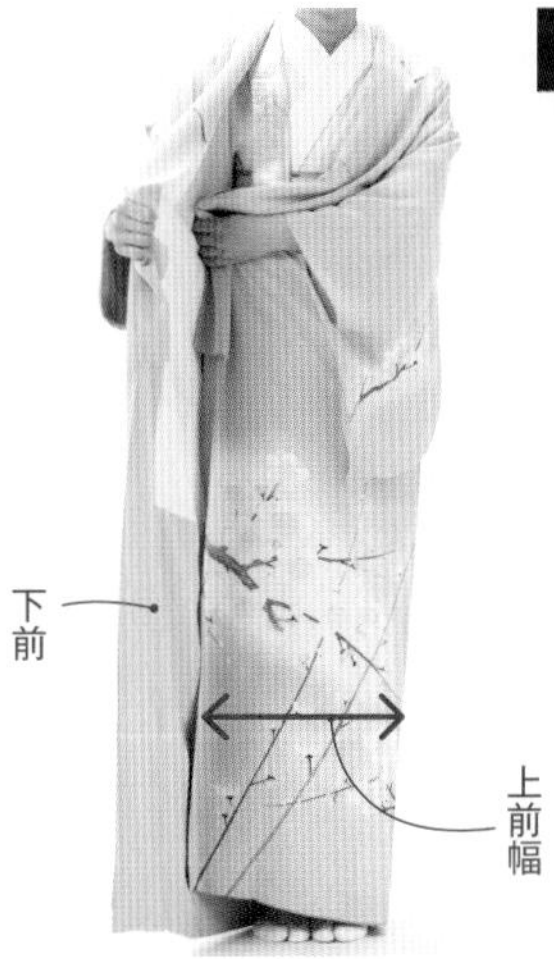

下前を開き、右の腰骨のところに深めに、上前の衿先を合わせ、上前幅を決めます。

5

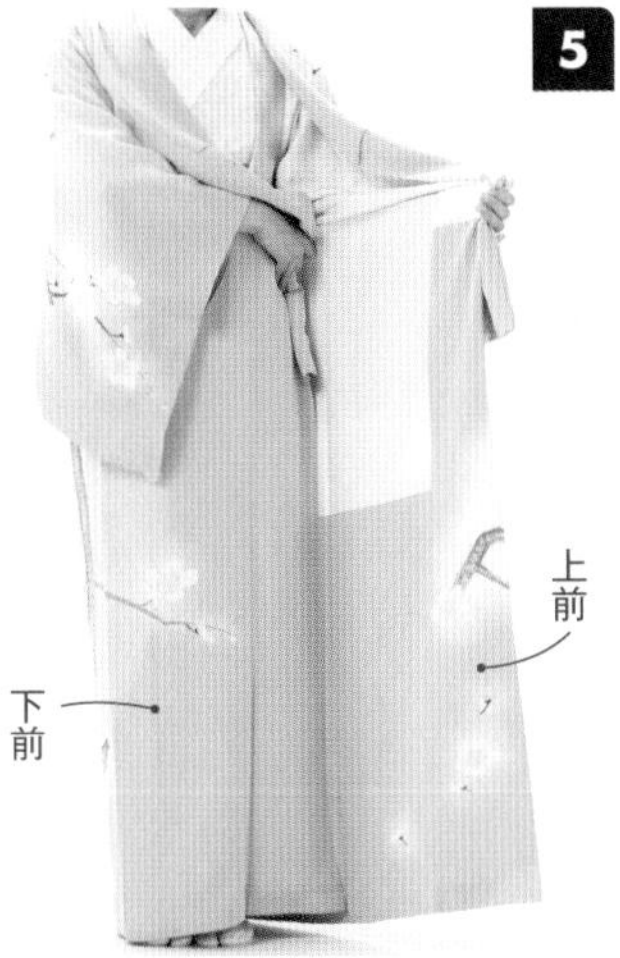

静かに上前を開き、下前を入れ込みます。

6

続いて、下前の褄先《つまさき》を15～20㎝上げ、余りは折り返します。こうすることで裾すぼまりになり、歩きやすくもなります。

7

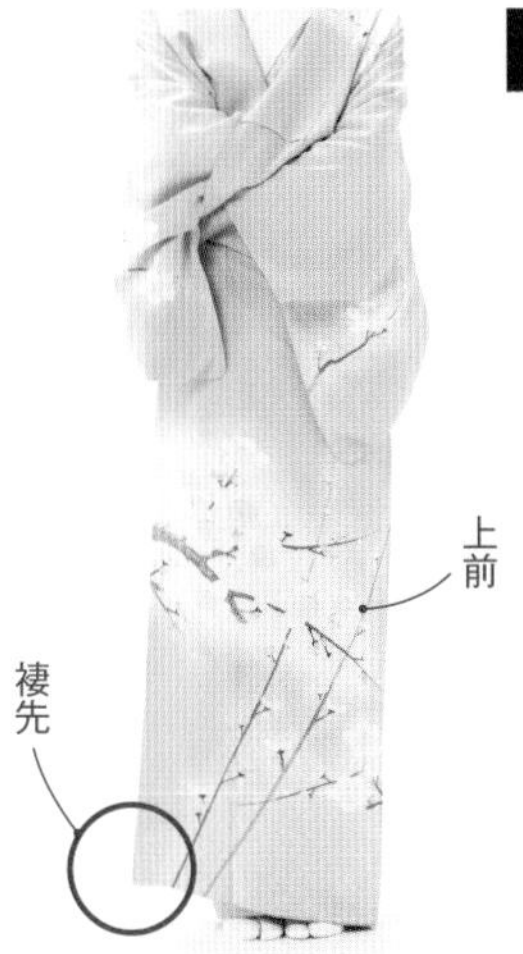

静かに上前を戻して、上前の褄先を5～6㎝上げます。

8

腰骨より少し上の位置に、腰紐を結びます。

▶腰紐の結び方は25ページ。

step 2

おはしょりを整え、衿を合わせる

左右の身《み》八《や》つ口《くち》から両手を入れて、後ろ、前の順でおはしょりを整えます。

下前の伊達衿と着物の衿を揃えて持ちます。

下前のおはしょりの余分（上の写真を参照）を胸の下で、内側に三角形に折り上げます。こうするとおはしょりが上前の一枚になり、もたつきません。
※写真ではわかりやすいように、おはしょりを表に出しています。

左の身八つ口から左手を入れて、三角形に折ったおはしょりを押さえ、右手で上前の伊達衿と着物の衿を整え、ずれないように押さえます。

左手で、整えたおはしょりと合わせた衿を押さえ、右手に胸紐をとります。

step 3

胸紐を結び、仕上げる

胸の下に胸紐をあて、結びます。

▶**胸紐の結び方は26ページ。**

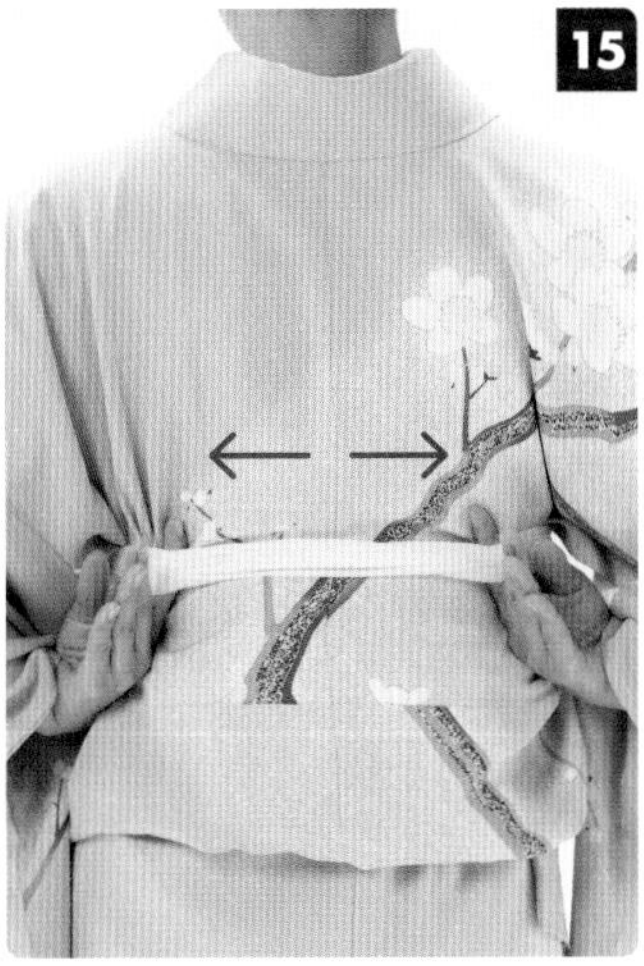

胸紐の下から人さし指を入れて、背中のしわを左右に寄せます。

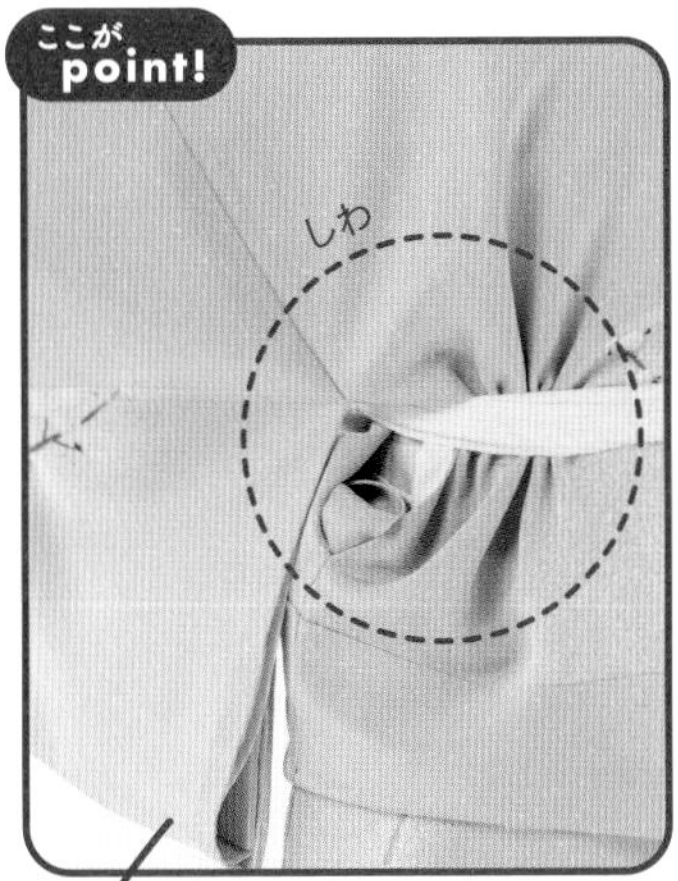

両脇にはこんなにしわが寄っています。上半身をすっきりさせるためにも、丁寧にしわをとりましょう。

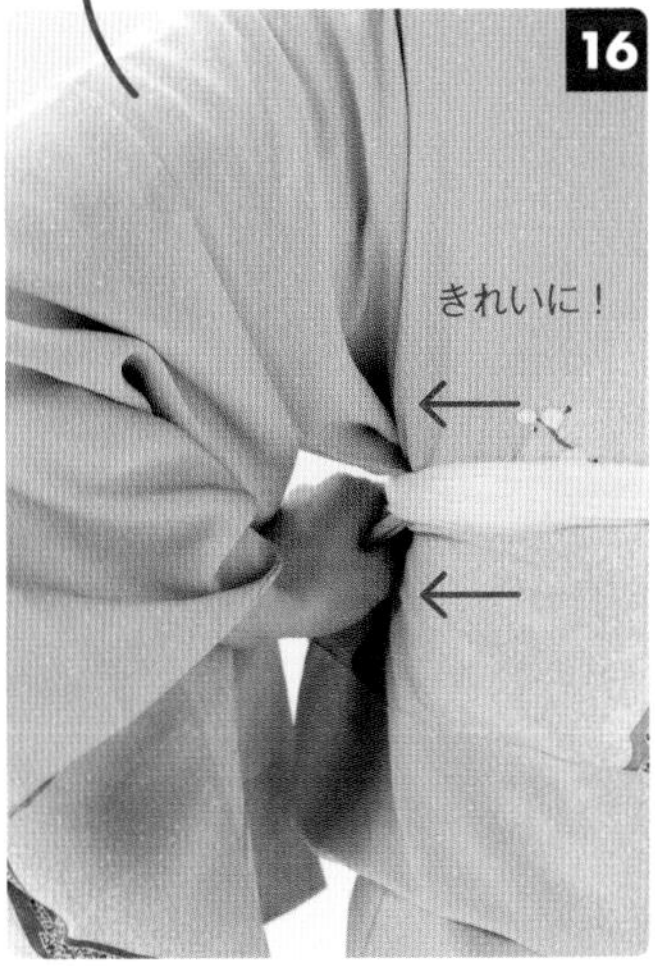

後ろ身頃のしわを前に引きます。

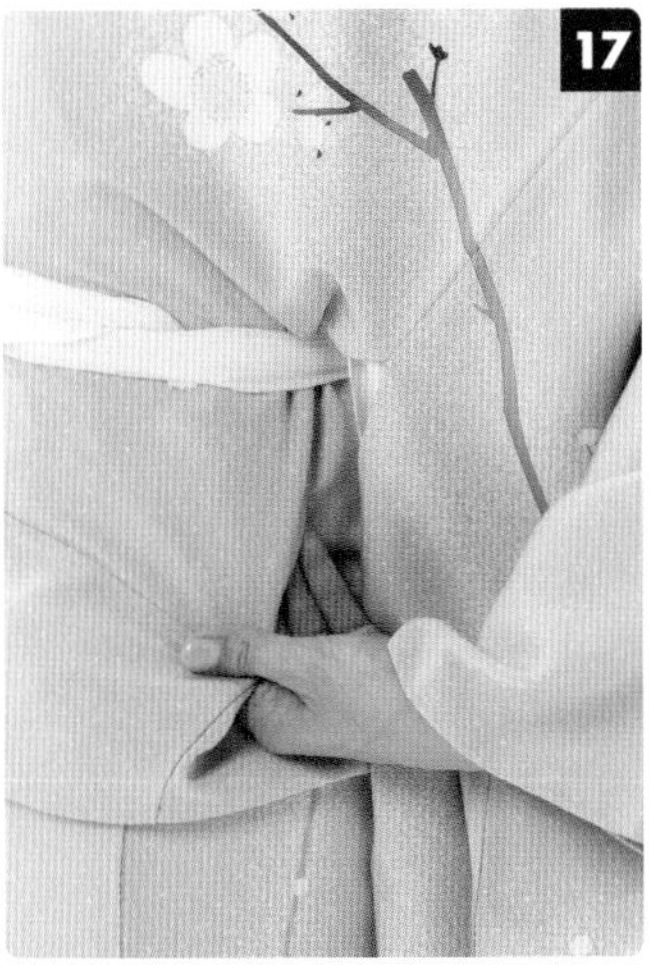

衿合わせをくずさないように注意しながら、前身頃をかぶせてタックをとります。

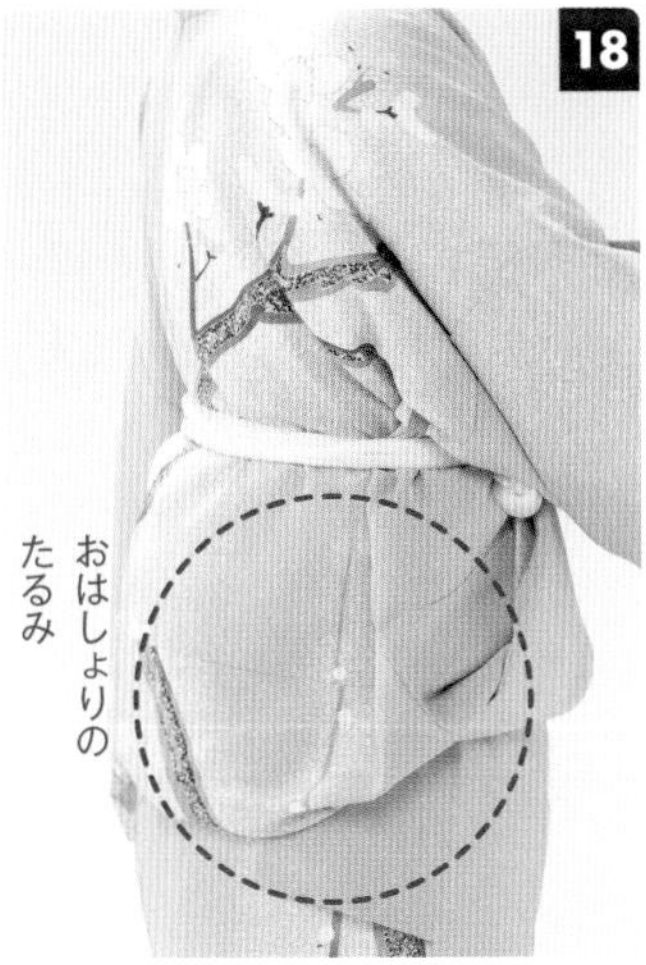

反対側も同様に整えます。続いて、おはしょりのたるみを整えます。

着物の着付け完成！

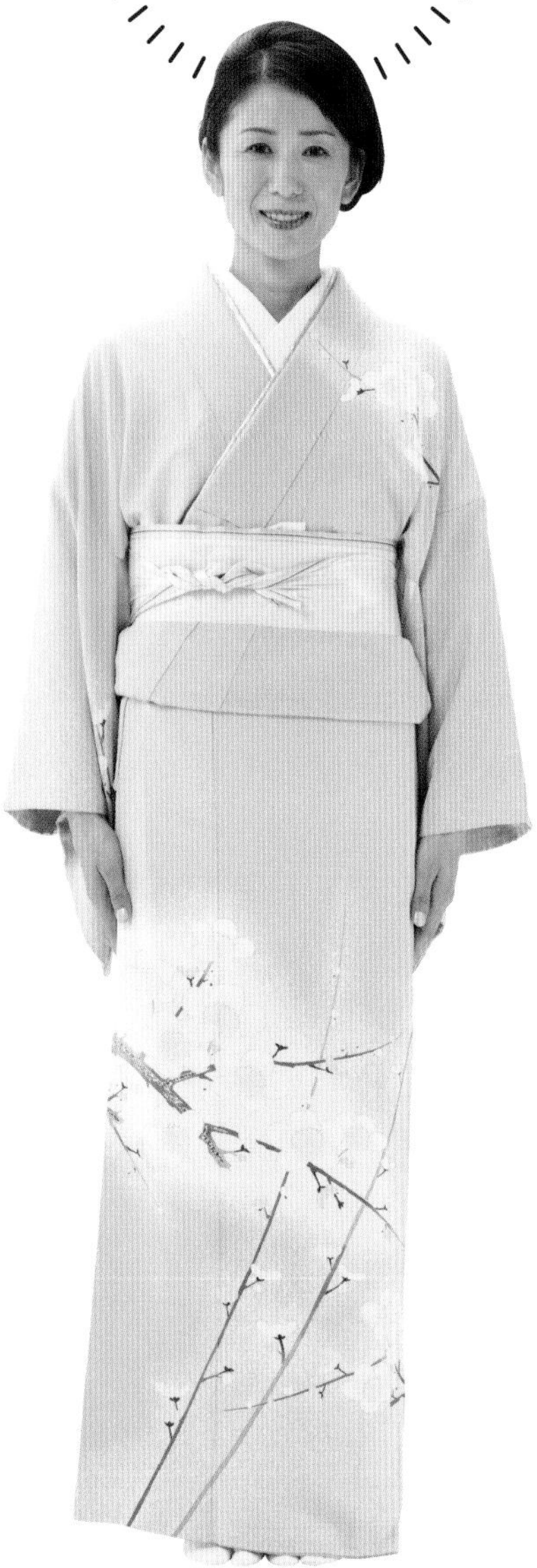

着丈は着上がったとき、足袋の先が少し見えるくらいを基本に。

19

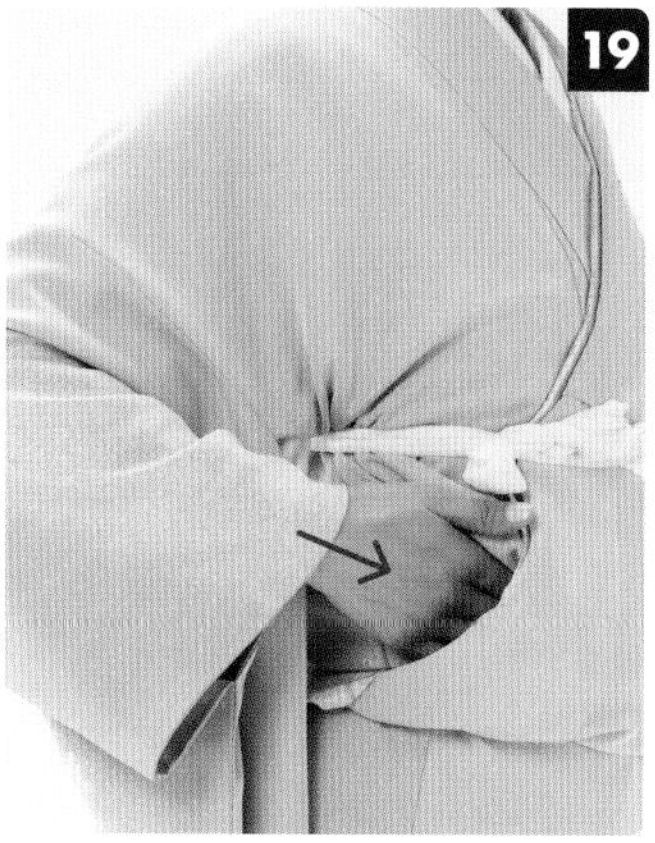

おはしょりのたるみが気になる場合は、後ろのたるみを寄せてきて、上前のおはしょりの中に入れ込みます。

20

おはしょりを整えながら、伊達締めを結んででき上がり。おはしょりが長い場合は、持ち上げて伊達締めの下に入れ込むこともできます。

▶伊達締めの結び方は26ページ

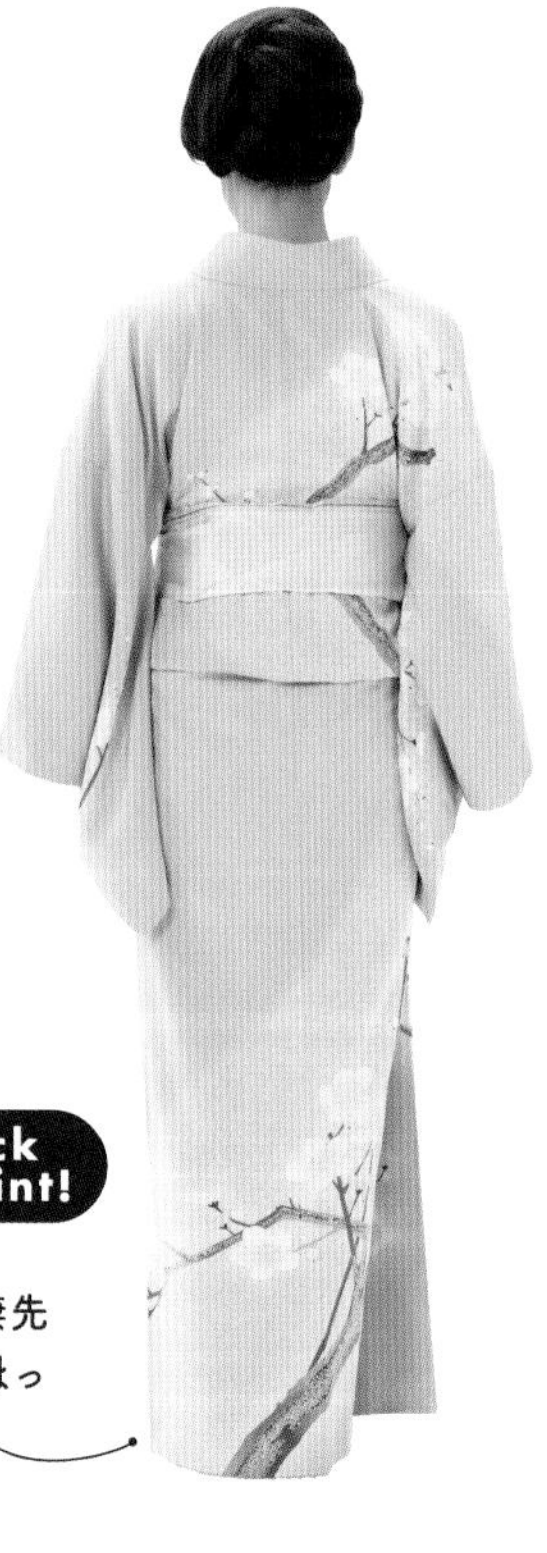

check point!

後ろから見ると、下前の褄先を上げたことで、裾がすぼまっているのがわかります。

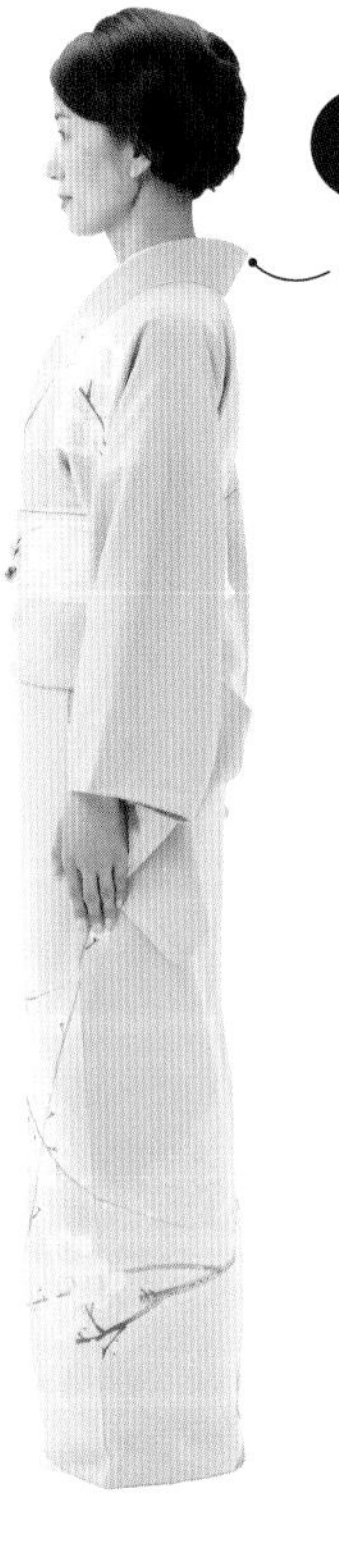

check point!

衣紋《えもん》はいつもより多めに、ゆったり抜きます。

二《に》重《じゅう》太《だい》鼓《こ》の結び方

お太鼓が2枚になって、裏側にも柄が出る二重太鼓は、袋帯を使います。一般的に、留袖、訪問着、付け下げ、色無地などに合わせて格調高く装います。

step 1

帯を胴に二巻きし、てとたれをねじる

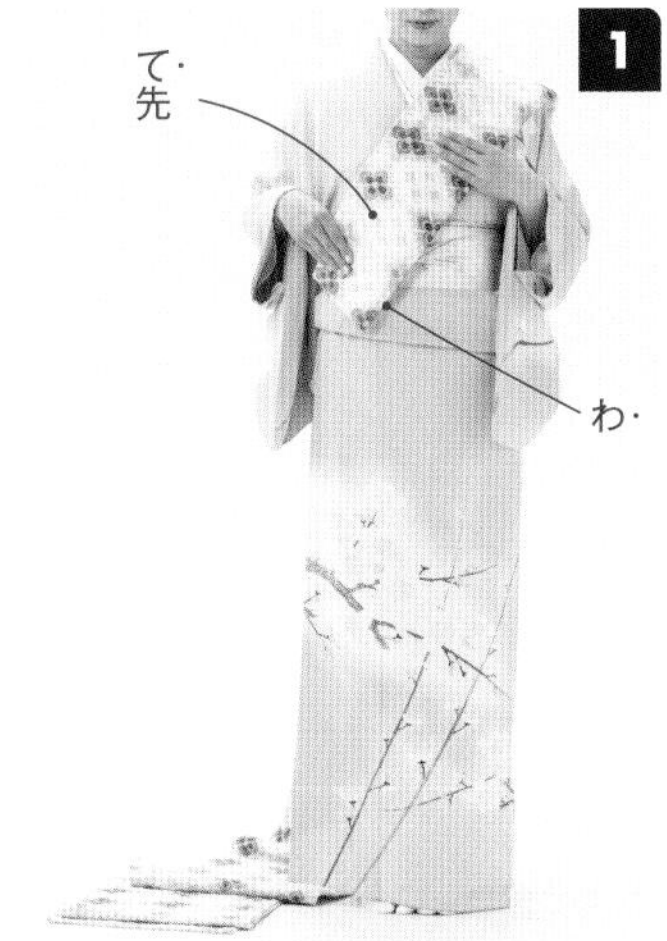

袋帯はて先から胴に巻く部分の幅を半分に折ります。て先を左肩にあずけ、て先の先端がおはしょりの位置にくるようにします。

て先を左肩にあずけたまま、帯を胴に一巻きします。
※ゴム紐つきの帯板の場合は、帯を巻く前に、伊達締めの上につけます。

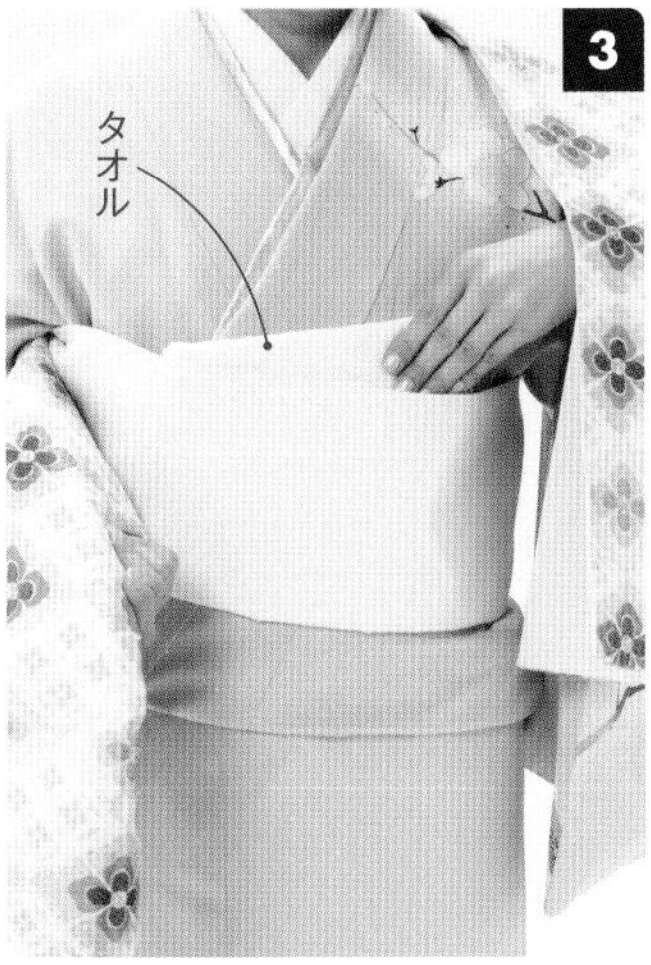

一巻き目の帯に挟まれたて先を外し、外した同じ位置に小さいタオルを入れて、帯の間に空間をとります。

左手でて先の元を持ち、右手でたれの下を持って、帯を締めます。

左手にて先、右手でたれを持って、もう一度締めます。

一巻き目の帯を締めています（前から見たところ）。左右の手はどちらも帯の下（わのほう）を持ちます。

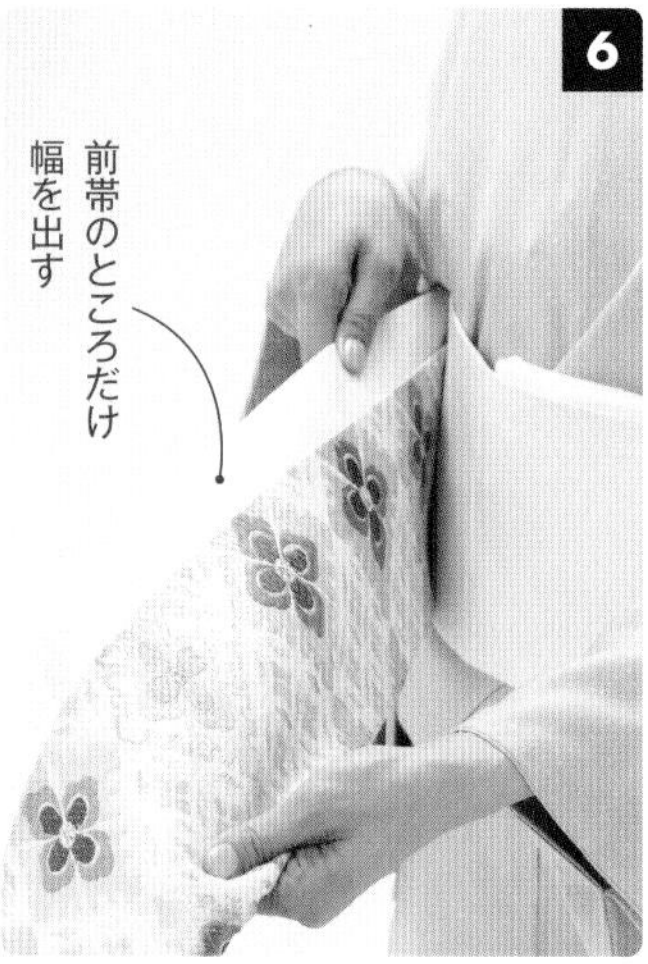

二巻き目の帯幅を３〜４㎝広げます。

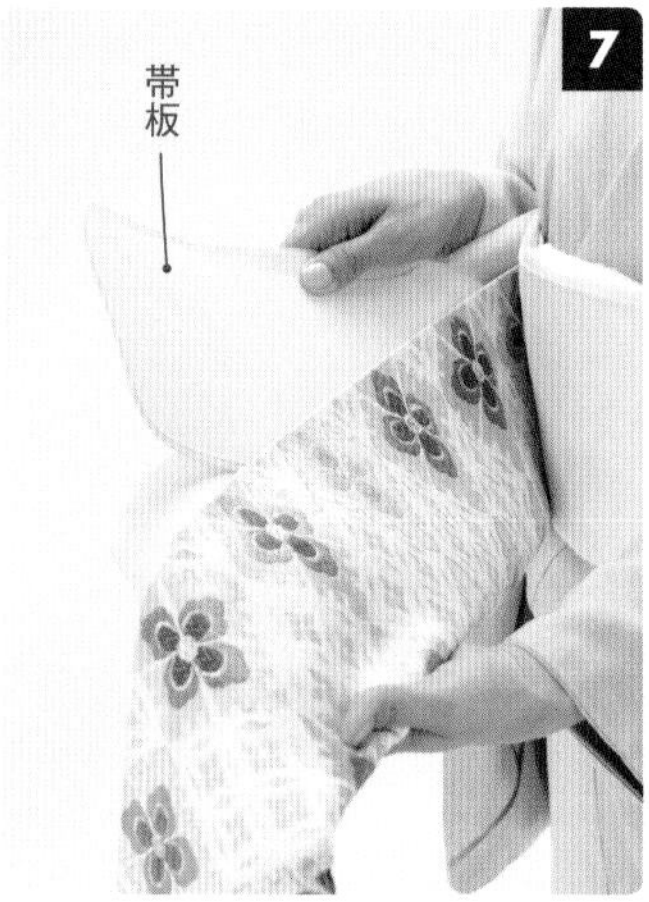

帯幅を広げたところに、帯板を入れます。

二巻き目を胴に巻き、て先とたれを持って締めます。

て先を背中心まで外して、下に引きます。

step 2

お太鼓を作る

10

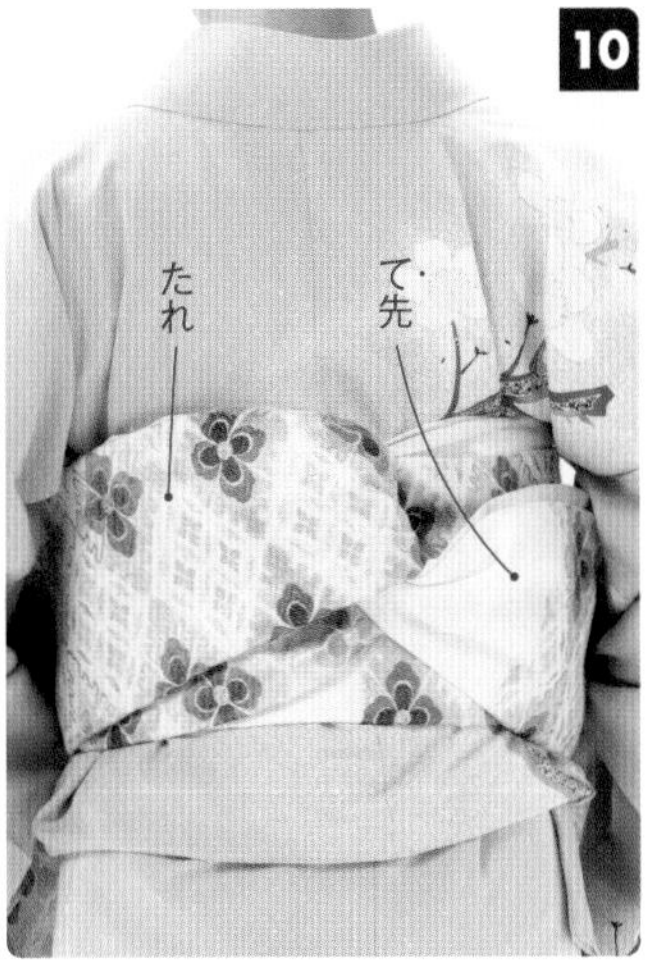

背中心のところでて先とたれを結ばずにねじります。
※ねじらずにたれを折り上げてもかまいません。
19ページ参照。

11

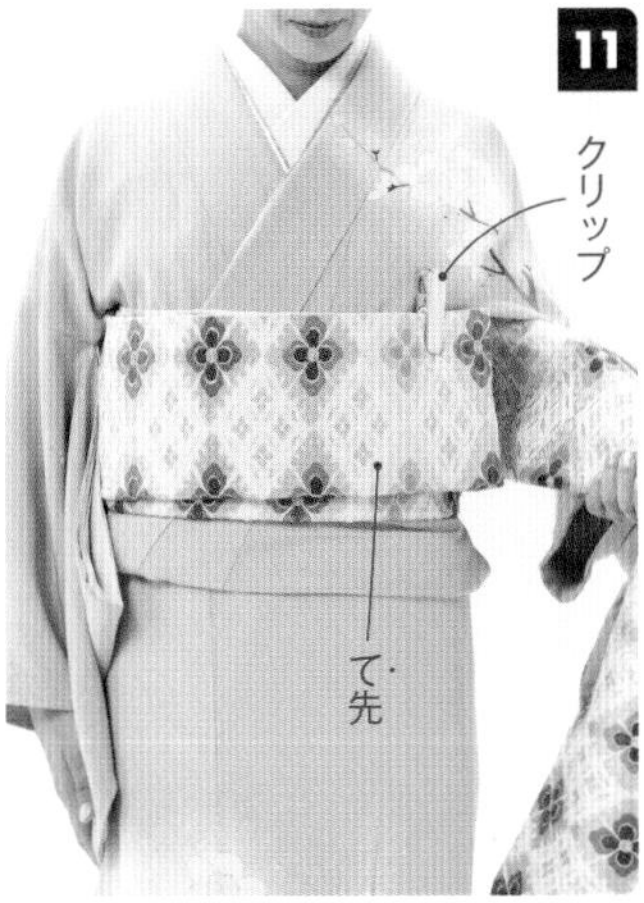

て先は右側から前にまわして、前帯にクリップで留めておきます。

12

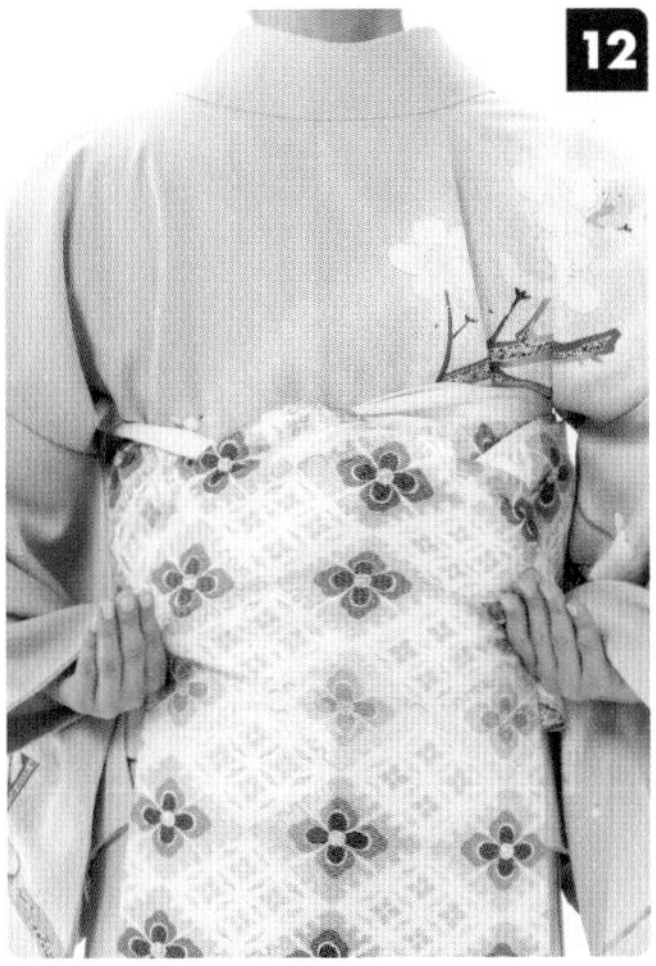

ねじったところから、たれをきれいに広げます。

13

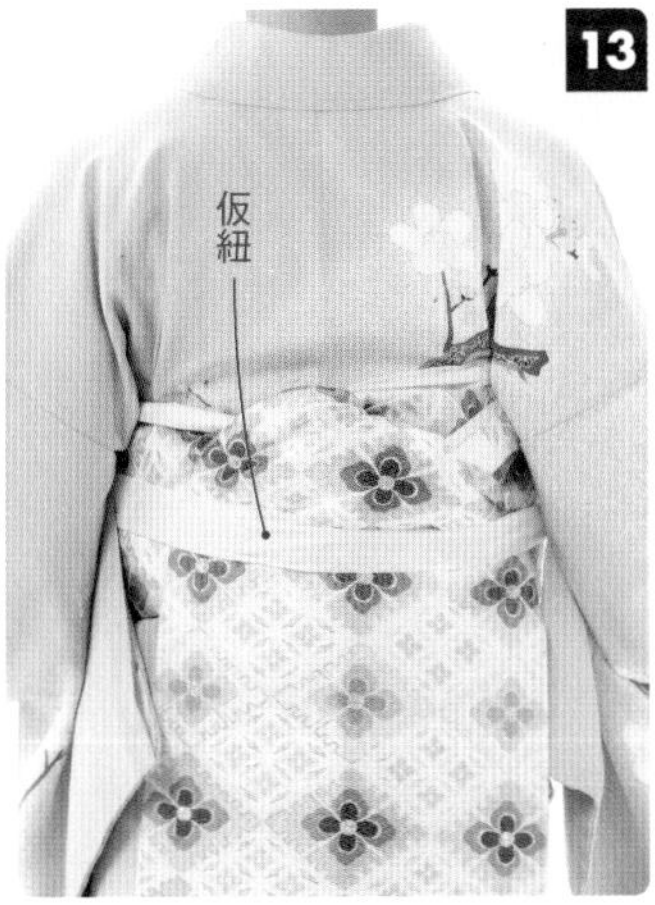

たれを仮紐で押さえて、前で結びます。

14

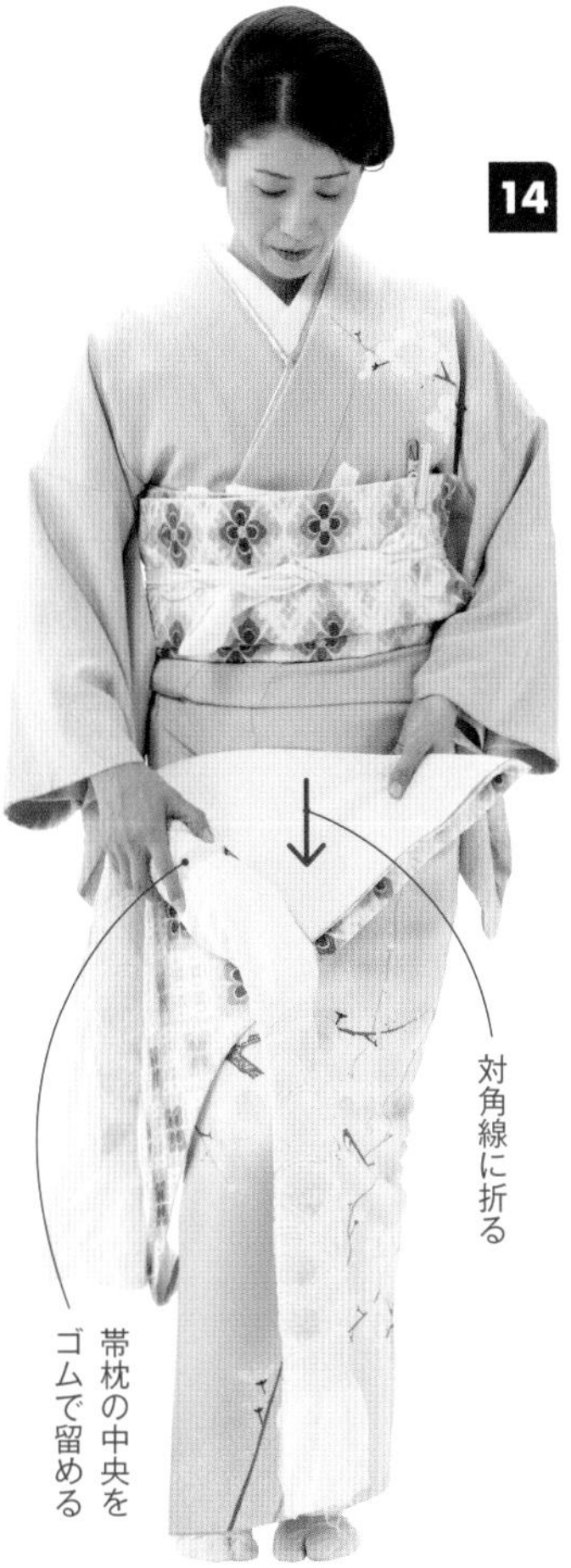

たれ先を前に持ってきて膝にのせ、対角線に折ります。折ったところに帯揚げをかぶせた帯枕をあてます。

帯枕を動かさないようにして、残りのたれを整えます。

右手で帯枕ごとたれを持ちます。

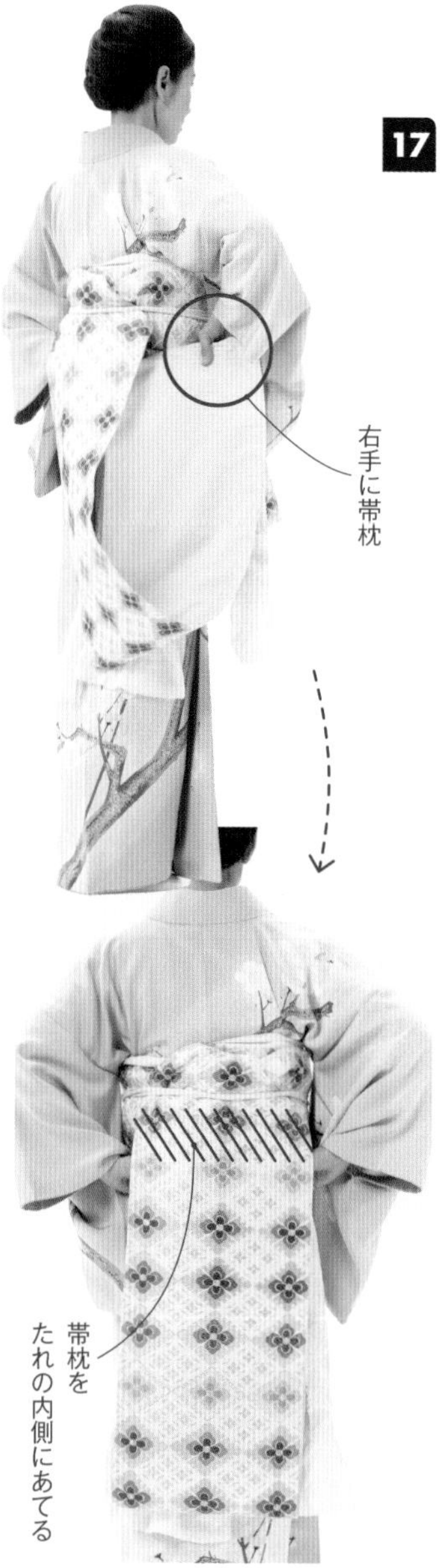

右手に帯枕を持ったまま、たれの内側に入れます。

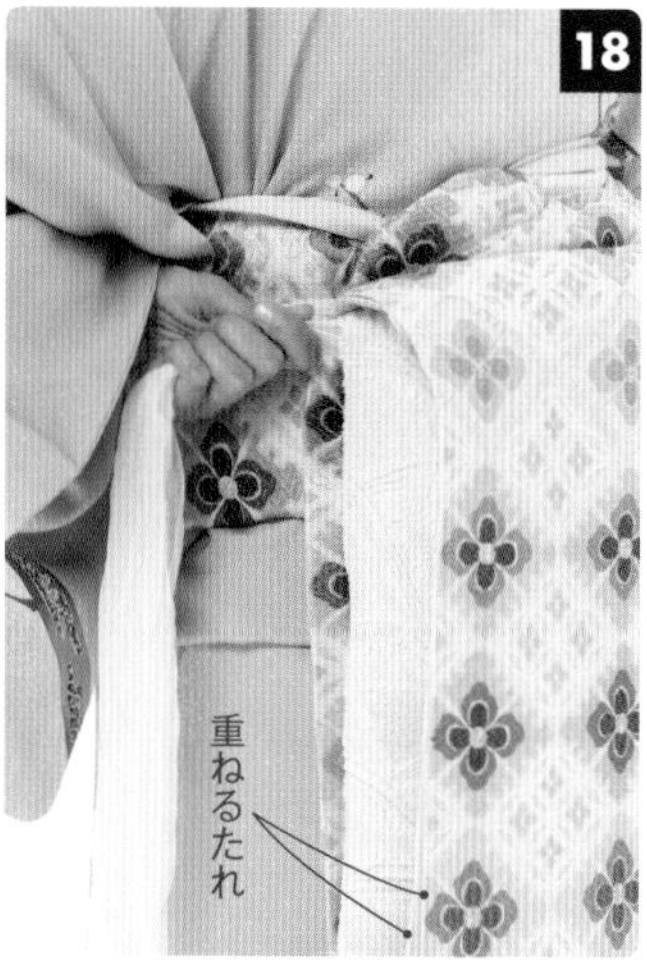

２枚のたれをきれいに重ねます。ここでたれがずれてしまうと、あとあとまで響くので、しっかり確認しましょう。

たれを重ねて持ち、帯枕を背中にあてます。

背中にあてた帯枕のガーゼ紐を斜め前に引いてから、帯枕の紐を結びます。

▶帯枕のガーゼ紐の結び方は27ページ。

前帯に挟んだタオルを外します。

帯揚げを前にまわして、仮結びをします。

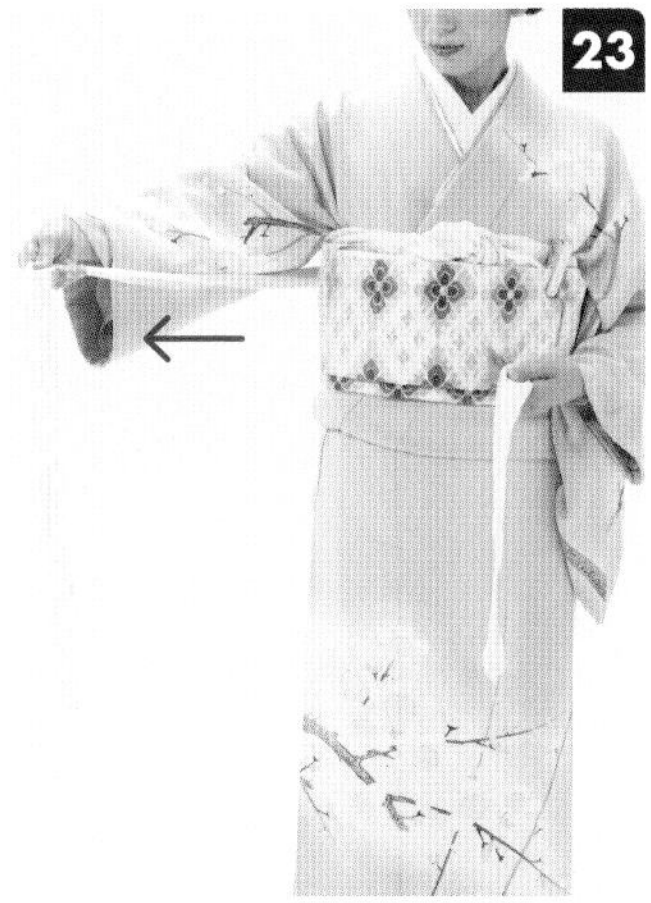

たれを押さえていた仮紐を外します。

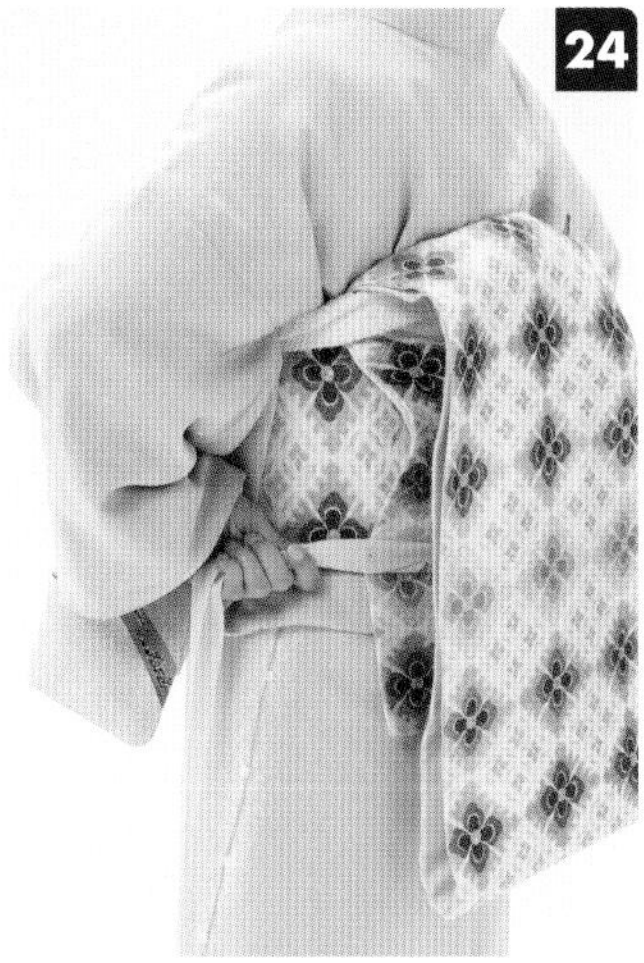

胴に巻いた帯（胴帯）の下線あたりに、仮紐をあてます。

その仮紐を２枚重ねたたれに、水平に移動します。ここがお太鼓の下線の目安となります。

step 3

仕上げる

お太鼓の下線で内側に折り、余分なたれは折り上げます。

お太鼓のたれ先は、人さし指１本分が目安ですが、二重太鼓の場合は少し長くてもかまいません。仮紐は前で結びます。

前帯に留めておいたて先を外します。

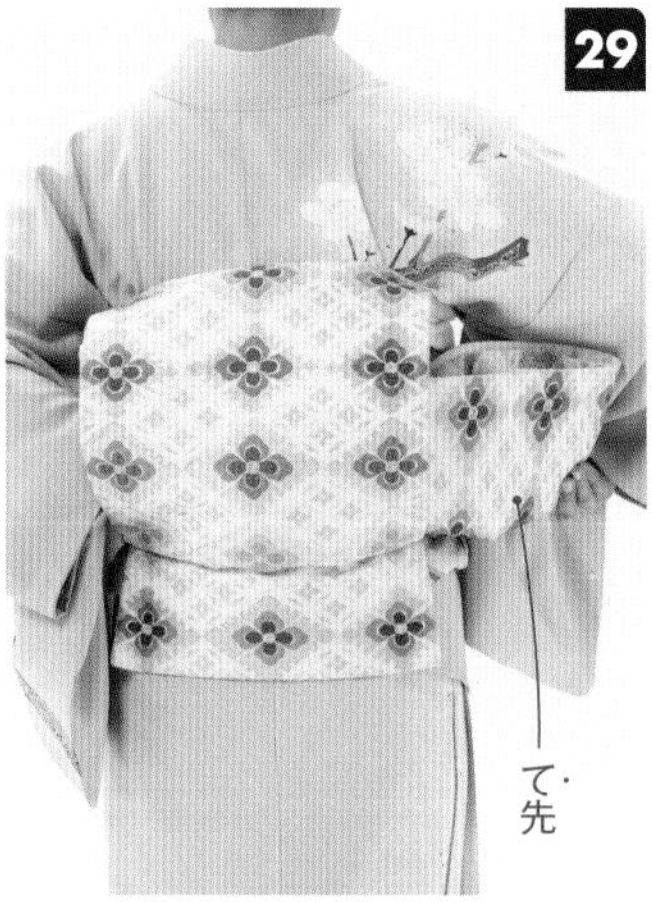

外したて先は、右からお太鼓の中に入れます。

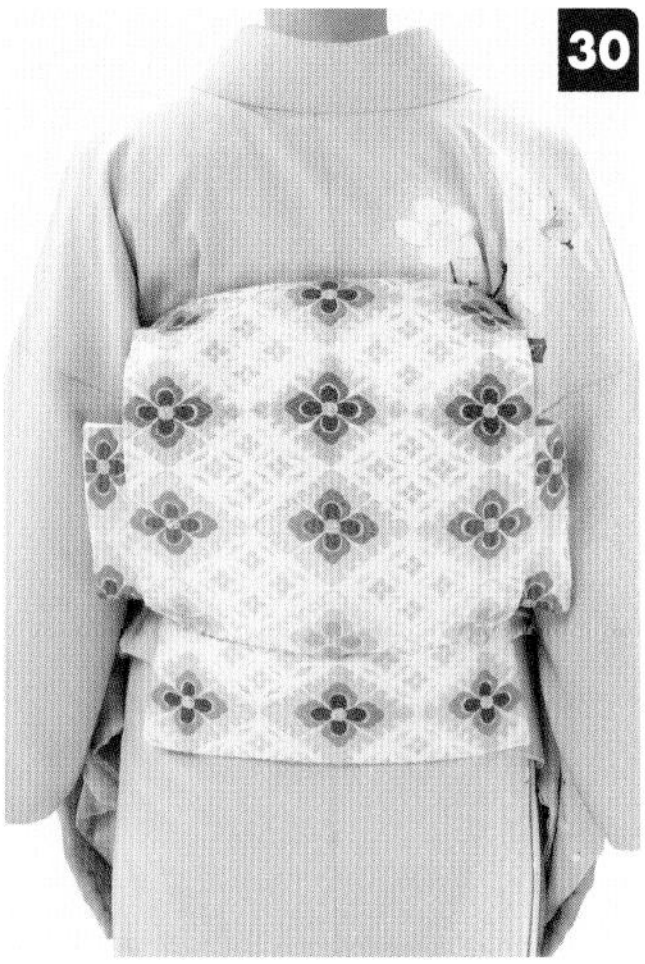

て先は左側から３～４㎝出しますが、帯の長さや体型によって調整しましょう。

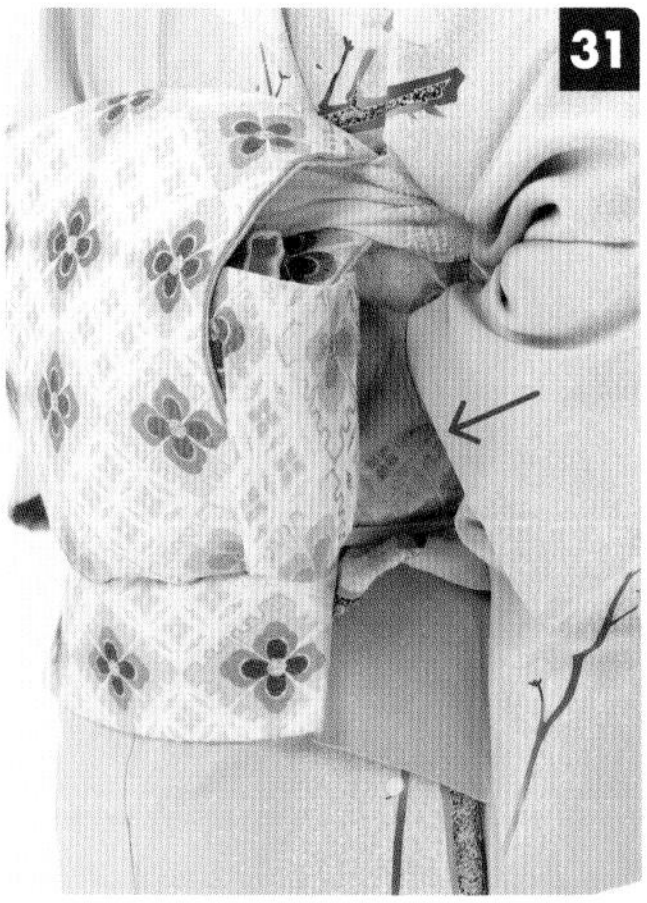

て先が余ったら、右側で余分を内側に入れ込みます。

32

折って輪にした帯締めの、輪のほうを持って右側からお太鼓の中に通します。

33

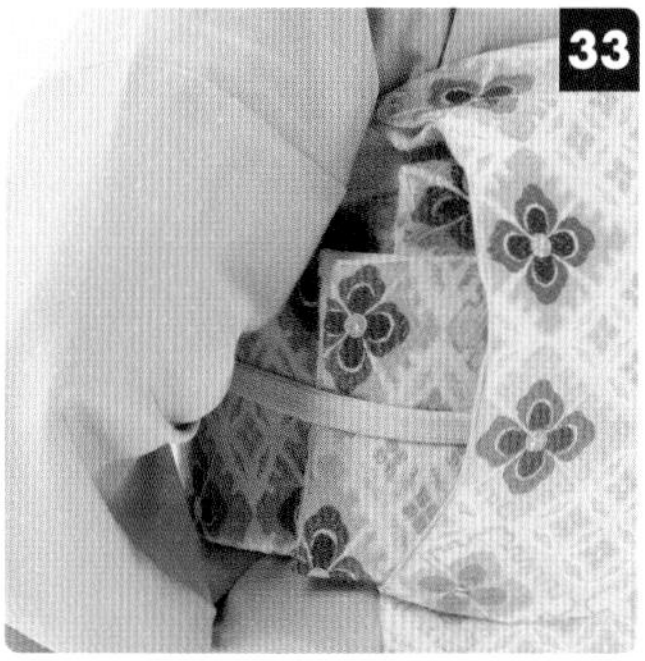

帯締めはて先の幅のほぼ中央にあて、前にまわします。

34

格の高い方が上前にきているか確認してから、帯締めを結びます。

▶**帯締めの結び方は28ページ。**

35

お太鼓の下線を決めた仮紐を外します。

36

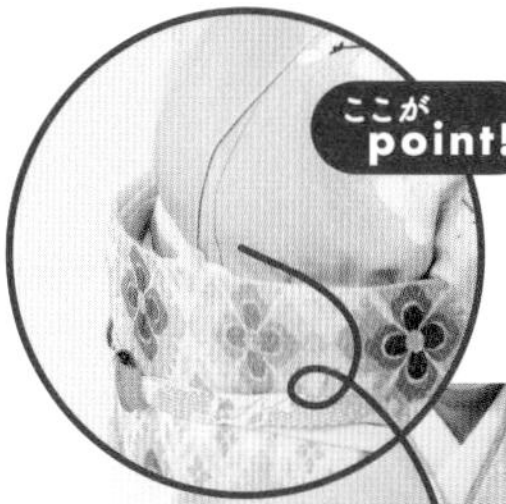

ここがpoint!

タオルを取り除いた帯の間が空いています。ここに帯揚げを入れます。

帯揚げを結び直して、完成です。

▶**帯揚げの結び方は30ページ。**

二重太鼓のでき上がり

◎格式のある集まりに

留《とめ》袖《そで》の着付け

留袖は既婚女性の第一礼装で、なかでも黒留袖は結婚式や披露宴で着る最も格の高い着物です。衣紋の抜き加減や衿合わせ、着丈などに気を配り、丁寧に仕上げましょう。帯は袋帯を用いて、二重太鼓に結びます。

胸の左右の紋の位置を確認して、比翼《ひよく》の衿元がきれいに出るようにしましょう。

check!

●はじめに**着付けの下準備（p108 ～）**をします。そして着物をはおる前に、**着付けの下ごしらえ（p111 ～）**をして、長襦袢を着たところからはじめます。

step 1

はじめに比翼を整える

黒留袖には白い比翼がついているので、半衿と比翼をきれいに重ねましょう。

留袖の衿と比翼をきれいに広げます。

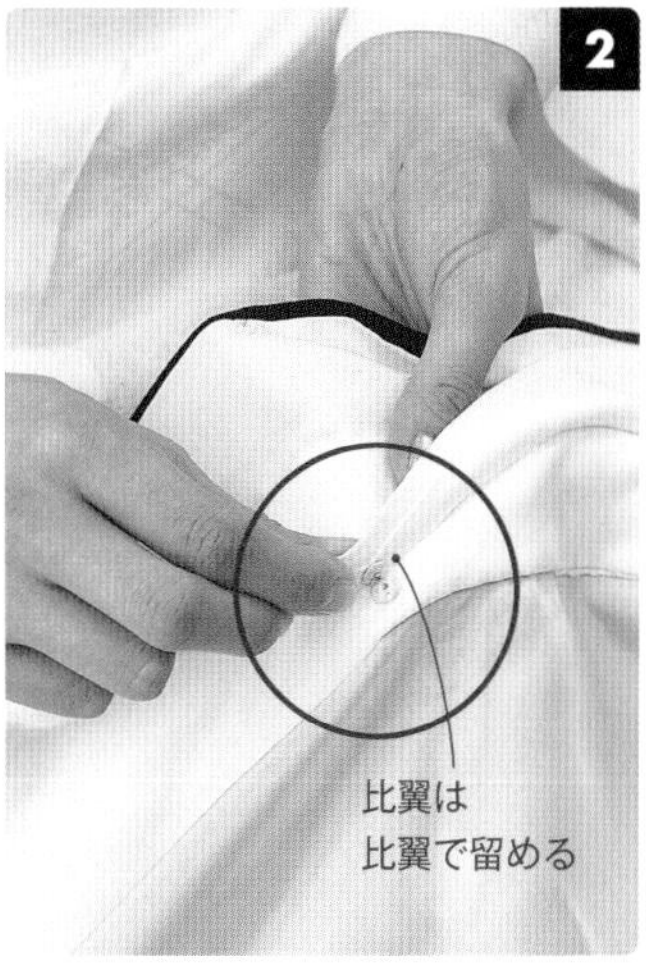

比翼、留袖の順で、１枚ずつ内側に半分に折ります。比翼にホックがついてる場合は、ホックを留めます。

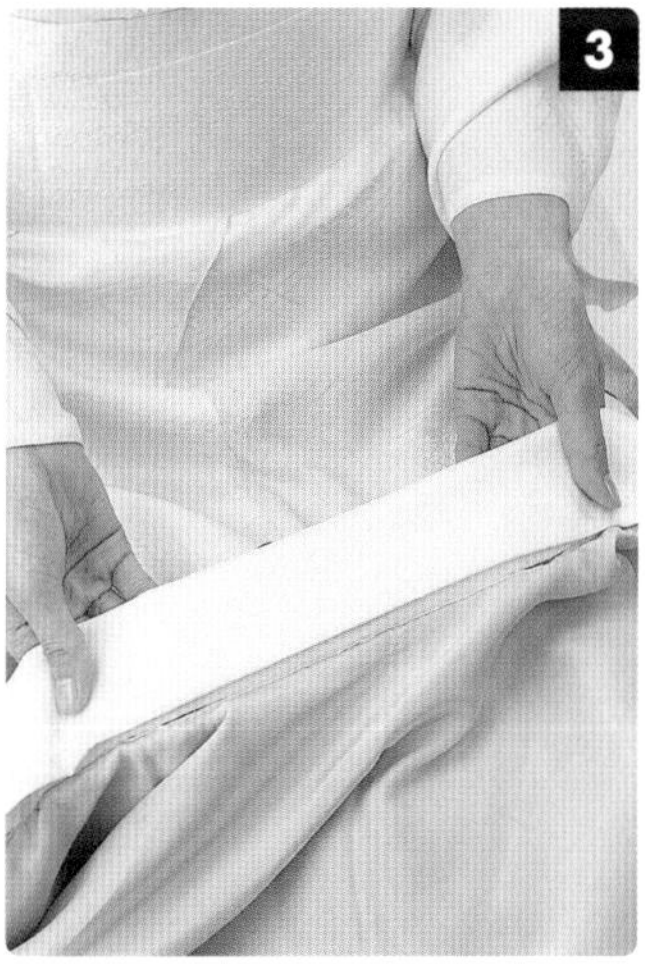

ホックの代わりに引き糸がついている場合は、引いて留めます。

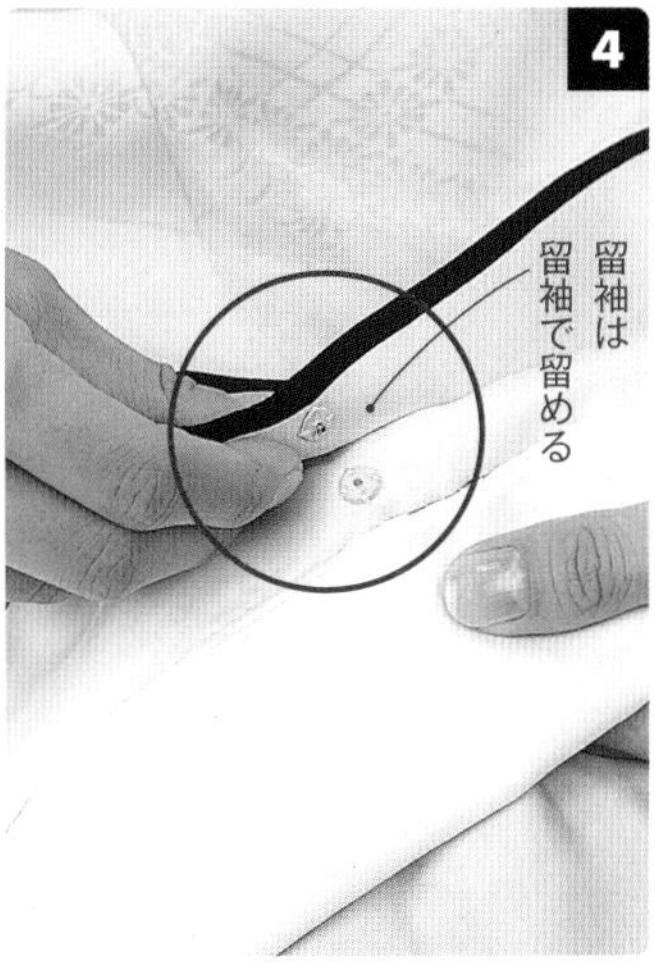

続いて留袖の衿も同様に半分に折り、ホックまたは引き糸で留めます。

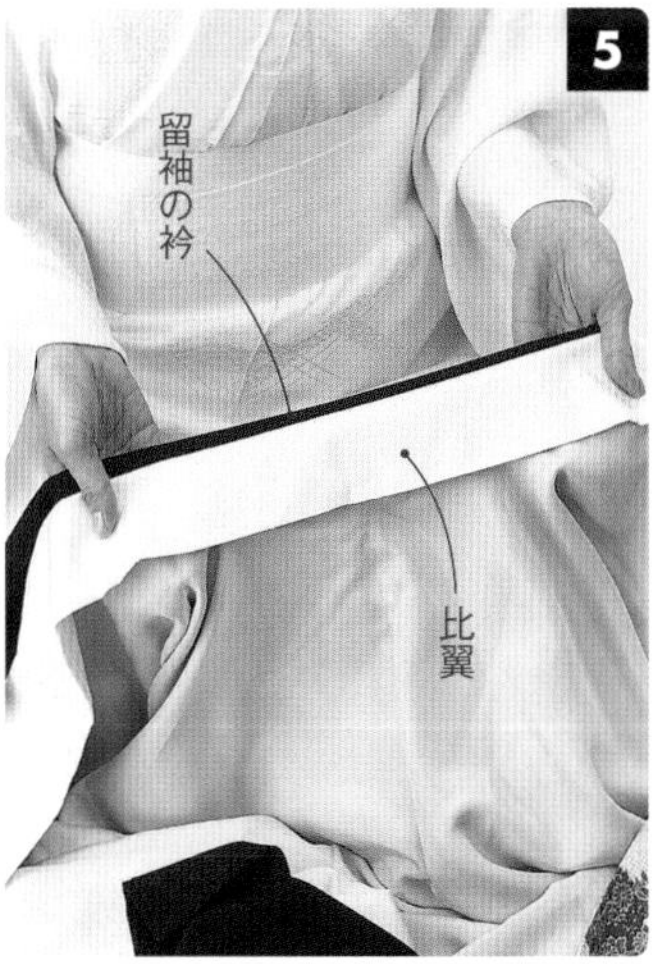

半分に折った比翼と留袖の衿を、たるみがないように押さえて持ちます。

留袖の衿と比翼を揃えて持ち、背中にまわして広げます。押さえた衿と比翼がずれないように注意しながらはおります。

step 2

下前と上前を合わせ、腰紐を結ぶ

背中心が合っていること、左右の胸の紋の高さが揃っていることを確認します。両手で着物を持ち上げ、そのままゆっくり着物を下ろして着丈を決めます。

下前を静かに開き、上前を合わせて、上前幅を決めます。裾の長さは足の甲にかかるように、右手で持った下前を軽く引きながら調整します。

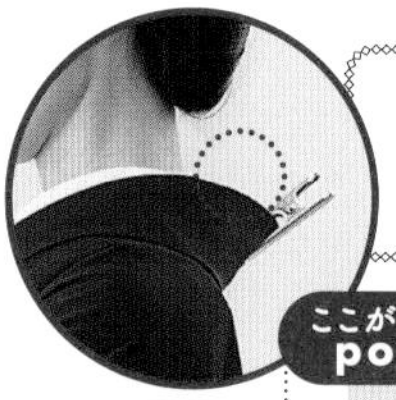

衣紋はゆったりと抜くと優雅に見えます。こぶし１つ分以上を目安に多めに抜きましょう。

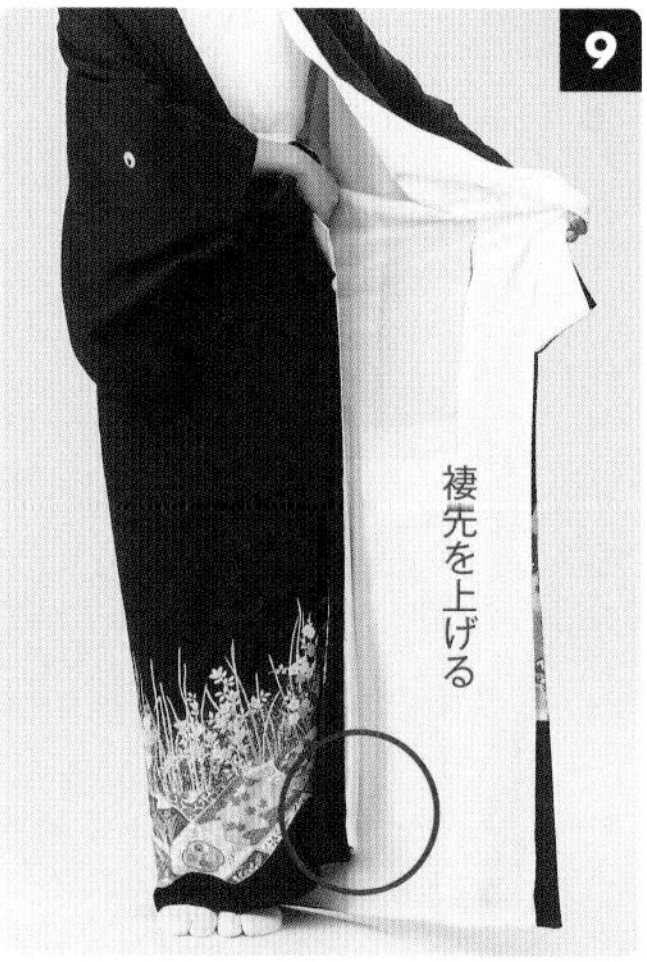

決めた位置を動かさないように上前を静かに広げて、下前を入れ込みます。続いて、下前の褄先《つまさき》を20㎝ほど上げます。下前に余分がある場合は、手前に折り返します。

上前を静かに戻して褄先を５～６㎝上げ、腰骨の少し上に腰紐を結びます。留袖は重いので、腰紐はしっかり結びます。

▶腰紐の結び方は25ページ。

step 3

おはしょりを整えて、胸紐を結ぶ

比翼と着物の衿をおおまかに整えます。

左右の身八《みや》つ口《くち》から手を入れて、前後のおはしょりを整えます。

下前、上前の順に衿をきれいに合わせます。半衿は２～３㎝、比翼は５㎜くらい出るときれいです。

衿合わせがくずれないように注意しながら、胸紐を結びます。

▶**胸紐の結び方は26ページ。**

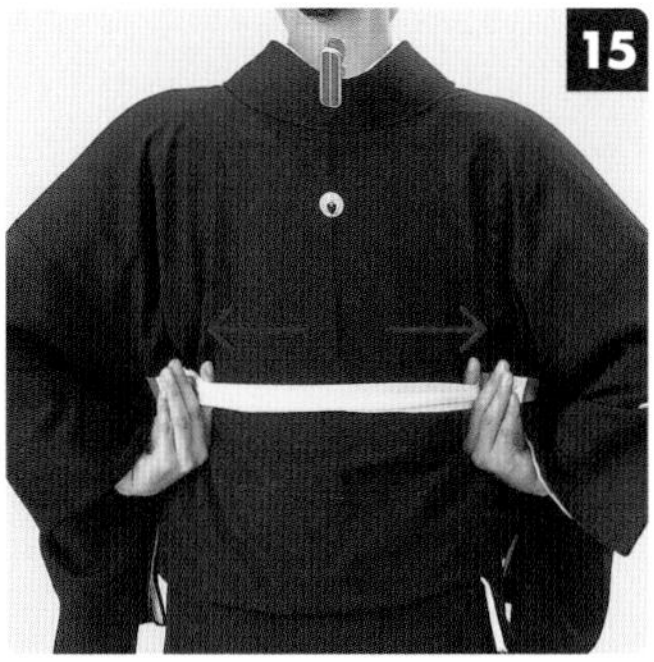

背中のしわと胸元のしわを左右に寄せます。

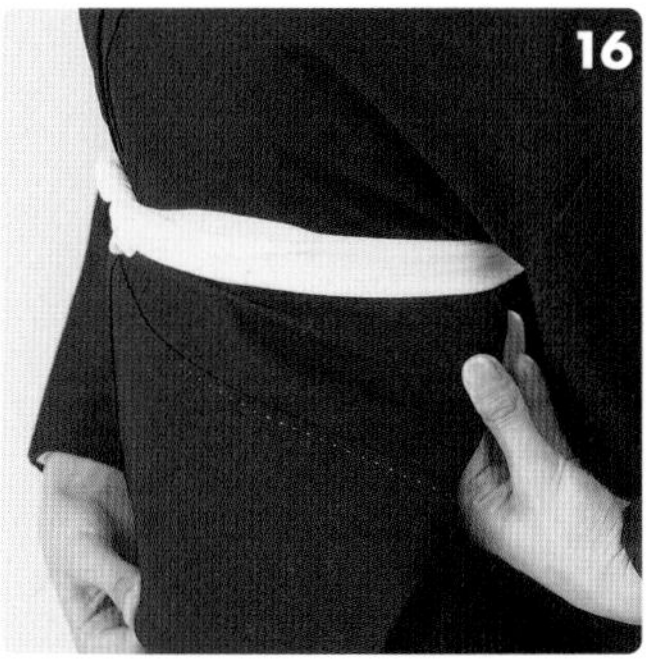

両脇で後ろ身頃に前身頃をかぶせるようにして整えます。

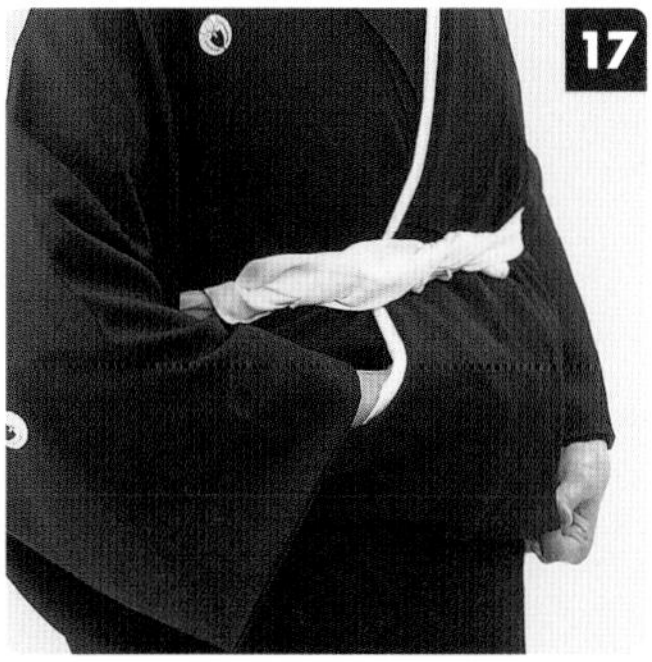

おはしょりの中に右手を入れ、下前のおはしょりを内側に折り上げます。折り上げた分は、胸紐に挟んでおきます。クリップを使って、仮留めしておくのもいいでしょう。

着物の着付け完成！

折り上げたおはしょりのふくらみを押さえるように、伊達締めを結び、衿のクリップを外します。

▶**伊達締めの結び方は26ページ**

袋帯で二《に》重《じゅう》太《だい》鼓《こ》の結び方

留袖用の二重太鼓は年代にかかわらず、いつもより大きめに作ると華やかに仕上がります。重厚感のある、袋帯を使いましょう。

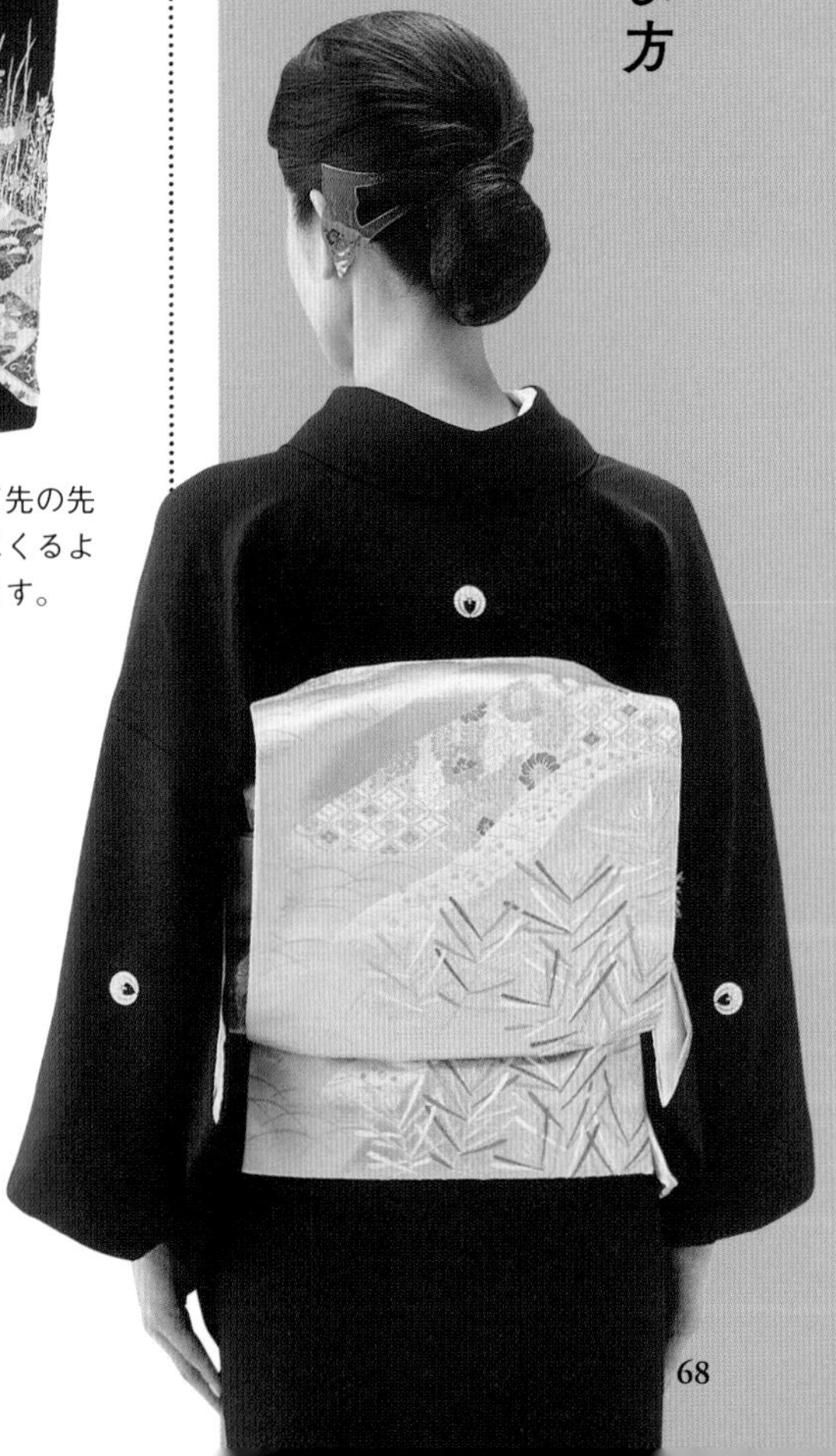

step 1

胴に帯を二巻きする

て先を左肩にあずけて、て先の先端がおはしょりのあたりにくるように、て先の長さを決めます。

帯を一巻きして締め、二巻き目の帯幅を広げて帯板を入れます。
※ゴム紐つきの帯板の場合は、帯を巻く前に、伊達締めの上につけます。

右手にたれ、左手にて先を持って、帯をしっかり締めます。このとき、どちらも帯の下（わのほう）を持つとよく締まります。

step 2

たれを折り上げる

てとたれを結ばずに、たれを折り上げます。

右手でたれを押さえたまま、左手で仮紐をとり、折り上げたたれを仮紐で押さえます。仮紐は前で結びます。

て先を右側から前帯にクリップで留めてから、たれを元から広げ、仮紐で押さえます。

step 3

お太鼓を作る

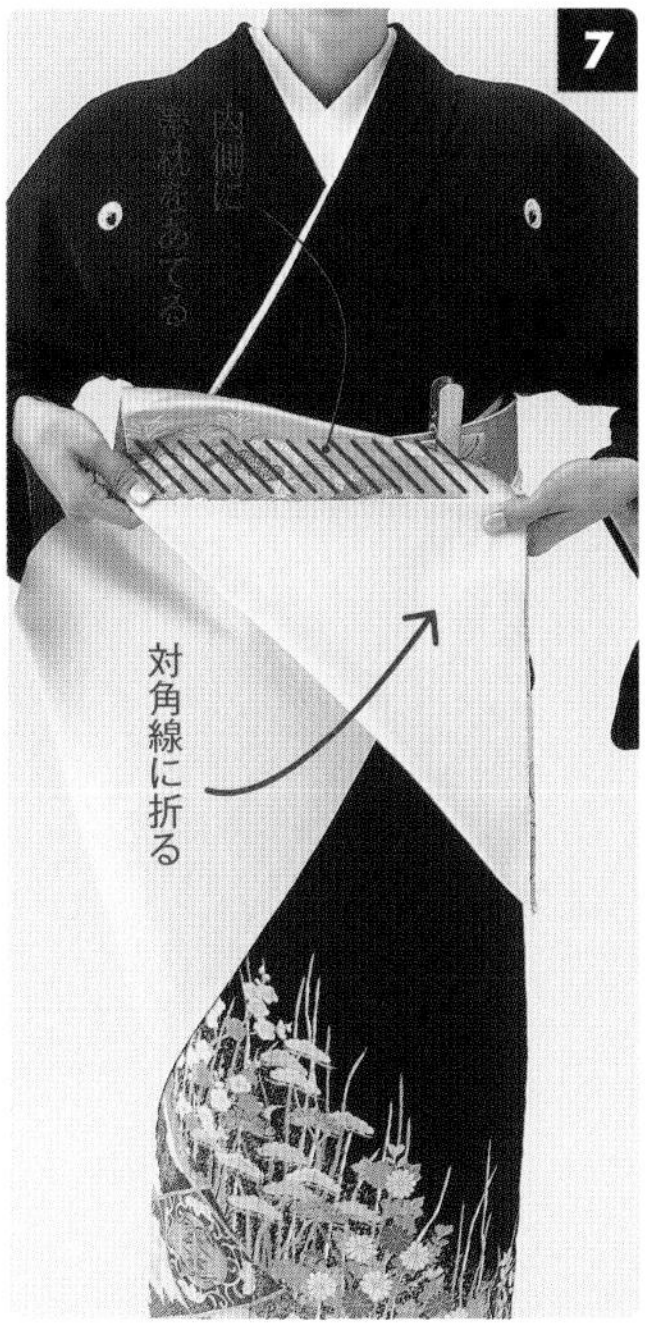

たれ先を対角線に折り、帯枕をあてる位置の目安にします。

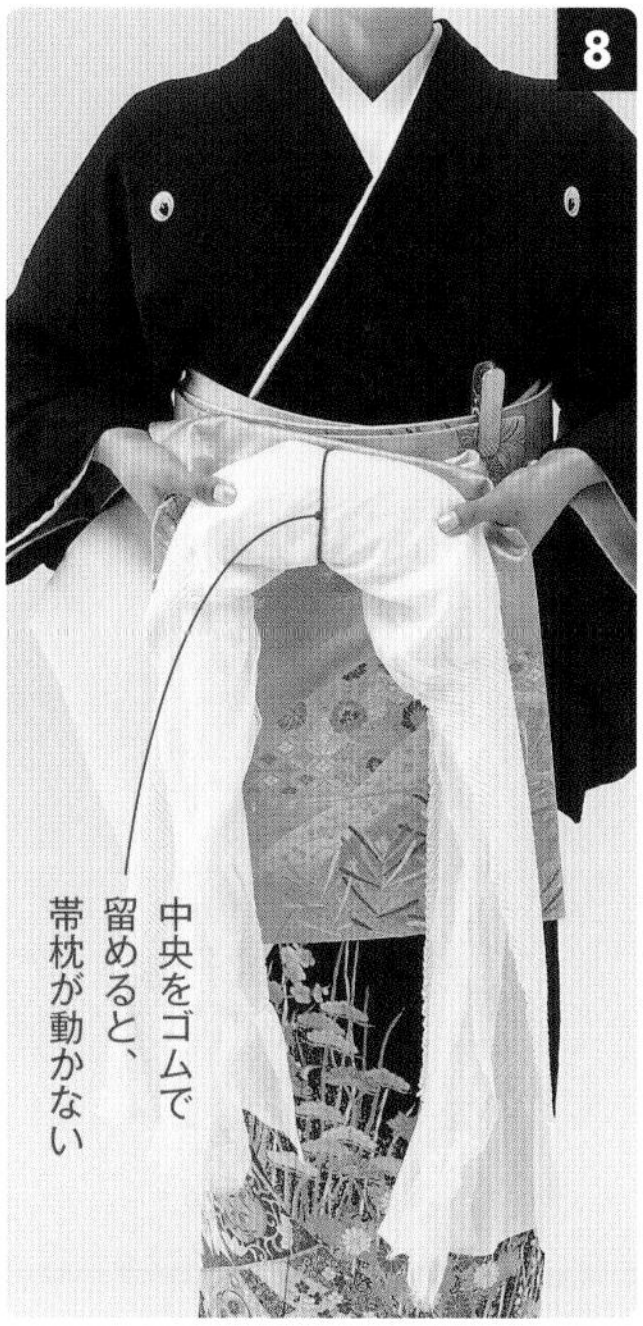

目安の位置に、帯揚げをかけた帯枕をあてます。

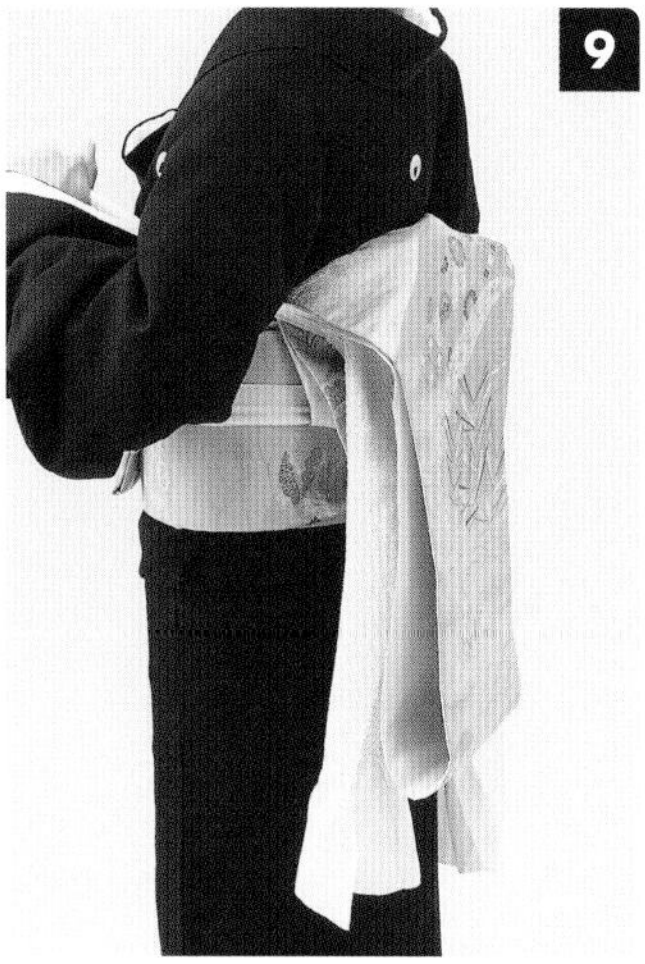

たれを二重に重ね、その内側に帯枕をあて、たれ元を整えながら、帯枕ごと背中にあてます。帯枕のガーゼ紐は前で結びます。

▶帯枕のガーゼ紐の結び方は27ページ。

続いて、帯揚げを前で仮結びします。この後、たれを折り上げた仮紐と、たれを押さえた仮紐を静かに引き抜きます。

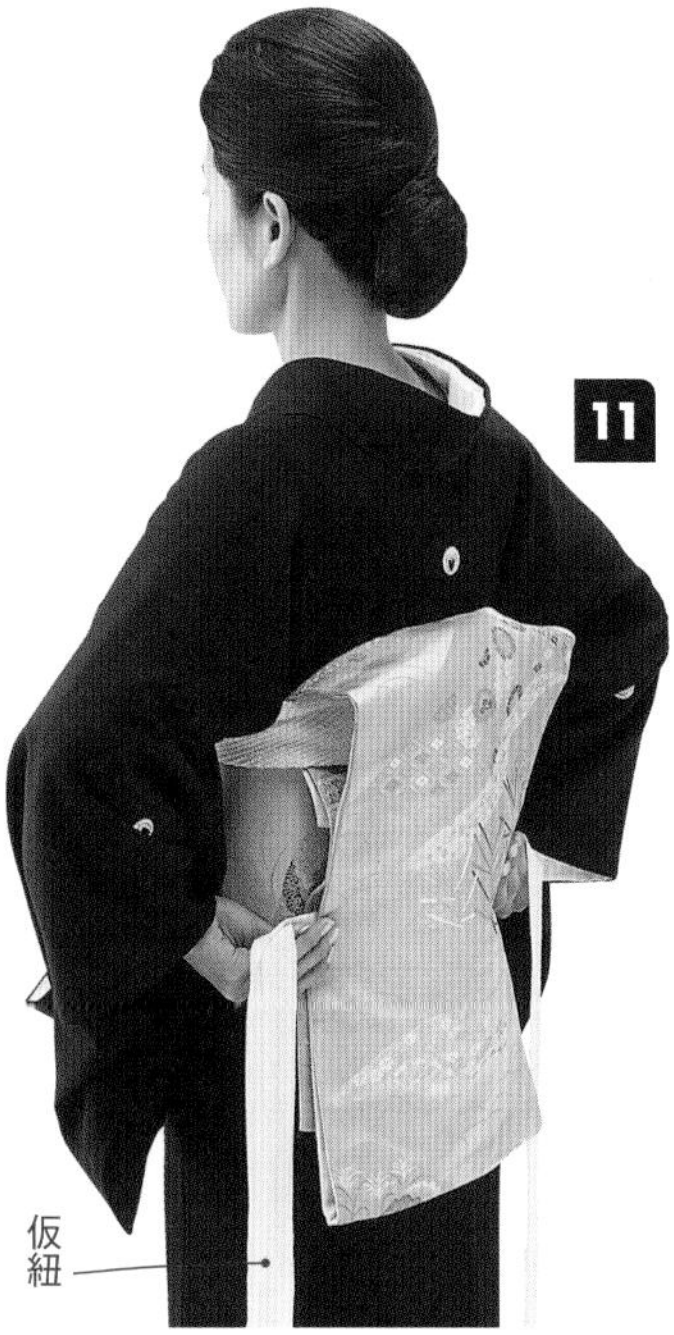

お太鼓の下線で、新たな仮紐をたれの内側にあて、お太鼓の大きさを決めます。

たれを内側に折り上げて、お太鼓を作ります。仮紐は前で結びます。

step 4

仕上げる

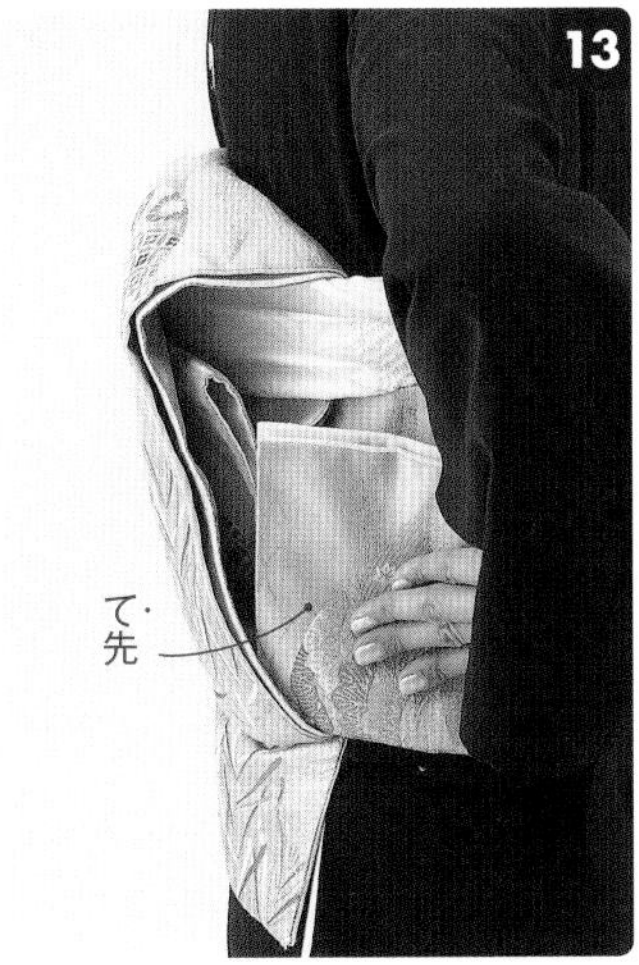

クリップで留めておいたて先を外して、右側からお太鼓の中に通します。て先は左側から3～4㎝出し、余る場合は右側で入れ込んで整えます。

折って輪にした帯締めの、輪のほうを持って右側からお太鼓の中に通します。て先の幅の中央にあてます。

帯締めを結んだら、お太鼓の下線を作った仮紐を外し、帯揚げを結び整えます。

▶**帯締めの結び方は28ページ、**
帯揚げの結び方は30ページ。

二重太鼓のでき上がり

お太鼓の位置は、若い方は高めに、年配の方は低めに仕上げましょう。

末広《すえひろ》

お祝いの席で帯に挟む祝儀用の扇子が「末広」です。挟む位置には諸説あり、写真のように帯揚げと帯の間に挟むほかに、着物と帯揚げの間に挟む場合もあります。

◎不祝儀のときには

喪《も》服《ふく》の着付け

通夜、葬儀・告別式、法要などに着る着物は、控えめで落ち着いた印象に仕上げます。衣紋は少なめに抜き、衿元は深めに合わせてきりっと着付けます。ここでは見やすいように色喪服ですが、黒喪服も同様です。

立ち座りが多い喪服は、床につかない程度の長さに。褄先を上げすぎないようにします。

check!

●はじめに**着付けの下準備（p108 ～）**をします。そして着物をはおる前に、**着付けの下ごしらえ（p111 ～）**をして、長襦袢を着たところからはじめます。

step 1

下前と上前を合わせ、腰紐を結ぶ

1

着物をはおり、長襦袢と着物の衿をクリップで留めます。両手で着物を持ち上げ、床すれすれに着丈を決めます。

step 2

おはしょりを整えて、胸紐を結ぶ

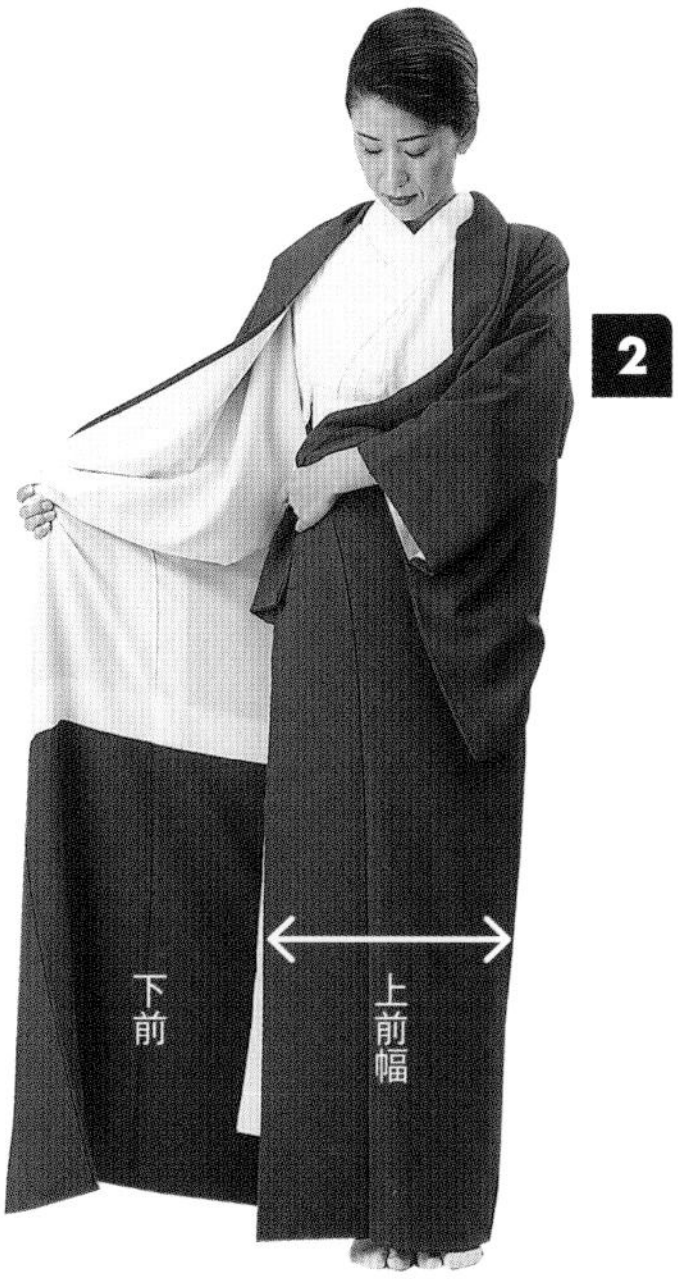

下前を開き、上前を深めに合わせて、上前幅を決めます。上前幅は右手に持った下前を軽く引きながら調整します。

静かに上前を開き、下前を入れ込み、褄先《つまさき》を15cmくらい上げます。

上前を戻し、褄先を少し上げます。

腰骨の少し上に腰紐を結びます。

▶腰紐の結び方は25ページ。

左の身《み》八《や》つ口《くち》から左手を入れて、下前の衿を持ちます。右手で上前の衿を持ち、左右に引いて衿元を軽く整えます。

左右の身八つ口から両手を入れて、後ろのおはしょりを整えます。

同じように前のおはしょりを整えます。

9

右手で上前の衿を押さえ、左の身八つ口から左手を入れ、下前の衿を合わせます。

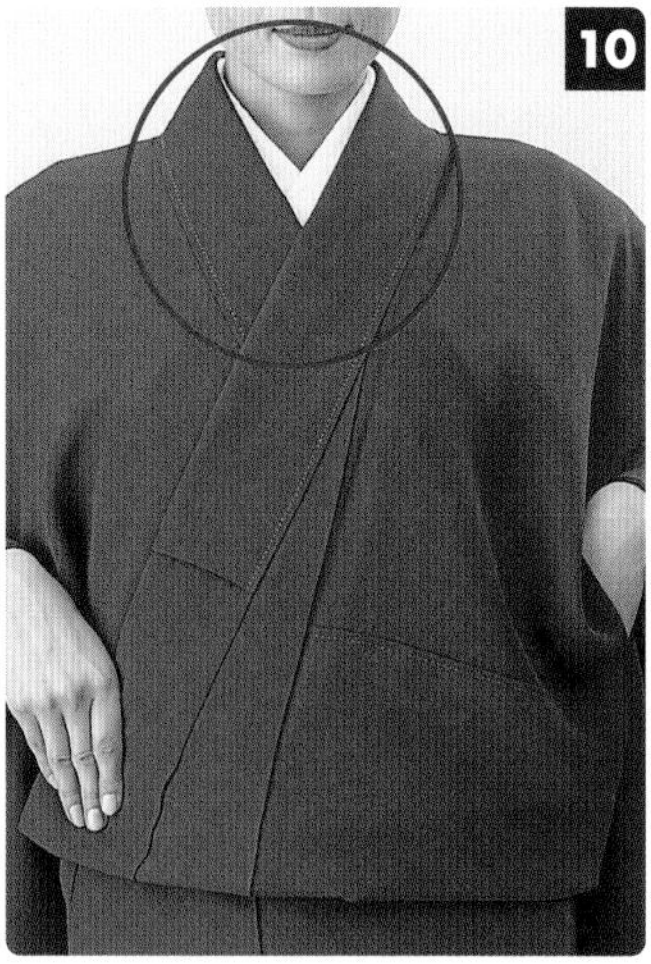

10

同じように上前の衿を決めて、下前に重ねます。左右の半衿は控えめに均等に出るようにします。

11

衿元と衽《おくみ》線に注意しながら、胸の下に胸紐を結びます。

▶胸紐の結び方は26ページ。

12

おはしょりの余分なふくらみを押さえながら、胸紐の上に伊達締めを結んででき上がり。

▶伊達締めの結び方は26ページ

ここが point!

喪服は衣紋《えもん》をあまり抜かず、衿元は詰め気味に合わせます。

着物の着付け完成！

お太鼓の結び方

不祝儀では、喪が重なるのを避ける意味から、二重太鼓よりも一重太鼓（お太鼓）が一般的です。いつもよりお太鼓は小ぶりに作ります。

step 1

胴に帯を二巻きする

左肩にて先をあずけ、て先の先端がバストの下あたりにくるように、て先の長さをとります。

帯を胴に一巻きしたら、たれとて先を持って締めます。このとき、帯の下（わのほう）を持つと、よく締まります。

一巻き目と二巻き目の間に帯板を入れ、二巻き目を締めます。
※黒い帯板があれば、そちらを使いましょう。ゴム紐つきの場合は、最初につけておきます。

step 2

たれを折り上げる

右手でたれを持ったまま、背中心のところまで、左手でて先を外します。

左手でて先を引いたまま、右手の甲を使って、たれを折り上げます。

折り上げたたれを仮紐で押さえ、仮紐は前で結びます。たれを縫い止まり、またはたれ元からきれいに広げます。

step 3

お太鼓を作る

縫い止まり（たれ元）のふくらみを左手の甲で押さえ、たれの内側に帯枕を入れます。

※喪服の場合は、厚みのない帯枕を使います。

枕の平らな部分が背中に沿うように帯枕を仮紐の上にのせ、帯枕のガーゼ紐を前で結びます。たれを押さえた仮紐を静かに引き抜きます。

▶帯枕のガーゼ紐の結び方は27ページ

帯枕に帯揚げをかぶせます。帯揚げは上の端を帯枕の上に挟み込んでから全体を包み、前で仮結びします。

帯の下線に合わせて、たれの内側から仮紐をあて、お太鼓の大きさを決めます。人さし指を使って、お太鼓の下線で内側に折ります。

右手で仮紐とお太鼓の下線を一緒に持ちながら、余分なたれを左手で折り上げ、お太鼓を整えます。

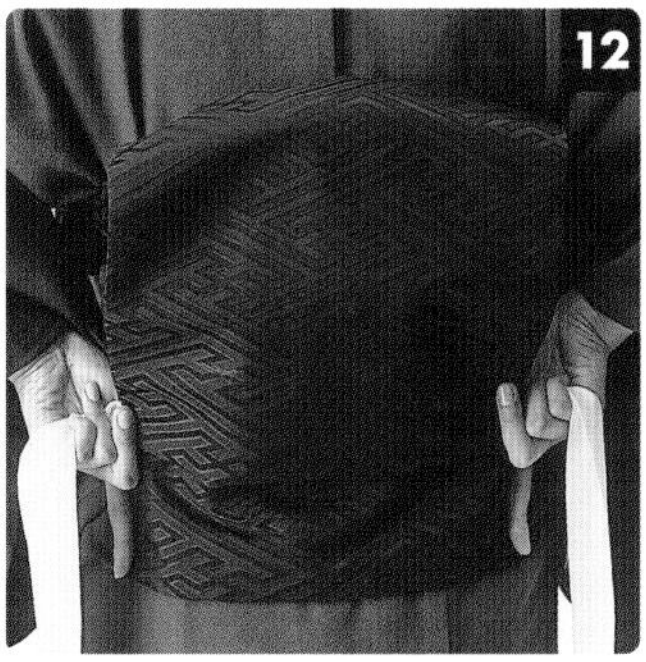

たれ先の長さを人さし指１本分とり、仮紐を前で結びます。

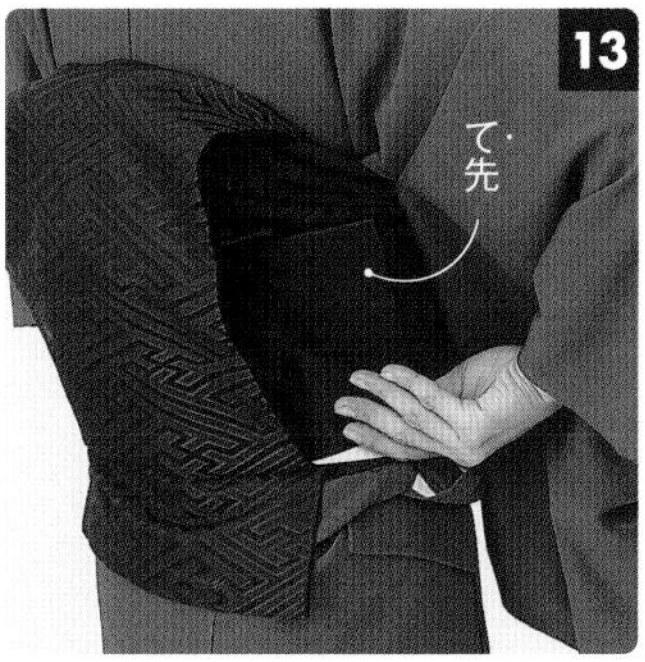

て先を左からお太鼓の中に通し、右側に２㎝ほど引き出して、余分があれば左側で入れ込んで整えます。

step 4

仕上げる

帯締めを半分に折って、輪のほうを左側からお太鼓の中に通し、て先の幅の中央にあてて、しっかり結びます。お太鼓の下線にあてた仮紐を外し、帯揚げを結び整えます。

▶帯締めの結び方は28ページ、
帯揚げの結び方は30ページ。

お太鼓のでき上がり

喪服を着たときに必要になる小物

バッグは黒い布製の喪服用が一般的。金具のない黒で、小さめなら洋装用でも。

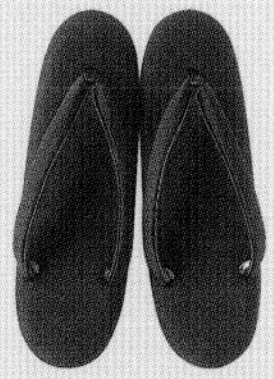

草履は黒喪服、色喪服とも、黒い喪服用（布製）が正式です。

喪扇は前帯の左脇に差して儀礼的に使うもので、あおぐものではありません。

column 1

紋の基礎知識

着物の世界では、留袖や喪服の正装、色無地を準礼装として着る場合などには、紋をつけます。紋とは紋章のことで、日本では昔からすべての家に家紋があります。

紋の数や表現方法は着物の格に合わせますが、正式と略式があり、「染め抜き紋」という白く染め抜いたものが正式、「繍《ぬ》い紋」という刺繍のものが略式です。どちらも、紋の形を全部染め抜いたり刺繍したりした「日向《ひなた》紋（陽紋）」と紋の輪郭だけを染め抜いたり刺繍したりした「陰《かげ》紋」があり、日向紋のほうが正式です。また、紋の数は男女とも、五つ紋、三つ紋、一つ紋があり、五つ紋は留袖や黒喪服、色無地、男性の黒紋付きなどに。三つ紋は色留袖や色無地、男性の無地御召などに。一つ紋は色無地や江戸小紋、訪問着、男性の無地御召や紬などに、それぞれつけます。

既婚女性の第一礼装である黒留袖には、白抜き日向五つ紋をつけるのが決まり。

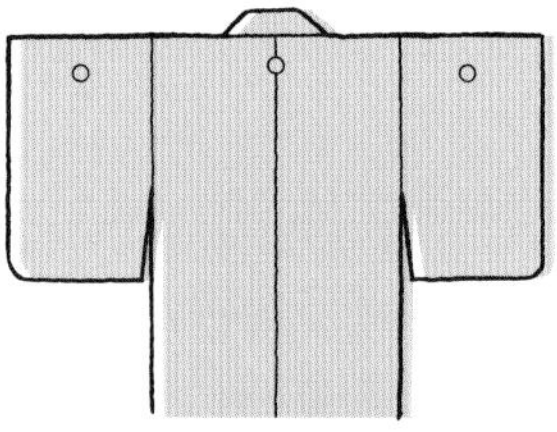

一つ紋

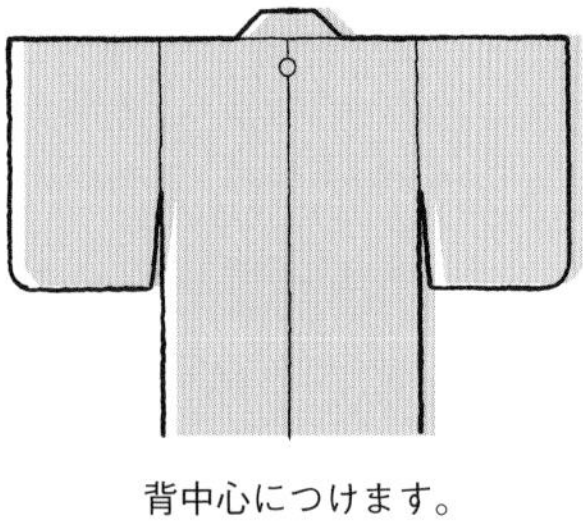

背中心につけます。

三つ紋

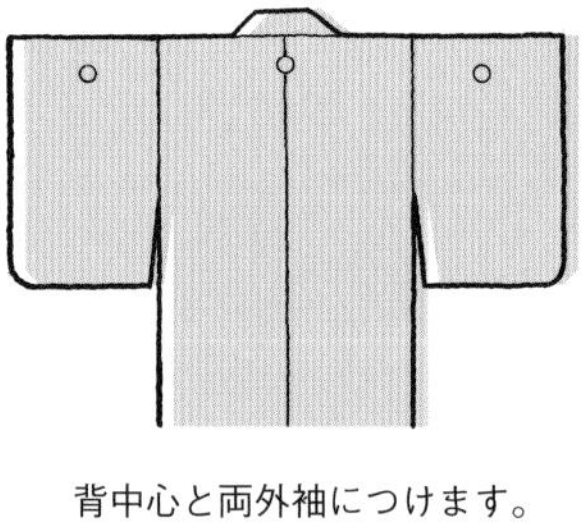

背中心と両外袖につけます。

五つ紋

背中心、両外袖、両胸につけます。

遊び心を取り入れた洒落《しゃれ》紋は、正式な場所には不向きですが、お洒落のアクセントに最適。右は家紋を友禅で囲んだ加賀紋、左は藤の刺繍飾り紋。

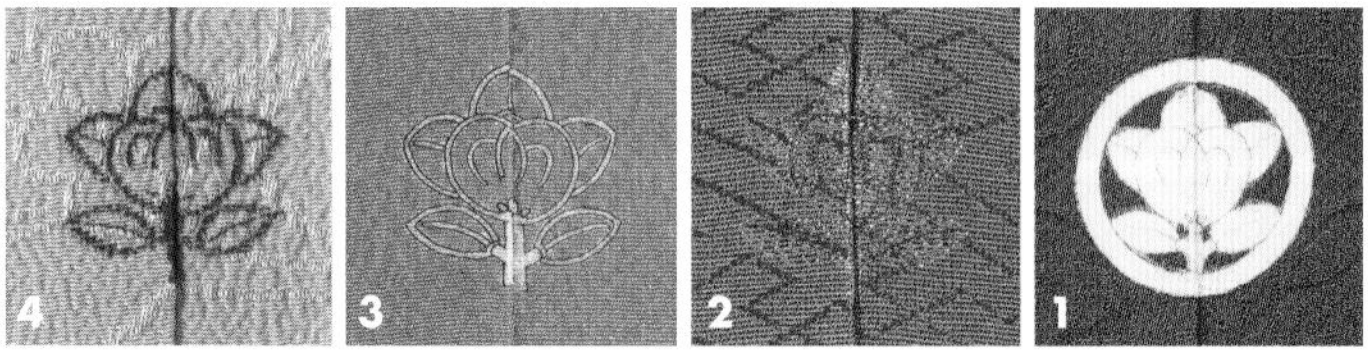

1）最も正式な丸に染め抜き日向紋　2）略式な金糸繍いの日向紋　3）正式な染め抜き陰紋　4）略式な色糸縫いの陰紋

PART 3

晴れの日のために

振袖・袴の着付け

基本と華やかな帯結び

着付けがスムーズにできるようになると、
相手に着せる機会があるかもしれません。
成人式や卒業式など、
母が娘に着付けるプロセスも、
きっと楽しい時間となるはずです。
華やかな帯結びにも、トライしてみましょう。

◎未婚の女性の第一礼装

振《ふり》袖《そで》の着付け

振りが長く、若々しく華やかな振袖は未婚女性の第一礼装です。成人式の晴れ着や、結婚式などの社交着として着用します。長い袖は、着る人の腕に広げて掛けてから着付けることもあります。

振袖には伊達衿（重ね衿）をつけて、衿元を華やかに演出します。また、帯締めと帯揚げはさまざまな結び方があり、小物によっても印象が変わります。

check!

●はじめに**着付けの下準備**（p108 ～）をします。そして着物をはおる前に、**着付けの下ごしらえ**（p111 ～）をして、長襦袢を着たところからはじめます。

step 0

伊達衿のつけ方

1

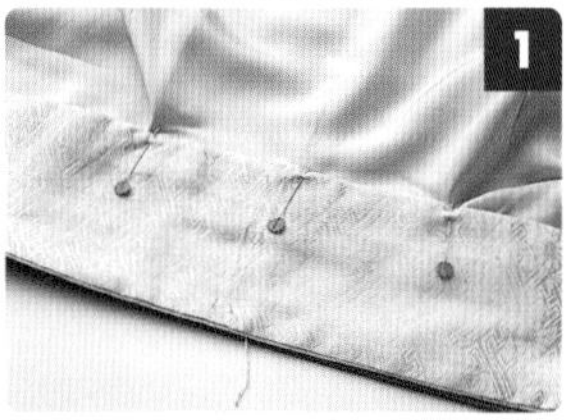

着物の衿の５㎜内側に伊達衿を重ね、背中心と左右の衿肩あきを待ち針で留めます。伊達衿は上前側を少し長くすると、着付けしやすいでしょう。

2

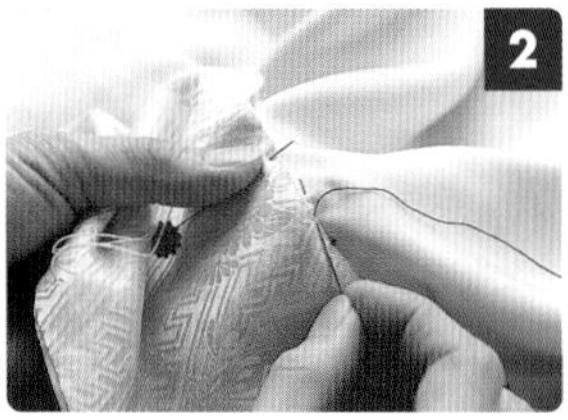

左右の衿肩あきの間を縫い留めます。こうしておくと、伊達衿がくずれません。

3

伊達衿を内側に半分に折り、引き糸がついていれば糸を引きます。着物の衿も同様に折ります。後ろ衿から伊達衿が出ないように控えます。

step 1

下前と上前を合わせ、腰紐を結ぶ

伊達衿をつけた振袖を着せます。長襦袢と着物の衿を整えます。

左右の衿を持ち、一度着物を持ち上げ、上前の脇縫いを合わせながら着丈を決めます。

上前の衿先を右の腰骨に合わせ、上前幅を決めます。

上前幅がずれないように静かに上前を開いて、下前を入れ込みます。下前の余分が出たら、手前に折り返します。

下前の褄先《つまさき》は約20㎝上げる

振袖の着付け

step 2

おはしょりを整えて、胸紐を結ぶ

上前を下前に重ね、上前の褄先を５㎝ほど上げます。
腰骨の少し上で、腰紐を結びます。
▶腰紐の結び方は25ページ。

ここが point!

着せてあげる人の背が高いときは、ひざをついて腰紐を結ぶと安定する。

身《み》八《や》つ口《くち》から手を入れて、前と後ろのおはしょりを整えます。

左右の衿を持って掛け衿を合わせ、着物の背中心がまっすぐになっていることを確認します。

下前の衿元を整えます。半衿は広めに出し、伊達衿は控えめにします。続いて、下前のおはしょりを三角形に折り上げ、おはしょりを上前の一枚にします。
※写真ではわかりやすいように、表に出しています。

上前の衿を整えます。目安として、半衿は２～３㎝出しますが、刺繍衿の場合は多めに。伊達衿は約５㎜出すようにします。

胸の下に胸紐を結びます。

▶**胸紐の結び方は26ページ。**

背中のしわをのばして、きれいに整えます。

衽線を合わせて、おはしょりを整えます。

着物の着付け完成！

きれいに整えたおはしょりを、伊達締めで押さえます。

▶**伊達締めの結び方は26ページ**

◎帯結びのバリエーション

袋帯で ふくら雀《すずめ》の結び方

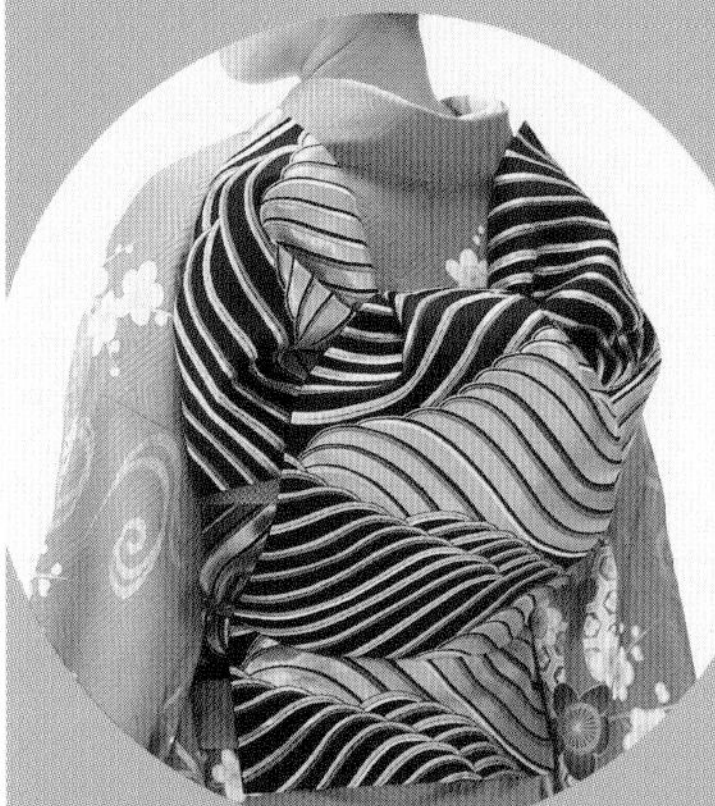

飾り結びの代表的な、帯結びです。お太鼓の上からのぞく左右の羽根が愛らしく、清楚で華やかな帯姿になります。左右の羽根の大きさを揃えて、小柄な人は小さめに、背の高い人は大きめにするとバランスよく仕上がります。

step 1

胴に帯を二巻きする

て先は幅を半分に折って、左肩にあずけます。柄止まりが背中心より左側にくるように胴に巻き、必要に応じて、後ろ板を入れます。

て先とたれを持って、一巻き目を締めます。このとき、帯の下（わのほう）を持つと、よく締まります。

二巻き目の前帯の幅を身長に合わせて広げて、帯の間に長めの帯板を入れます。

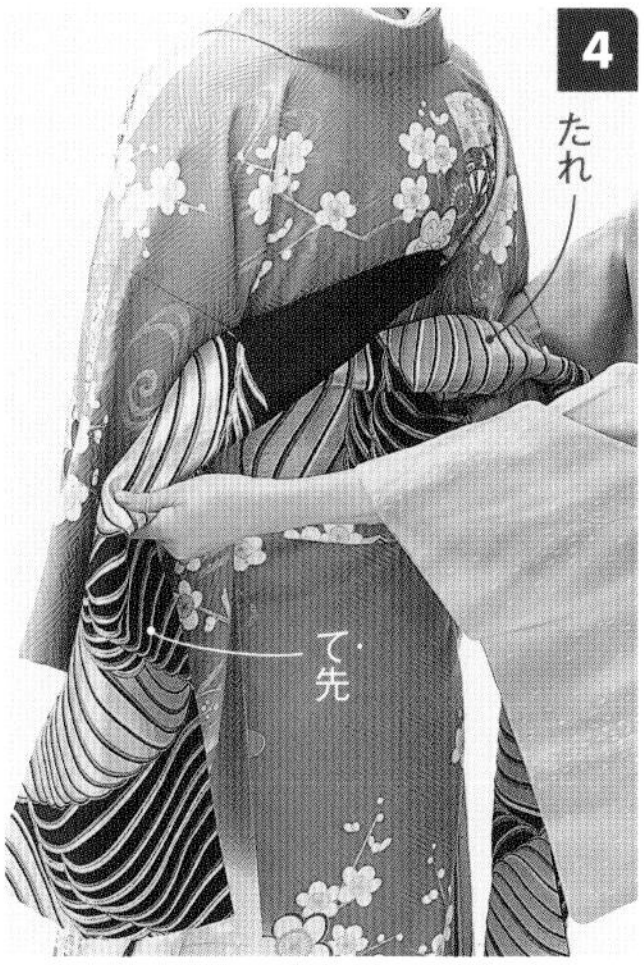

て先とたれを持ち、二巻き目をしっかり締めます。

結びやすいように、て先とたれの元の幅を半分に折ってから、て先にたれを重ねます。

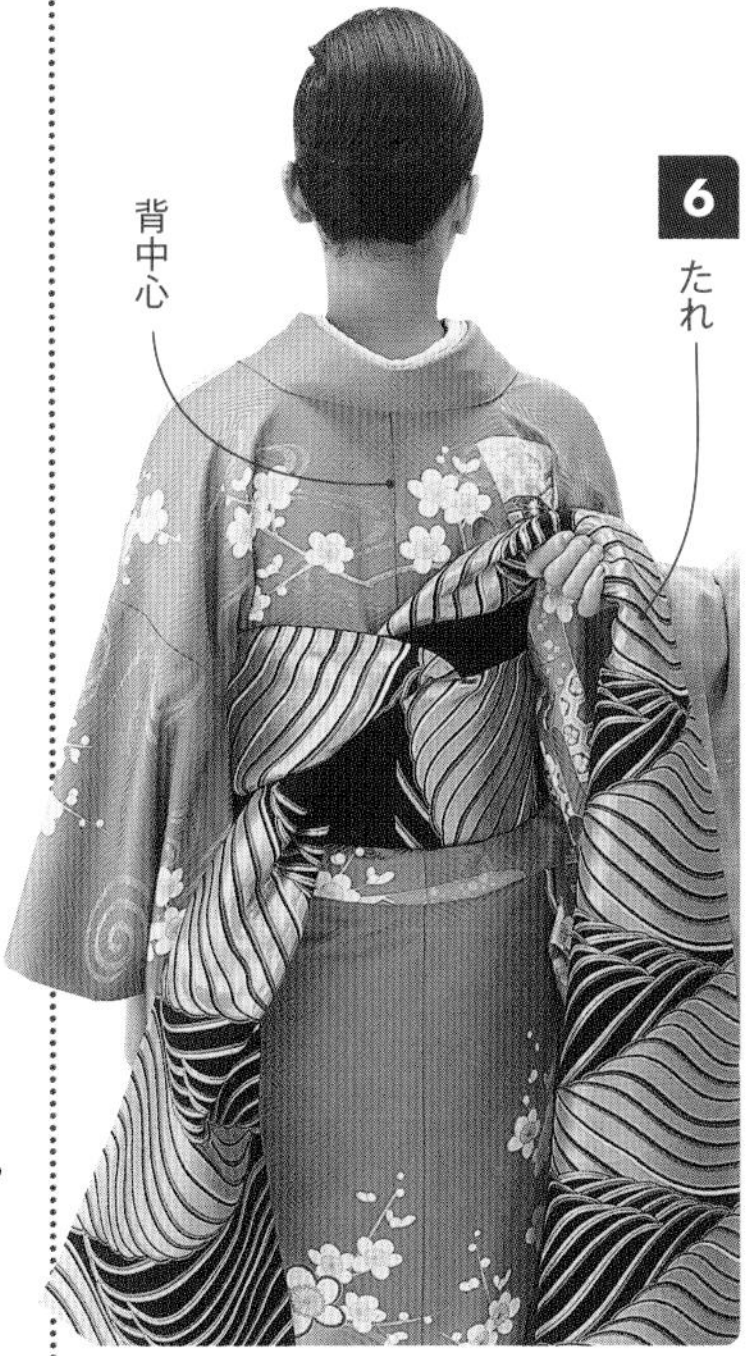

たれが上になるように、て先とたれを背中心で結びます。

step2

羽根を作る

結び目からたれをきれいに広げます。

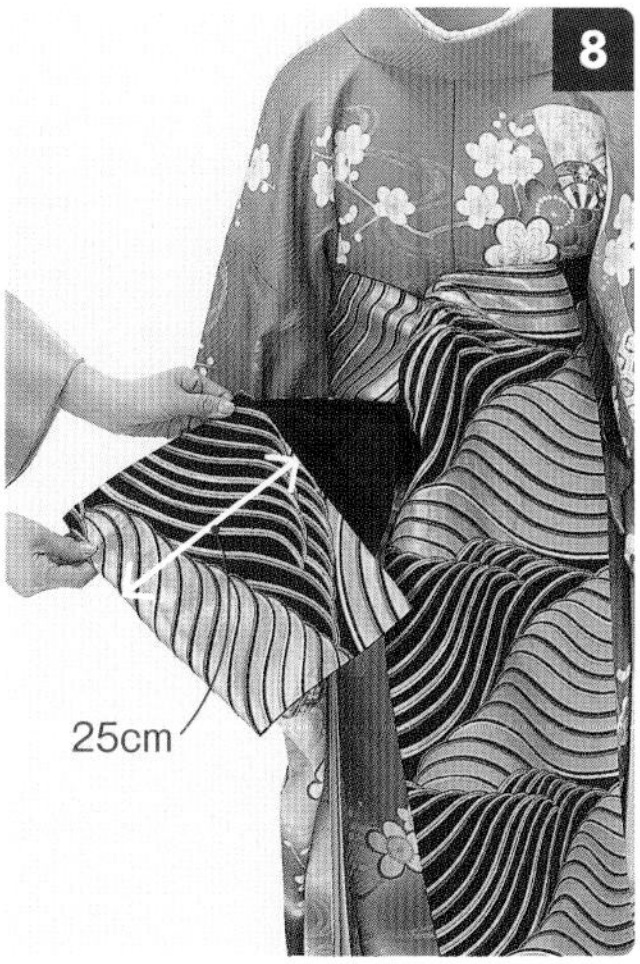

て先で右の羽根を作ります。て先を広げて、25㎝ほど内側に折ります。

て先の幅を半分に折り、先端が肩先までくるように、長さを調整します。

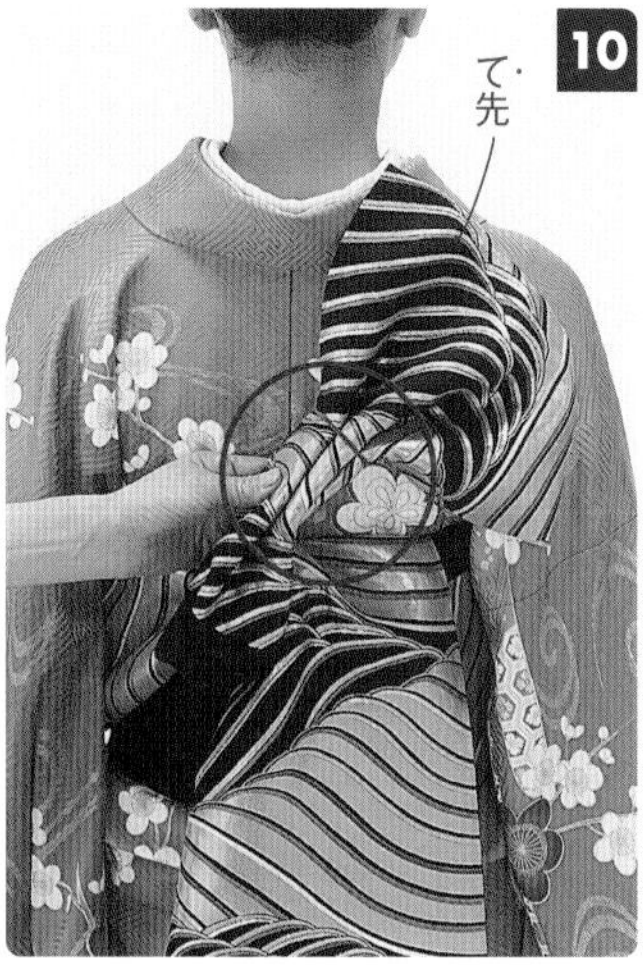

て先を広げ、先端から約20㎝のところに三つ山ひだを作り、ゴムで留めます。これが右側の羽根になります。

続いて、たれで左側の羽根を作ります。たれを広げ、結び目から約40㎝のところで、柄が立つように折ります。

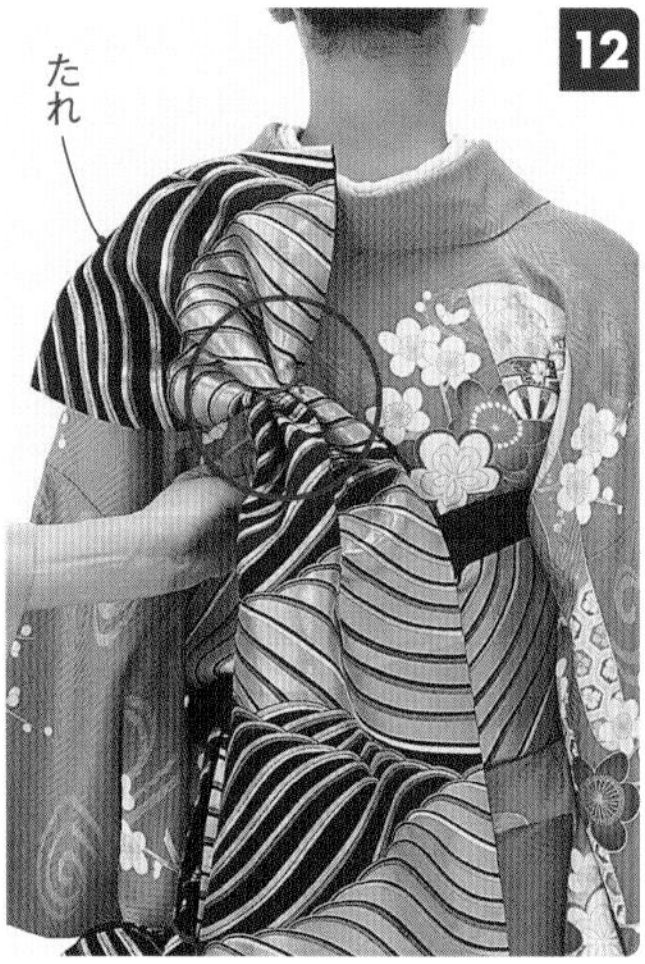

先端から約20㎝のところに三つ山ひだを作り、ゴムで留めます。
これが左側の羽根になります。

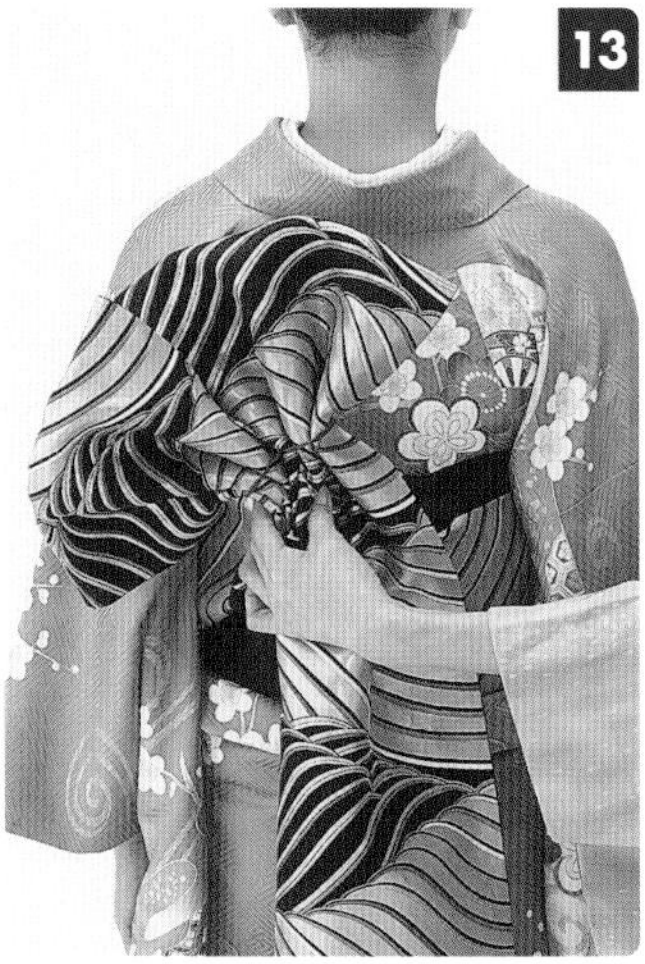

左右の羽根を持って、長さが揃っていることを確認します。異なっているときは、ゴムの位置を調整して長さを揃えます。

たれの羽根を左肩に、て先の羽根を右肩にあて、羽根を肩から少し出します。

step 3

箱ひだでお太鼓を作る

羽根を交差させたところに帯枕をあてて、前で紐を結びます。

▶帯枕のガーゼ紐の結び方は27ページ。

入《い》り組《く》に結ぶ総絞りの帯揚げは、右側を短くして帯枕にかぶせ、前で仮結びします。たれは帯枕からひと手幅分下の位置に、箱ひだを作ります。

箱ひだの内側に仮紐を通し、持ち上げて箱ひだを背中にあてます。

仮紐は背中と羽根の間に入れて前で結び、結び目は前帯の中にしまいます。この紐は外しません。

胴に巻いた帯の下線より少し上に帯締めをあて、お太鼓の下線を決めます。

step 4

仕上げる

20

たれ先を10㎝くらい残して、余分なたれはお太鼓の内側に折り上げます。帯締めは前で仮結びをします。

21

帯揚げを結び直します。ここでは入り組に結んでいます。

▶**振袖帯の帯揚げの結び方は100ページ。**

22

仮結びしておいた帯締めをほどいて、結び直します。ここでは藤結びにしています。

▶**振袖帯の帯締めの結び方は98ページ。**

23

左右の羽根をきれいに広げ、両肩に沿わせるように整えます。箱ひだをふくらませて完成です。

ふくら雀のでき上がり

◎帯結びのバリエーション

袋帯で 文庫結びの結び方

かつて武家の奥方が締めていた格式のある帯結び。現在は花嫁衣装、振袖、浴衣まで幅広く活用されています。振袖らしい格調のある袋帯を使い2枚の大きな羽根を整えて、細部にもこだわって丁寧に結びましょう。

step 1

胴に帯を二巻きする

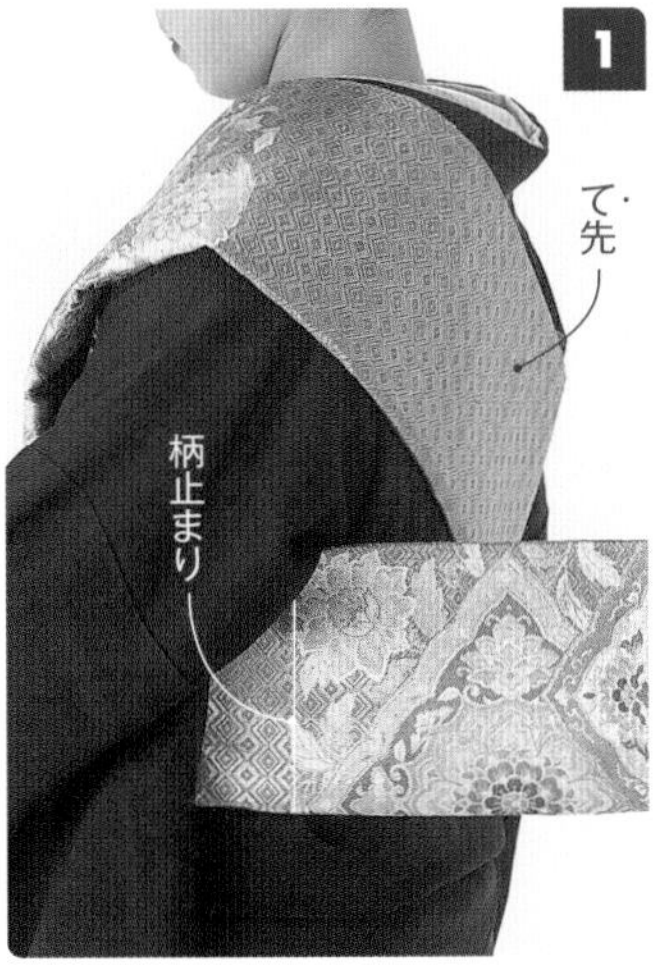

て先の幅を半分にして、左肩にあずけます。帯を胴に一巻きし、柄止まりが体の左側にくるように、て先の長さを決めます。

後ろの帯に、小さな後ろ板を挟みます。

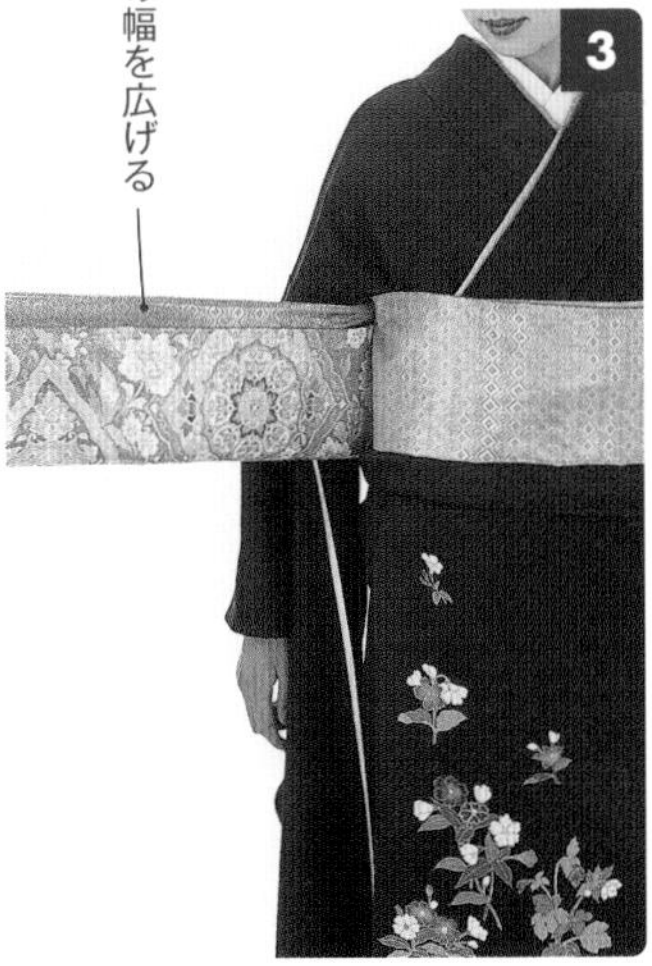

二巻き目は前帯のところを４～５㎝幅を出します。

幅出しした帯の間に、長めの帯板を入れます。

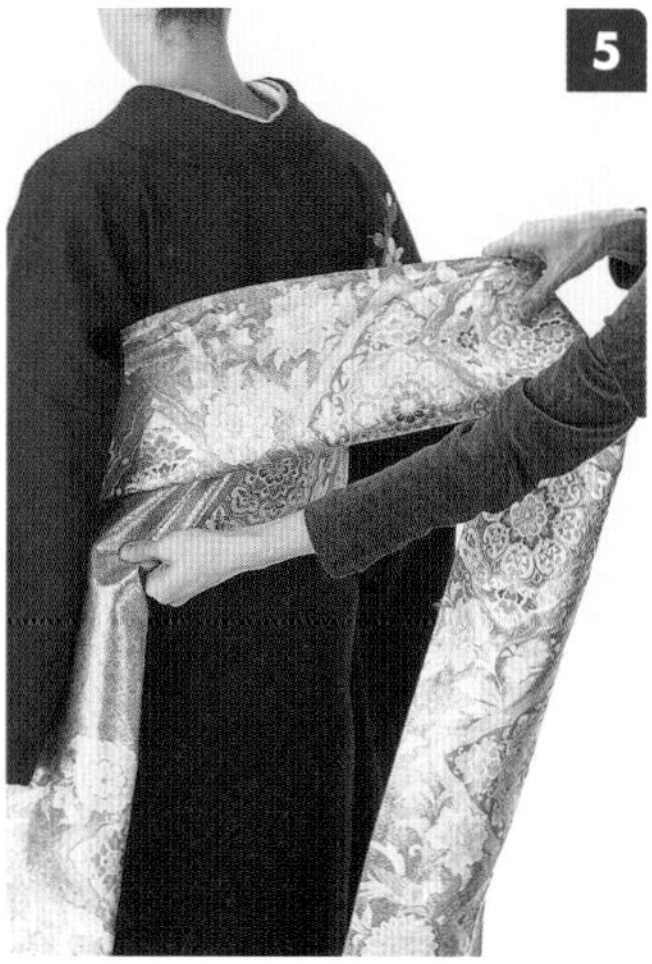

右手でたれ、左手でて先を持って、二巻き目を締めます。

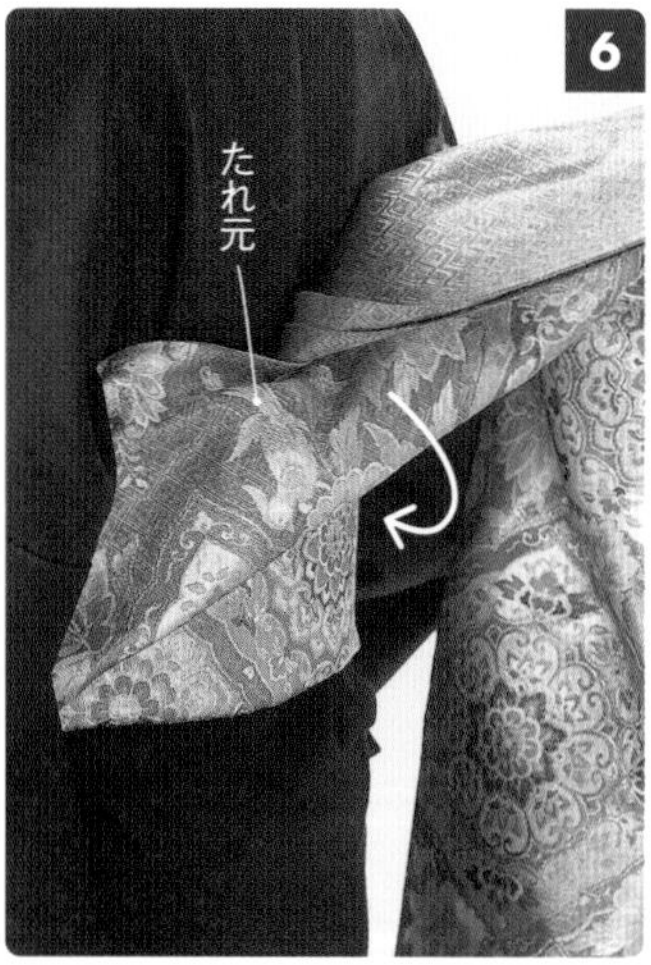

たれとて先の帯幅を半分に折って、結びやすくします。

たれにて先を重ねて、背中心でて先とたれを結びます。

小さくたたんだタオルを結び目に入れて、安定させます。

step2

て先を三つ折りにする

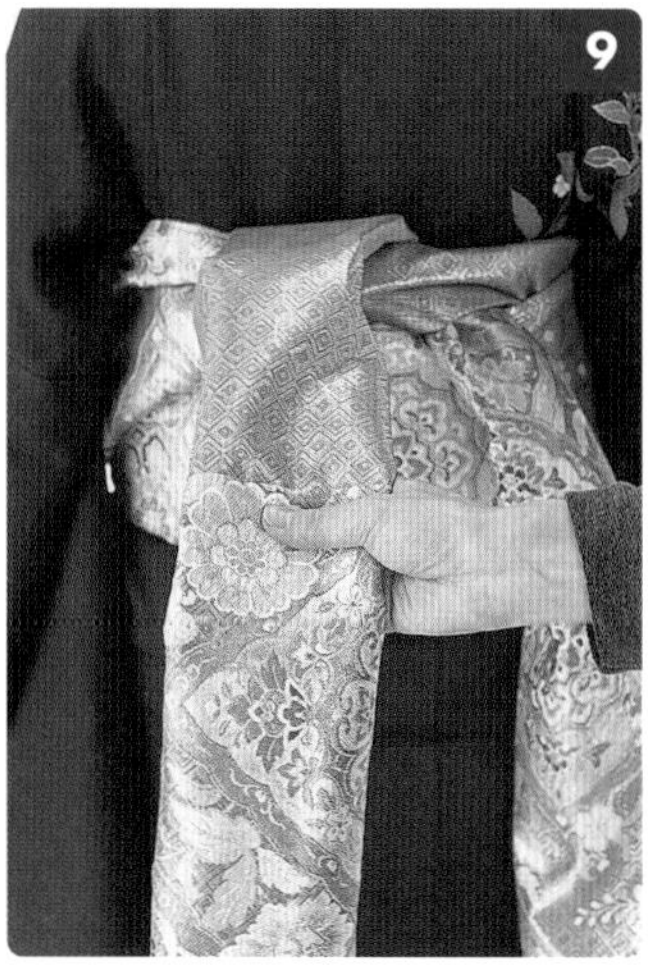

て先を下ろし、幅をきれいに三つ折りにします。

先端まできちんと三つ折りにしたて先を、右肩にあずけます。

て先の先端から
約40㎝のところに、
仮紐をあてる

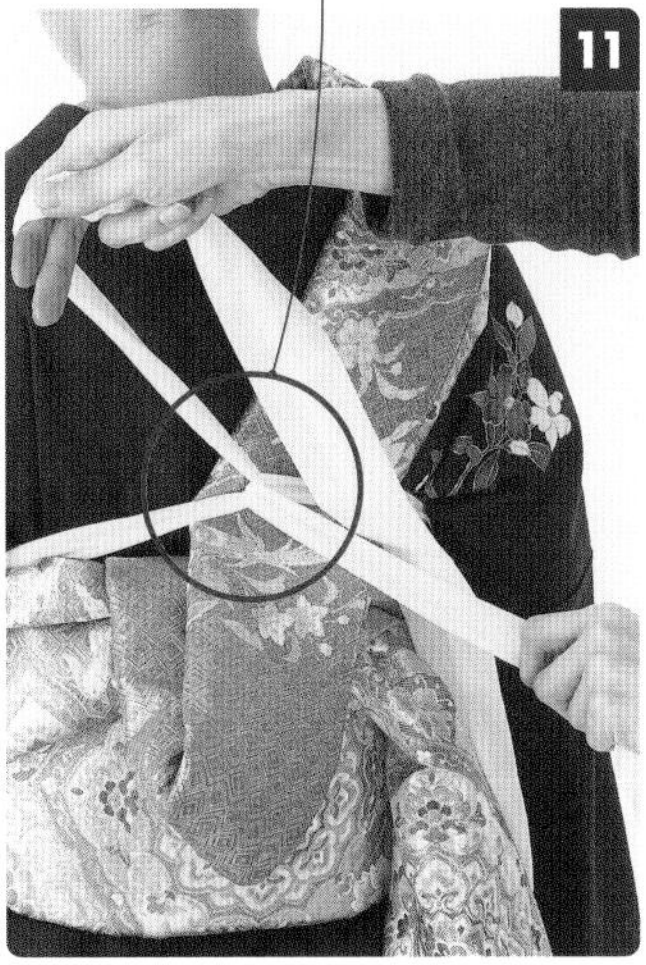

仮紐を前から後ろにまわし、て先にあてて交差させ、紐をねじります。

仮紐は両肩から前にまわします。着る人に仮紐を持ってもらうと、肩にあずけたて先が固定されます。

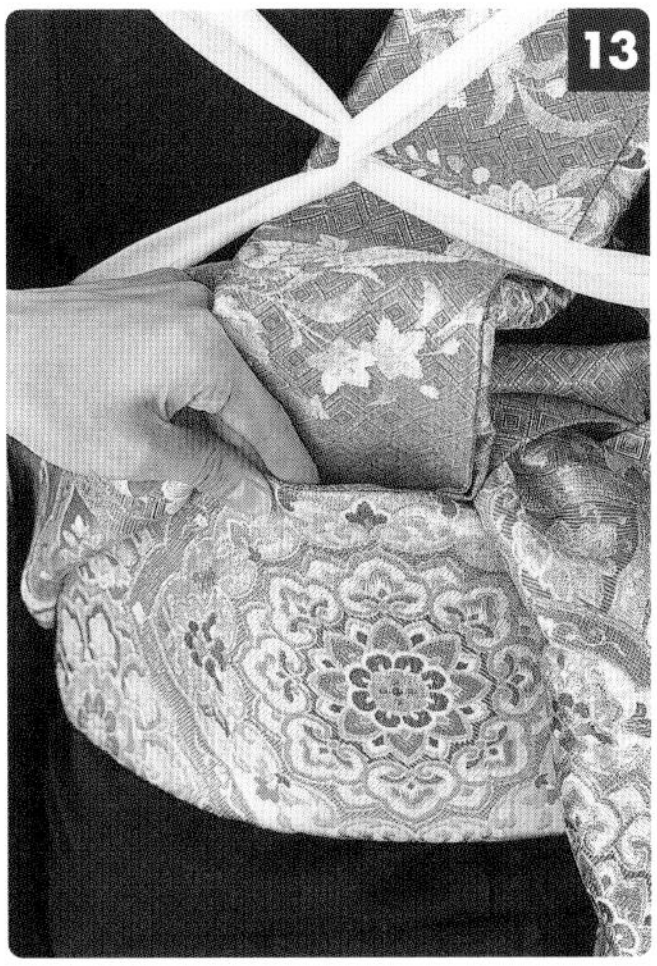

余ったて先は、結び目の下の伊達締めと帯の間に入れ込みます。

step 3

たれで羽根を作る

たれを元から広げて、羽根の長さを肩幅より少し長めにとり、内側に折ってたたみます。

羽根の中央に三つ山ひだを作り、ゴムで留めます。ひだを作るときは、最初に中央を山折りし、次に谷折り、さらに両端を山折りします。

step 4

仕上げる

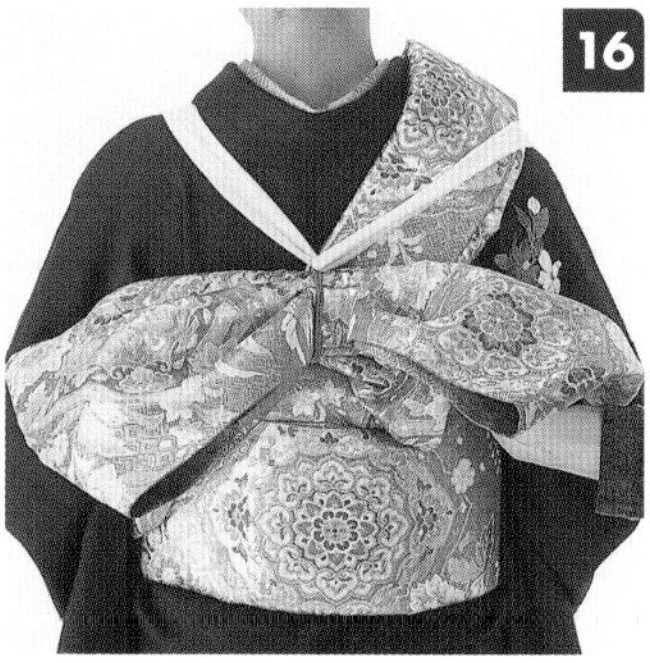

羽根を帯の上線にのせます。

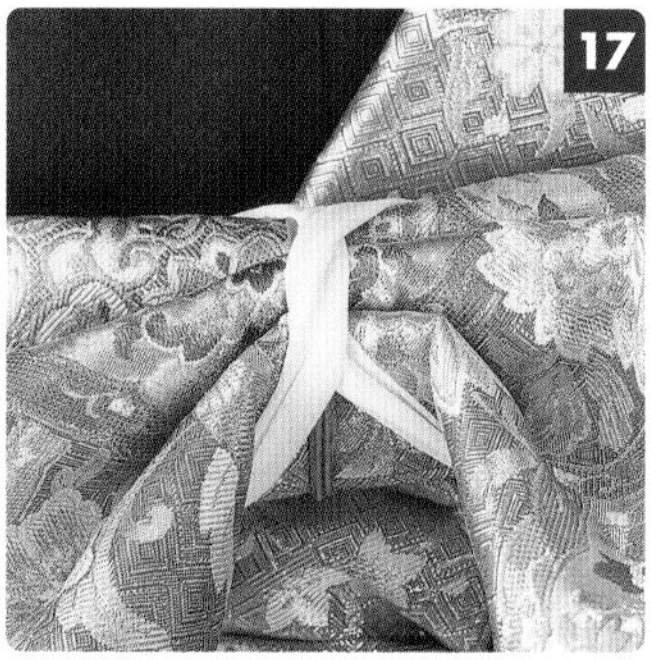

両肩にあてた仮紐を下ろして、羽根の中央で交差させ、羽根の下から前へまわして、しっかり結びます。この仮紐は外しません。

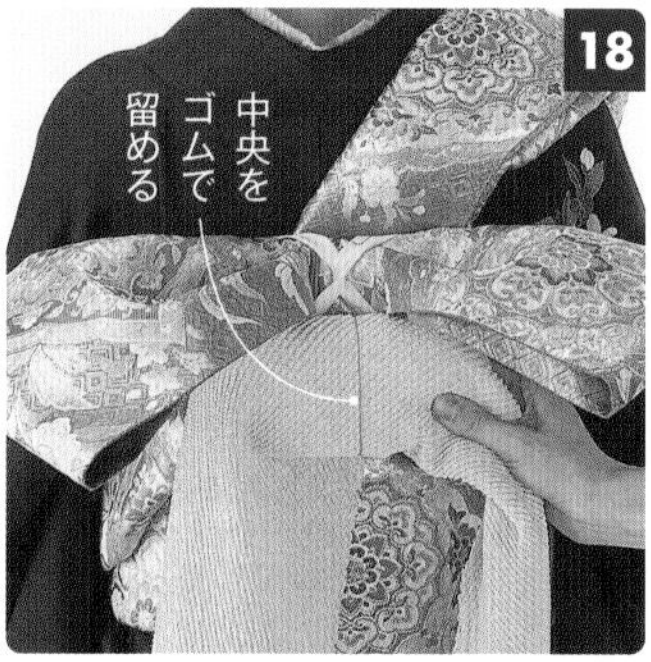

帯揚げをかぶせた帯枕を羽根の中央にあてます。帯枕の紐は前で結び、帯揚げは前で仮結びをします。

▶帯枕のガーゼ紐の結び方は27ページ。

て先を下ろし、帯幅の中央あたりで内側に帯締めをあて、て先を内側に折り上げます。帯締めは前で結びます。

▶振袖帯の帯締めの結び方は98ページ。

帯揚げを結び直し、左右の羽根を下向きに整えて完成です。

▶振袖帯の帯揚げの結び方は100ページ。

文庫結びのでき上がり

◎帯結びのバリエーション

袋帯で 立て矢の結び方

後ろ姿の帯揚げがポイントになるように、小物のコーディネートにもこだわって美しい仕上がりに。背の高い人は羽根を大きめにして、身長や体型に合わせて調整ができます。左の羽根は大きめに作り肩から少しのぞくくらいにしましょう。

step 1 胴に帯を二巻きする

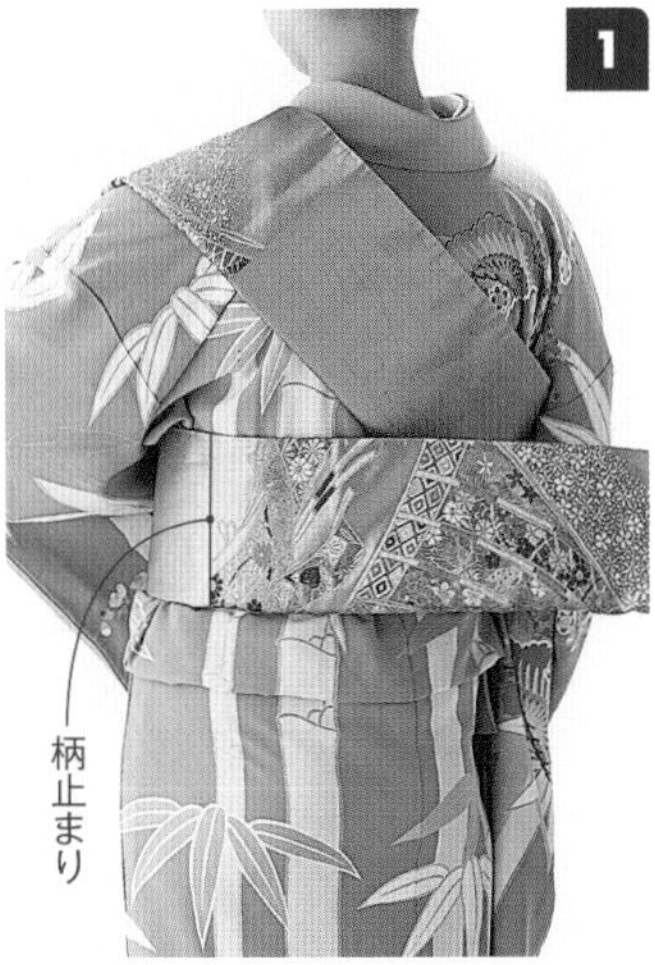

帯の柄止まりが体の左脇にくるように、て先の長さを決めて、帯を胴に一巻きします。

後ろの帯の間に、後ろ板を挟みます。

二巻き目を胴に巻き、前帯の幅を4～5㎝出します。

帯幅を広げたところに長めの帯板を入れ、胴に巻きます。

5

二巻き目をしっかり締めます。

6

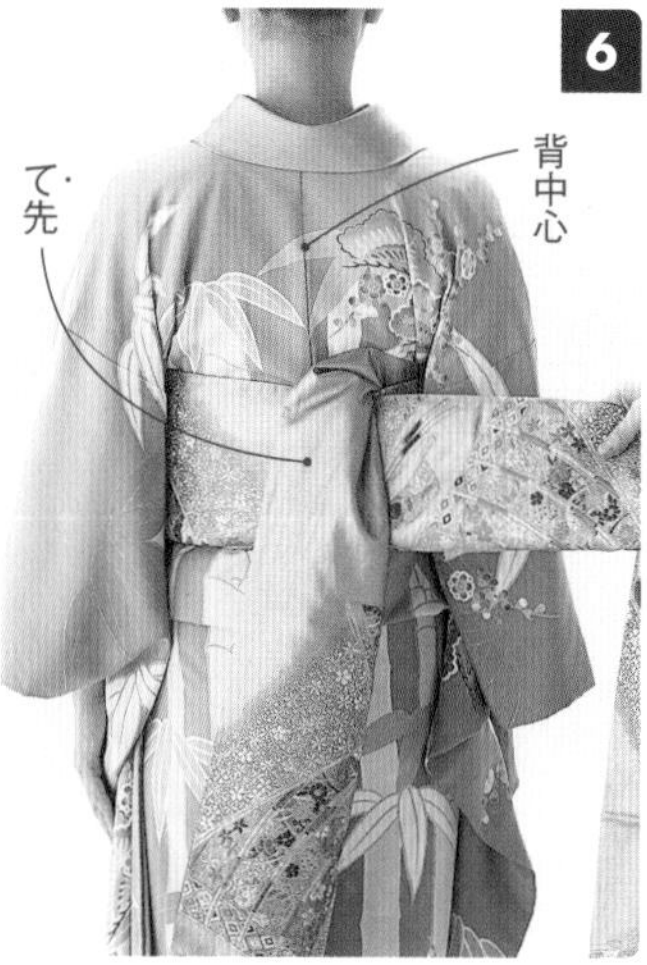

左脇にあったて先を、背中心まで外します。

7

て先とたれを結びやすいように幅を半分に折り、たれの上にて先を重ねます。

8

て先が上になるように、背中心でたれとて先を結びます。

step2

て先を三つ折りにする

9

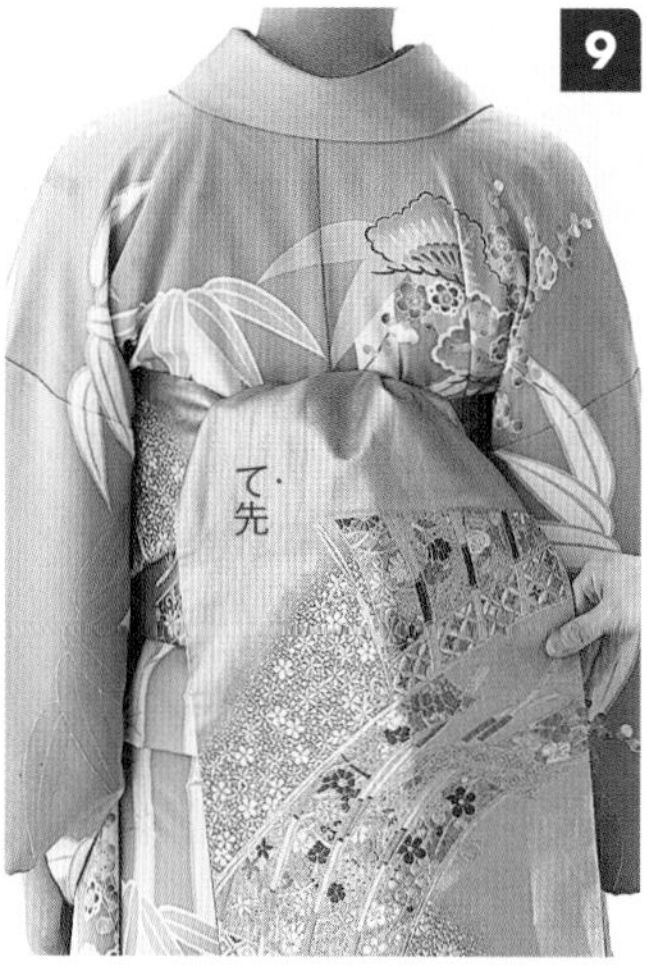

て先を背中心に戻し、結び目からきれいに広げます。

10

広げたて先の幅を三つ折りにします。両端が帯幅の真ん中で２～３㎝重なるくらいに折ります。

2～3cm
重なるように

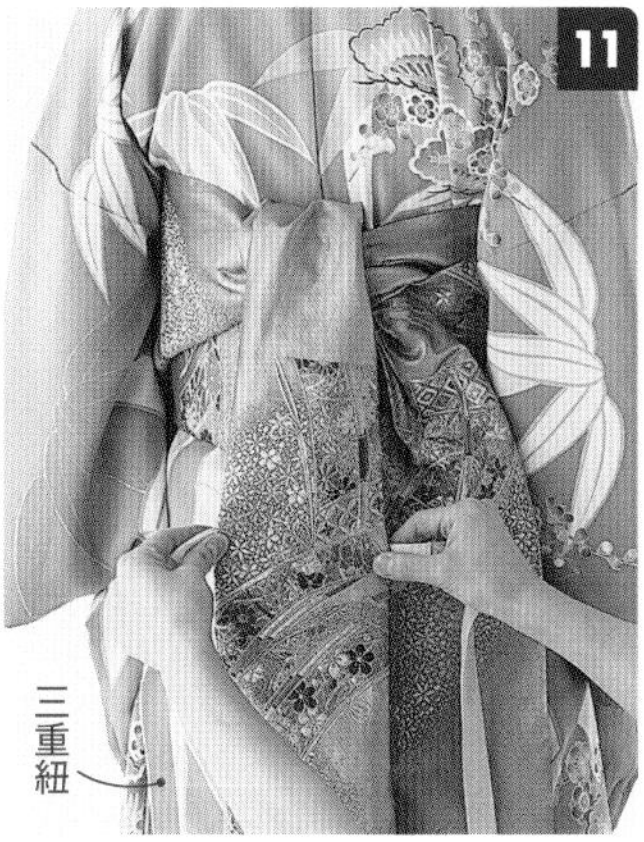

て先の先端から40㎝くらいのところに三重紐をあてます。

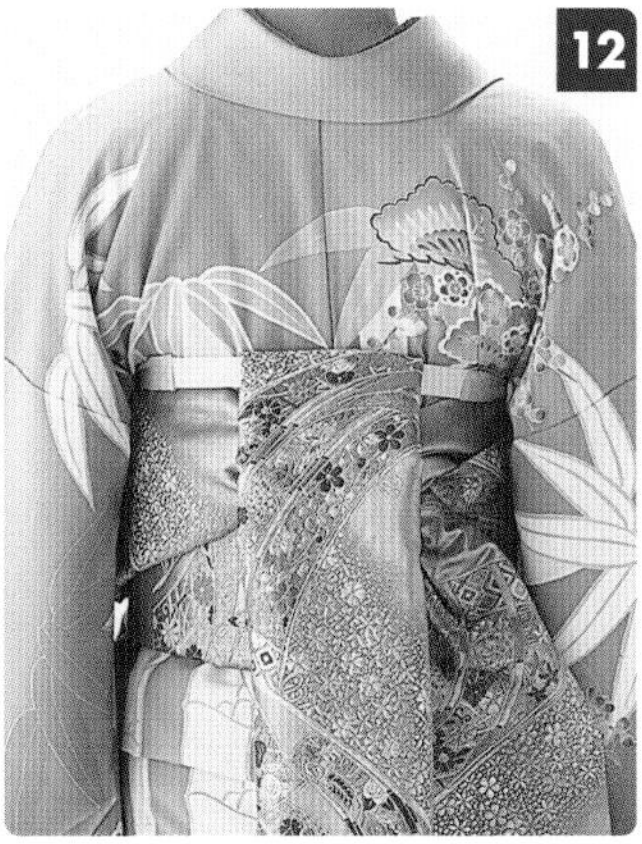

て先を持ち上げて、そのまま三重紐を結び目の上にあて、前で結び、前帯の中に入れます。

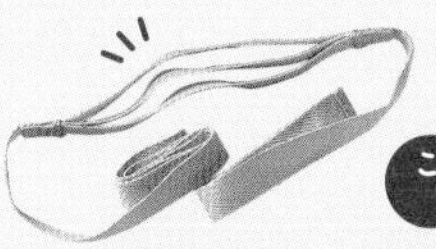

ここがpoint!

三重紐は中心部分のゴム紐が三重になっているため、間に帯を何重にも挟むことができます。羽根をたくさん作る振袖帯の飾り結びでは、仮紐代わりに使うと便利。

て先を上げて、クリップで着物の衿に仮留めします。

余ったて先は、結び目の下の帯に入れ込みます。

step 3

たれで羽根を作る

たれをきれいに広げて、内側に折ります。長さは両肩から４～５㎝出るくらいを目安にします。

たれの長さを決めてからきちんと重ね、左肩から斜めに背中にあてます。これが立て矢の羽根になります。

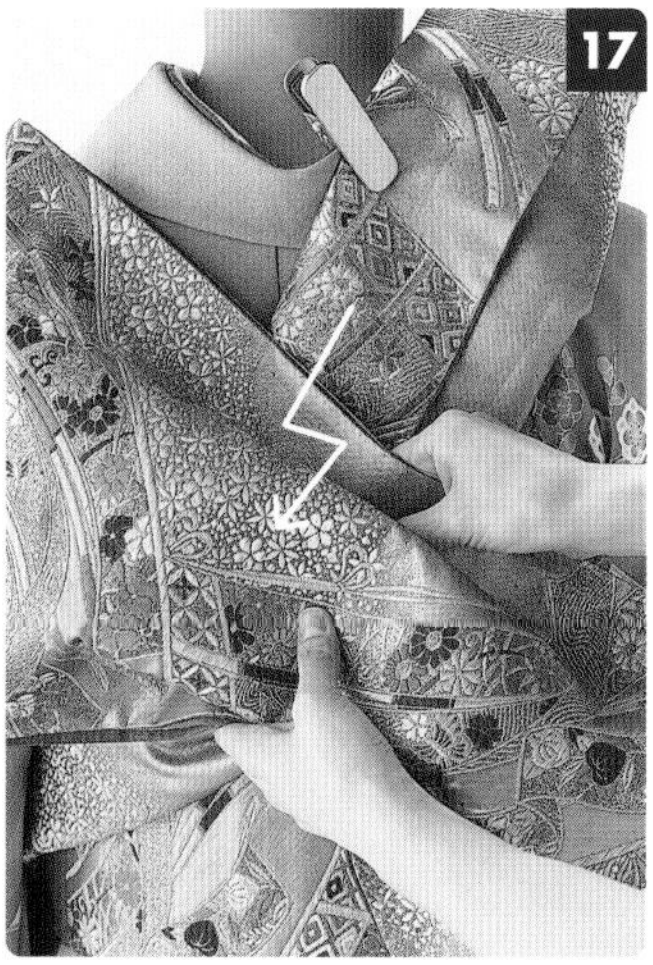

羽根を斜めにしたまま、中央に箱ひだを作ります。

羽根の中央を持ち、箱ひだをきれいに整えます。

羽根を右手で持ち、左手で三重紐の外側の２本に挟みます。

羽根の中央に、三重紐が水平に渡っているのを確認します。

step 4

仕上げる

入り組に結ぶ総絞りの帯揚げは、右側を短くして帯枕にかぶせ、羽根の中央にあてます。

帯枕のガーゼ紐を結び、帯揚げは前で仮結びをします。

▶帯枕のガーゼ紐の結び方は27ページ。

23

て先を下ろして、帯締めをて先の内側にあて、余分は折り上げます。

24

羽根の向きに合わせ、帯締めの向きをやや斜めにあてます。

25

帯幅の真ん中くらいに帯締めをあて、前にまわして結びます。帯揚げと後ろの羽根を整えて完成です。

▶振袖帯の帯締めの結び方は98ページ。帯揚げの結び方は100ページ。

立て矢のでき上がり

覚えたい
point

振袖帯の帯締めの結び方

基本となる本結びで仕上げるほかに、豪華な振袖に合わせて、華やかに仕上がる結び方を紹介します。

藤結び

本結び（28ページ）のアレンジです。
2回結ぶことでボリューム感が出て、華やかになります。

左右の帯締めの長さを揃え、中央で一結びします。

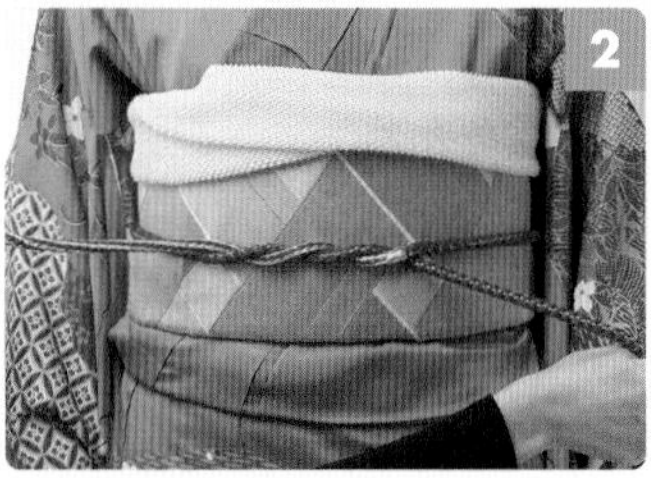

もう一度中央で結びます。

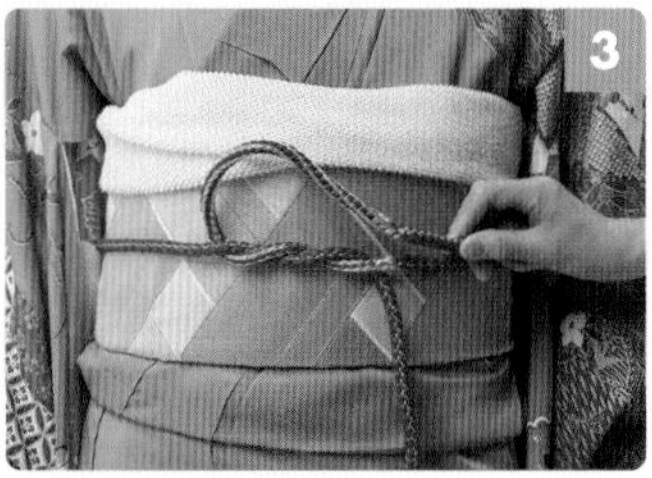

上になっている帯締めで輪を作ります。

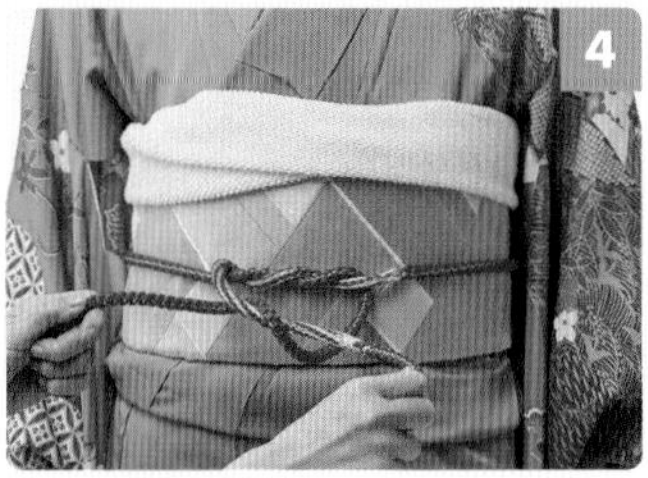

下の帯締めを輪の中に上から通して、軽く締めます。

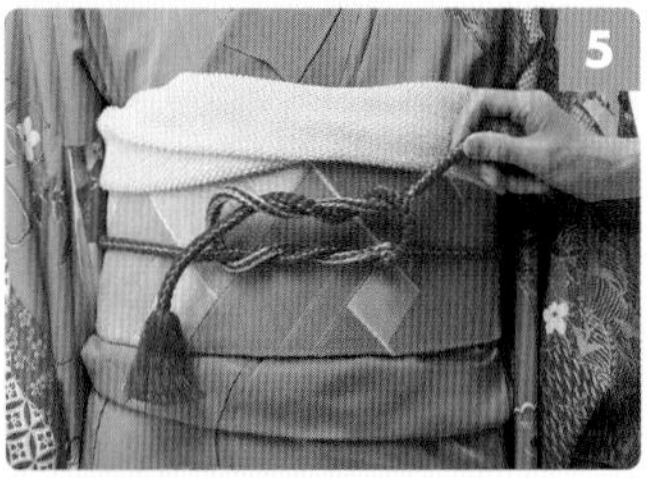

もう一度、下の帯締めを輪の中に通します。

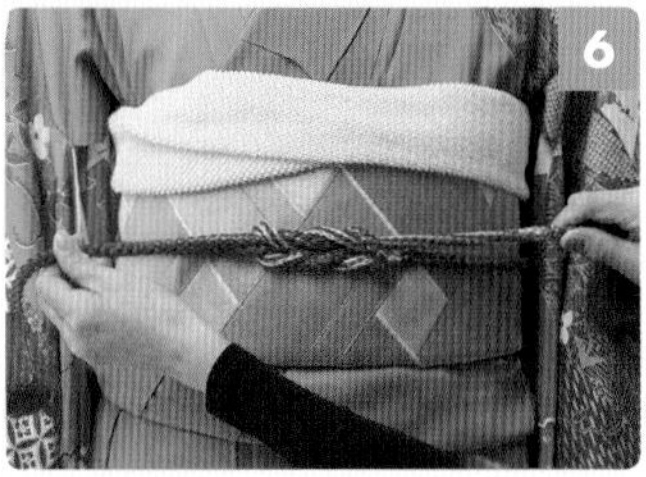

帯締めを左右に引き、２本の帯締めをきちんと揃えて両端に挟みます。

飾り結び

帯締めのデザインによって、さまざまな飾り結びが楽しめます。
一度しっかりと結んでから、紐先をアレンジしましょう。

帯締めの左右の長さを変えて（1対2くらい）、両手で持ちます。

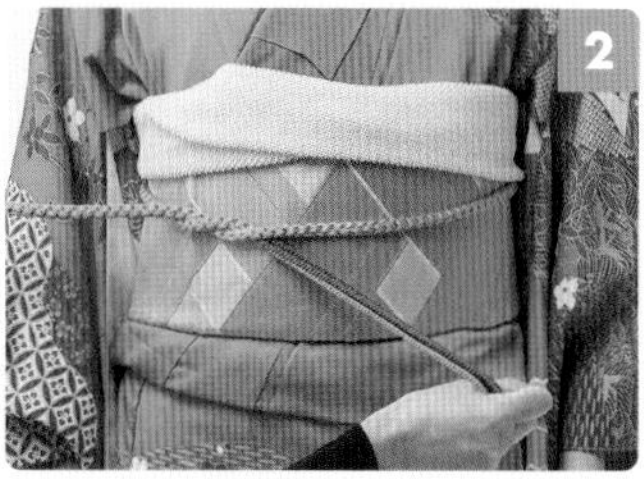

体のやや右側で、下前側（右）が上になるように結びます。

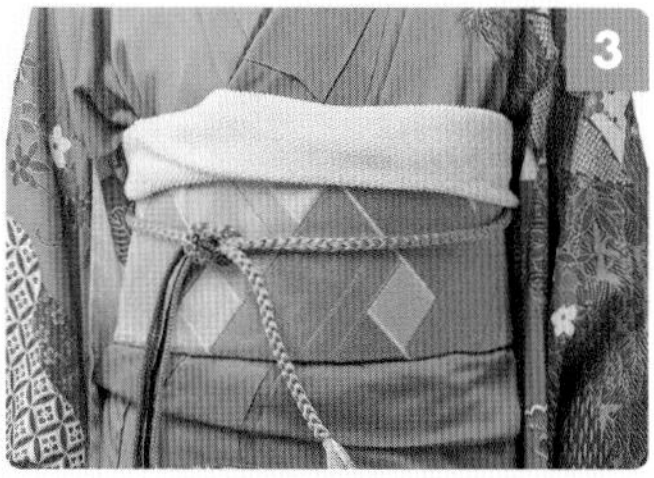

もう一度からげて、左右の帯締めをしっかり結びます。

長いほうの帯締めを上にして、輪を作ります。

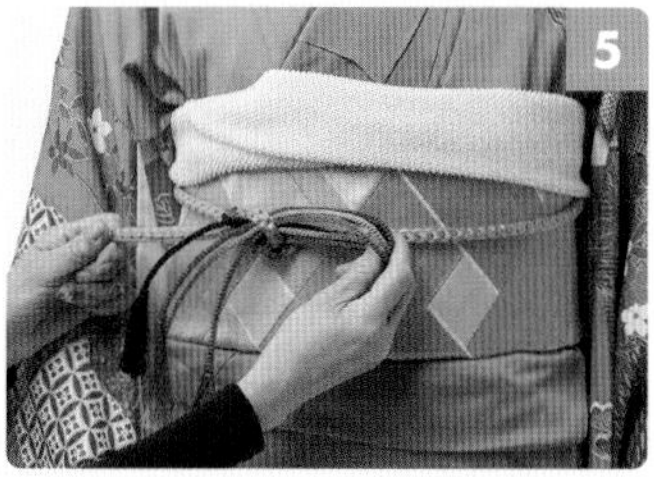

輪に短い帯締めをかぶせて結びます。簡単な片わな結びですが、帯締めが華やかなので、雰囲気が出ます。

寿結び

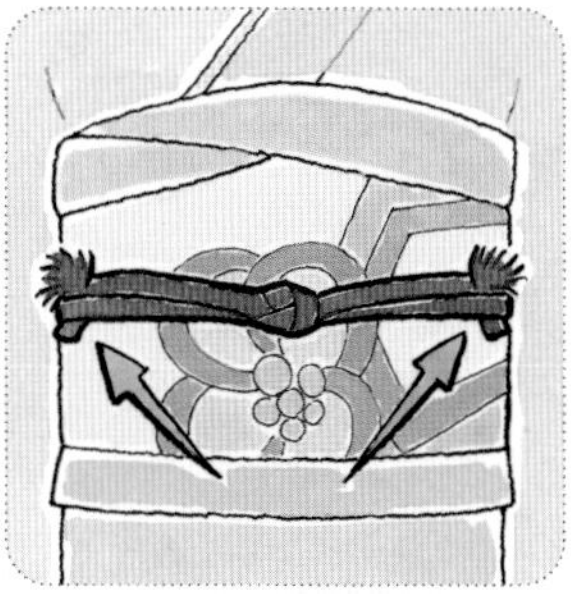

成人式や結婚式の場合、帯締めの先を上向きに整える「寿結び」という結び方もあります。

覚えたい
point

振袖帯の帯揚げの結び方

色柄が豊かな振袖や帯の存在感と同じように帯揚げもボリューム感のある結び方に。ここで紹介する2種類は振袖でよく使われます。帯揚げの端が落ちてこないよう、しっかり入れ込みましょう。

入《い》り組《く》

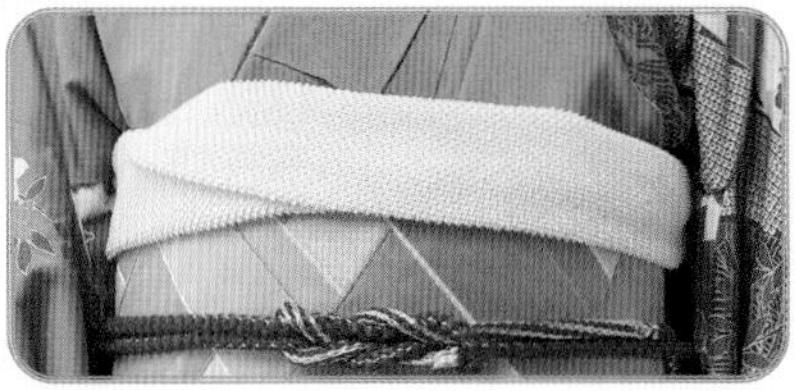

振袖の帯揚げでは、最も基本的な結び方です。
重ねた形が入の字に見えることからこう呼ばれます。

総絞りの場合は、上前側（左）を少し長めにとります。

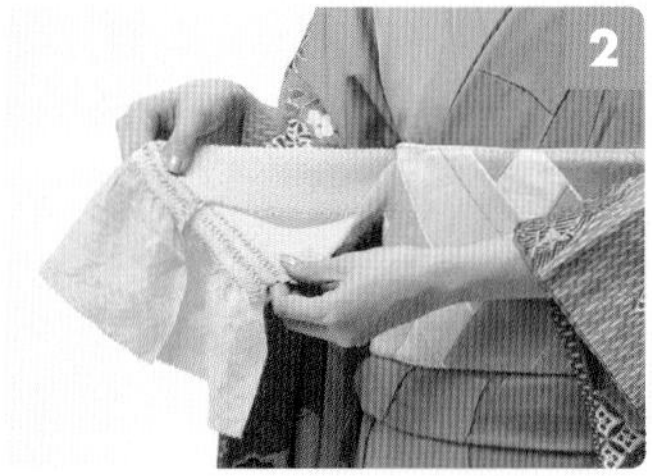

下前側（右）の帯揚げを広げ、幅を三つ折りにします。

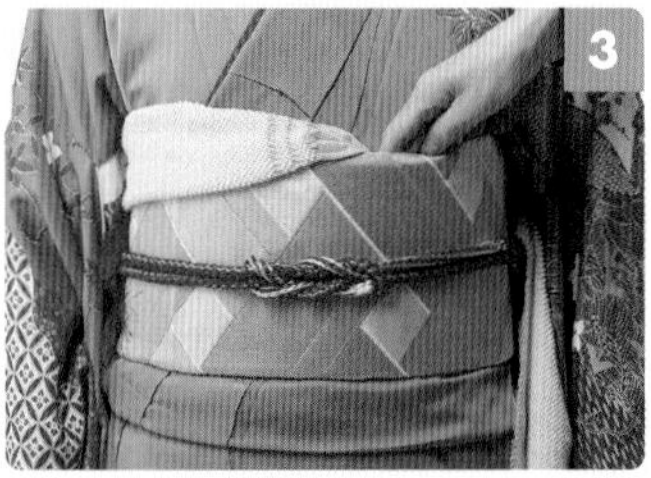

中央よりやや左側で伊達締めと帯の間に入れます。帯揚げが長い場合は、左脇に。

上前側（左）の帯揚げも同様に整えます。

下前側の帯揚げに重ねるようにして、先端を上前の衿に入れ込みます。

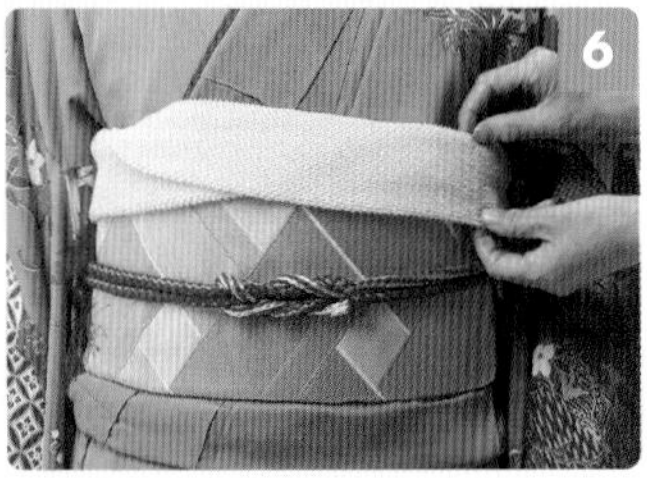

帯揚げの幅を均等に整えてでき上がり。

一文字《いちもんじ》

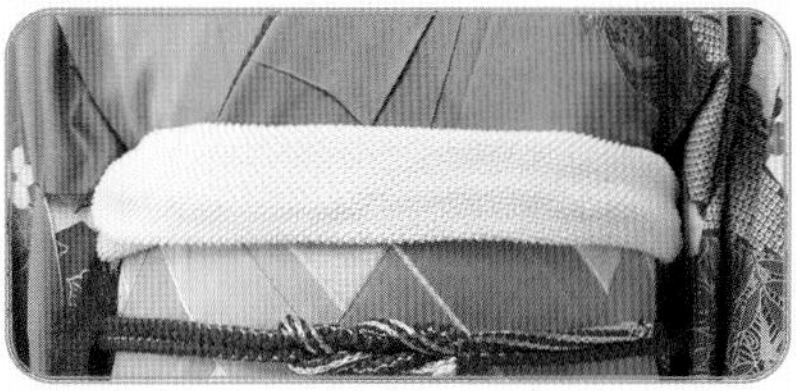

帯揚げを水平に形づくる方法です。
すっきりとシンプルな仕上がりになります。

総絞りの場合は、上前側（左）を少し長めにとります。

下前側（右）の帯揚げを広げ、幅を三つ折りにします。

下前側（右）の帯揚げを中央より、やや左側で伊達締めと帯の間に入れます。

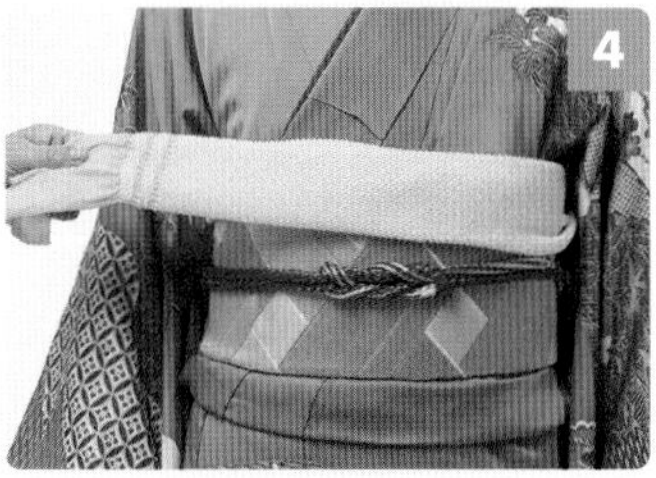

上前側（左）の帯揚げも幅を三つ折りにし、整えます。

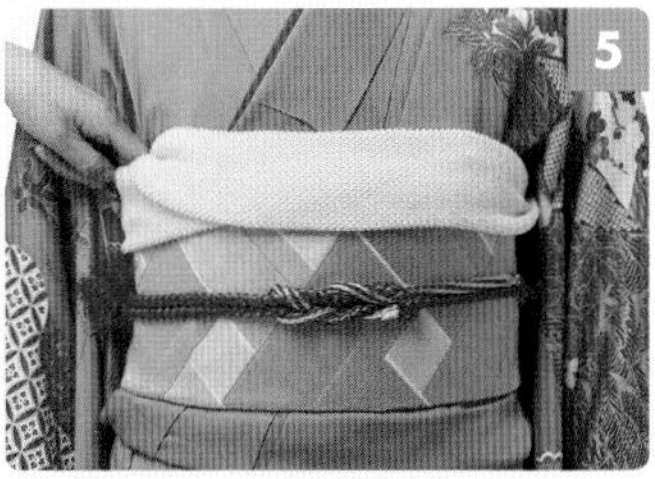

下前側の帯揚げに重ねるようにして、先端を右端に入れ込みます。

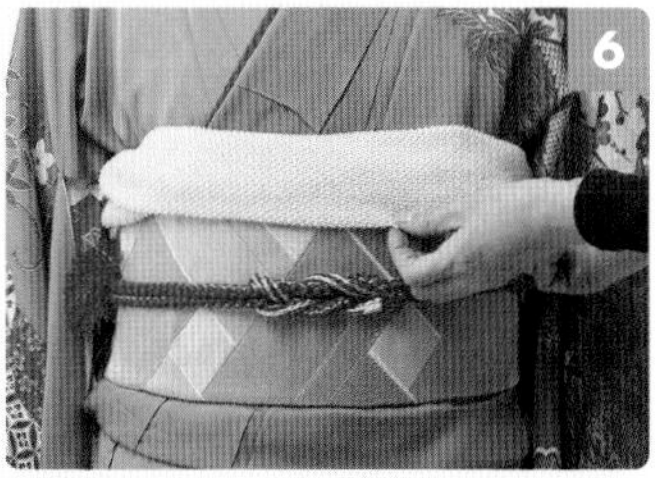

前帯に少しかかるくらいに幅を均等に整えます。

◎卒業式の定番

袴《はかま》の着付け

卒業式などの式典で袴を着ることが、今は主流になっています。袴の着付けは、履物で着丈がやや違います。草履なら袴の裾が足袋にかかるくらい、ブーツはもう少し短めに。袴の裾から着物が見えないよう調整します。

袴下に合わせる帯は１～３㎝見せて袴姿のポイントになるため、着物と同系色を選んでトーンを揃えたり、反対色を合わせてアクセントにしたりできます。

check!

●はじめに**着付けの下準備（p108 ～）**をします。そして着物をはおる前に、**着付けの下ごしらえ（p111 ～）**をして、長襦袢を着たところからはじめます。

step 1

着物を着る

長襦袢は衣紋《えもん》をやや詰め気味にし、おはしょりをとって短めに着ます。
※長襦袢の着付けは115ページ、着物の着付けは12ページ。

ここが point!

草履とブーツのどちらを履くかで、長襦袢と着物の着丈が違います。最初に決めてから着付けます。

着物を両手で持ち上げ、長襦袢が袴から見えないように着丈を短めに決めます。

3

上前幅を決め、下前を入れ込んで褄《つま》先《さき》を上げ、上前をかぶせたら、腰紐をしっかりと結びます。

▶**腰紐の結び方は25ページ。**

4

左の身《み》八《や》つ口《くち》から左手を入れて下前の衿を持ち、右手で上前の衿を持って左右に引き、大まかに衿を合わせます。紋付きの着物は、紋が背中心にくるようにします。

5

左右の身八つ口から両手を入れ、前後のおはしょりを整え、衿幅を整えたら、胸の下に胸紐を結びます。

▶**胸紐の結び方は26ページ。**

6

背中のしわを左右の脇に寄せ、後ろ身頃の上に前身頃の余分を重ねておきます。胸紐の上に伊達締めを結びます。

▶**伊達締めの結び方は26ページ**

step 2

帯を結ぶ

半幅帯で文庫結び

7

袴を両手で持って長さを確認し、帯の高さを決めます。袴の裾はくるぶしくらいにします。

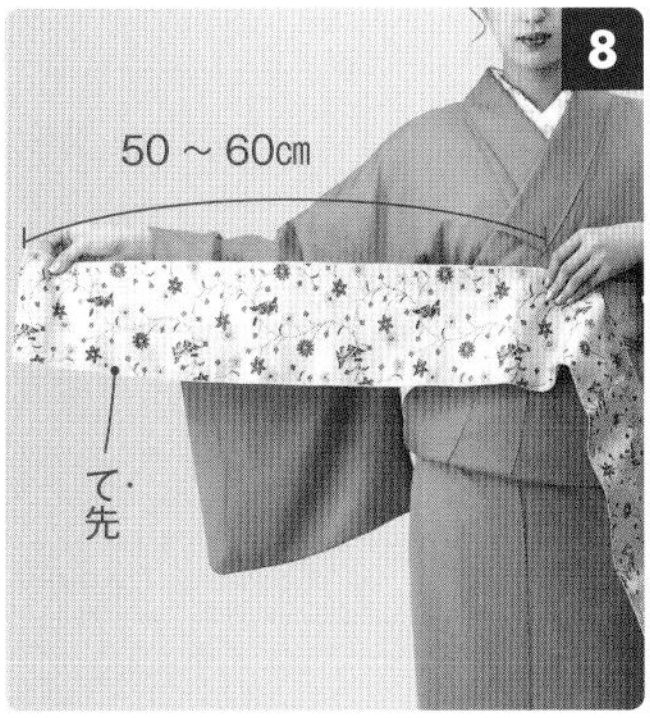

8

て先の長さを50～60cmとって体の中央にあて、そこから胴に二巻きします。

9

帯を二巻きしたら、て先とたれの幅を半分に折ります。て先をたれの上にかぶせて、しっかり結びます。

10

て先を左肩にあずけます。たれをたれ先から、体の幅より少し狭いくらいの幅で内側にたたみます。これが羽根になります。

11

羽根の中央で、一つ山ひだ（帯幅の中央に山を作り、両端を折り上げる）を作ります。

12

て先をひだの中央にかぶせて、羽根の横から出してしっかり結びます。

13

伊達締めと帯の間にて先を通して下から抜き、余りはたたんで帯の中に入れ込みます。帯を右まわりで、後ろにまわします。

帯結びのでき上がり。

ここが point!

袴下の帯は小さめに結んで、寝かせるようにします。

step 3

袴をつける

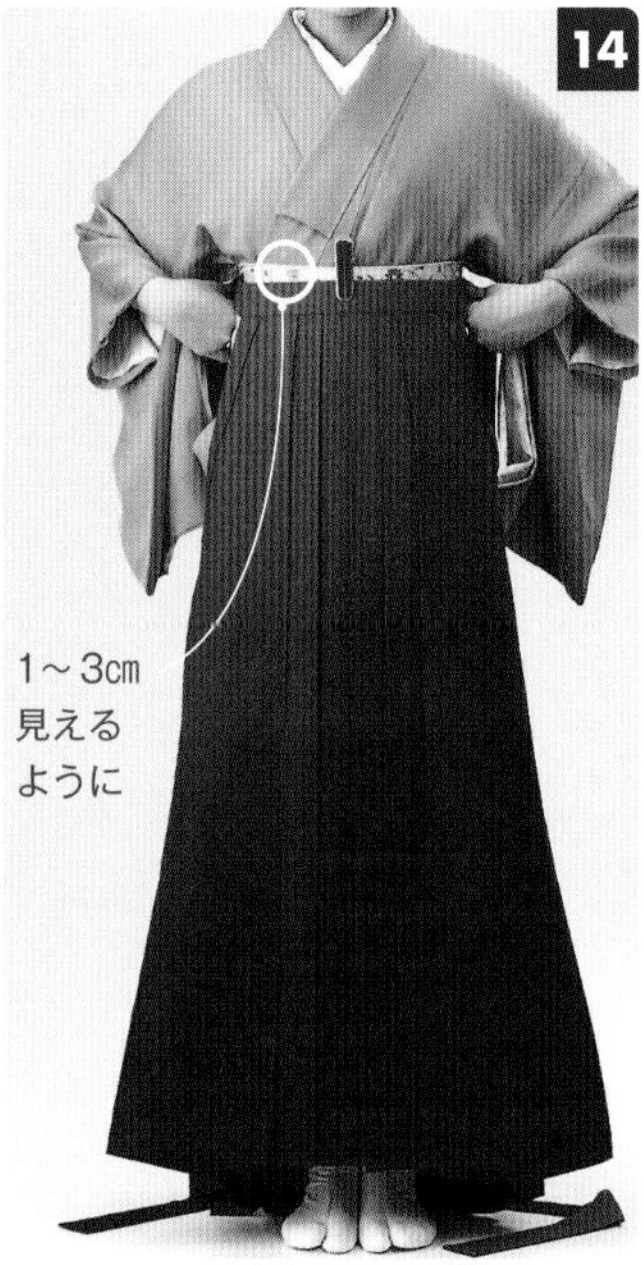

14

袴に両足を入れ、帯が１～３㎝見えるように袴の前紐をあて、クリップで留めます。

15

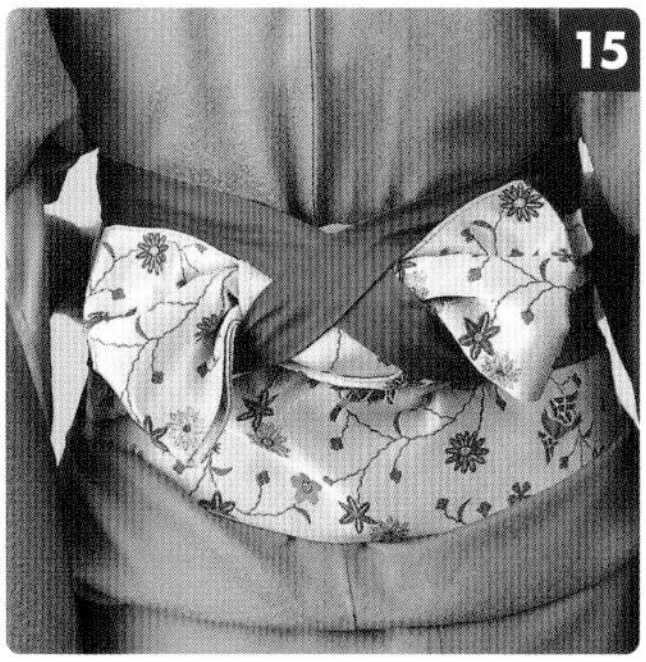

紐を前から後ろにまわし、結んだ帯の上で交差させて前にまわします。

16

左右の紐を前で重ね、下になったほうを折り上げ、後ろへまわします。

17

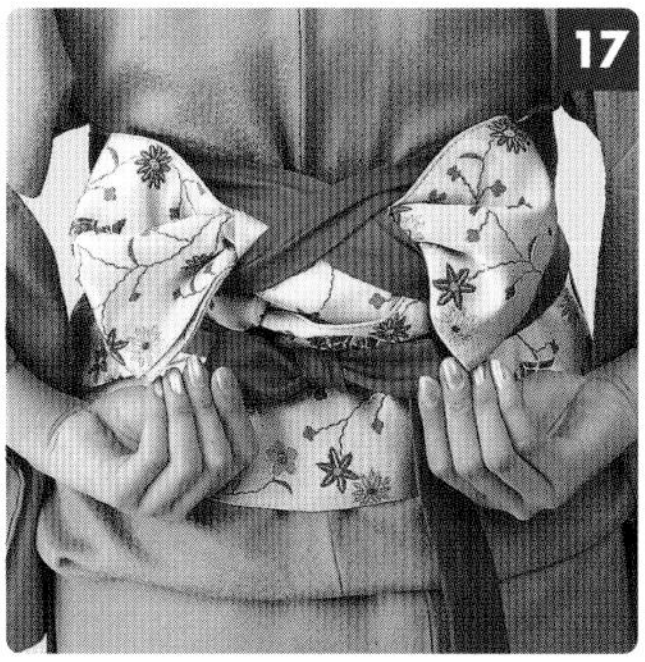

帯結びの下で左右の紐をしっかりと結びます。紐端が長い場合は、紐にからげます。

18

袴の後ろ紐を持ち上げ、帯結びの上にのせます。背中にぴったりと沿わせるようにしましょう。

19

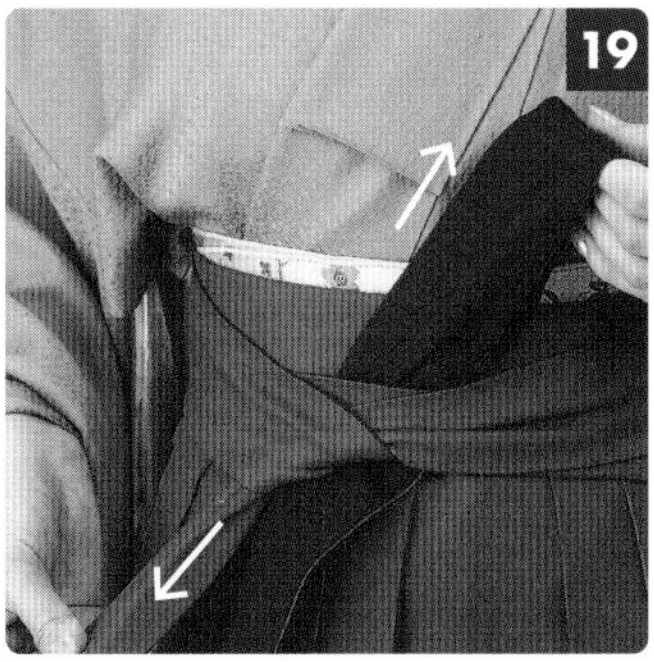

後ろ紐が浮かないように、斜め下に向けて引くようにしながら紐を前にまわします。右脇で一結びします。

20

しわにならないよう、紐の幅を広げたまま蝶結びします。

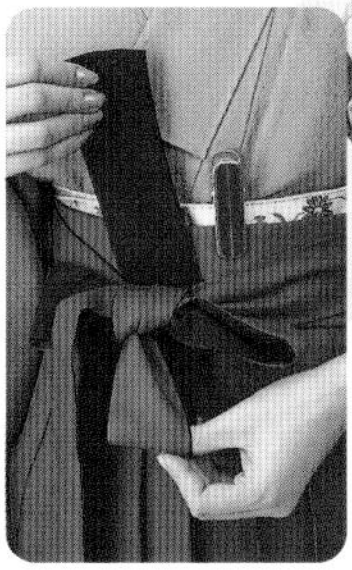

長いほうの紐を結び目の下から上へ通し、結び目にかぶせて、完成です。

袴姿のでき上がり

袴の後ろ紐が、背中にしっかりついているかチェックします。ぴったりと沿わせていると、美しい袴姿に仕上がります。

column 2

あると便利なグッズ

はじめに揃えたいもの（6〜7ページ）のほかに、あると役に立つものがあります。実際に多くの人が使っているものから紹介します。

和装ブラジャー

体型の凹凸を補整するために、バストのふくらみを押さえる専用の肌着。このほかに、スポーツブラやブラカップがついていないキャミソールも、和装のインナーとして使えます。

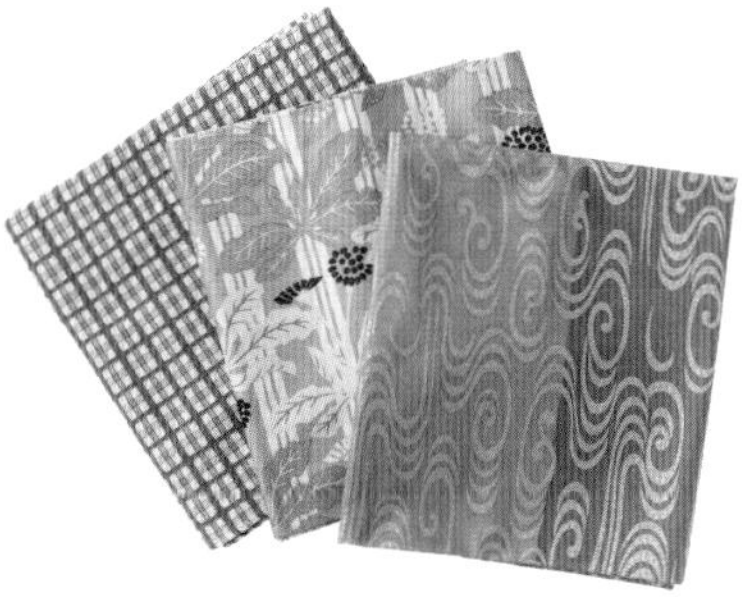

大判の風呂敷

着物を畳紙《たとうし》に入れて持ち運ぶと、畳紙が破れたり傷んだりしやすいため、着物のまままきれいな風呂敷に包んで運びましょう。持ち歩くバッグに合わせて、大きさも揃えられて便利です。

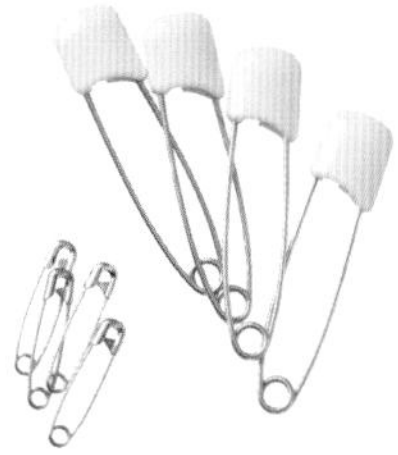

安全ピン

着物と長襦袢の袖のサイズが合っていないと、袖の内側から出てしまうことがあります。安全を考えながら、目立たない位置で着物と長襦袢の袖を留めておくと、応急処置になります。

衣装敷

これを敷いて着付けや片付けをすれば、汚れやほこりがつくのを防げます。

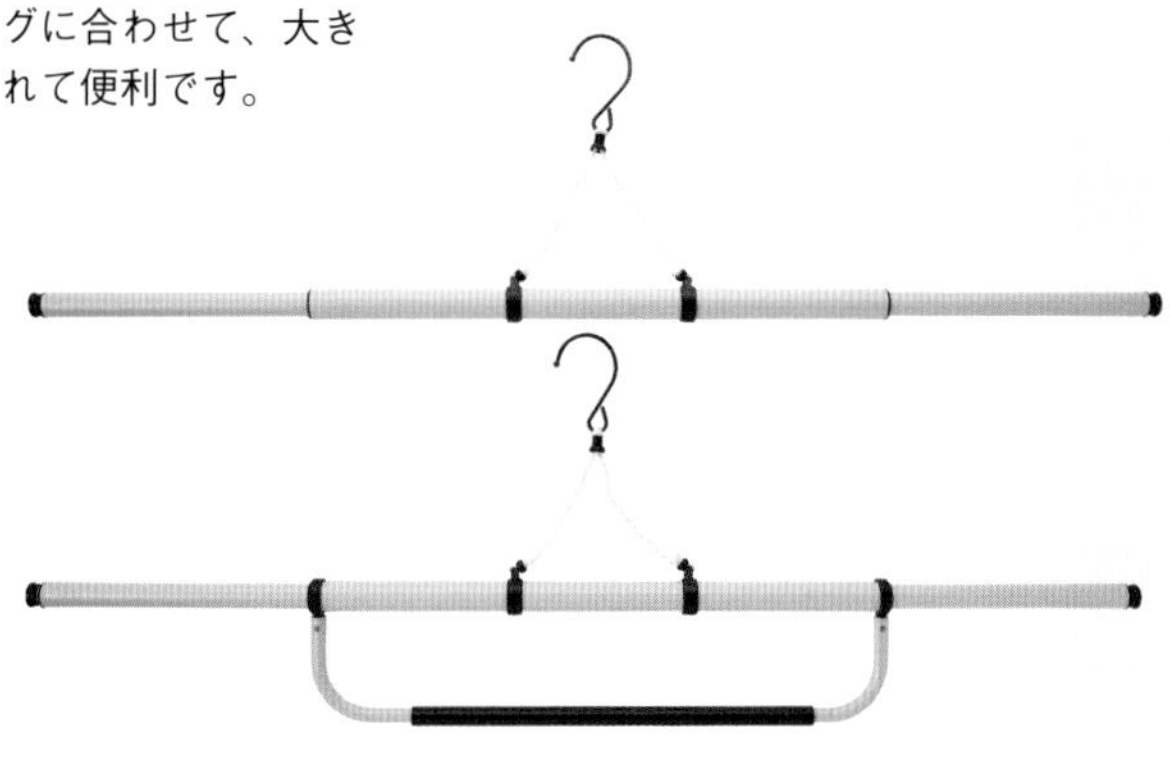

和装ハンガー

長さがあり、両袖を伸ばして着物を掛けられます。帯掛けのついたタイプ（写真下）もあり、帯と着物を一緒に掛けられるので、便利です。お手入れもしやすくなります。

PART

4

着る前、着たあとに

着付けのために知っておきたいこと

下準備とお手入れ

美しく着物を着るためには、
着付ける前の下準備や、着たあとのお手入れが
とても大切になります。
長く大切に着るために、
少し手間に感じる作業でも、
便利グッズなどを上手に取り入れて習慣にしましょう。

◎はじめに準備すること

着付けの下準備

着物を着る前に必要な準備について
手順に沿って、紹介します。
面倒に感じる下準備も、
だんだんコツがわかっていくと楽しくなります。
ひとつひとつのプロセスを大事にしていくことが、
美しい仕上がりにつながっていきます。

step 1 半衿をつける

アイロンをかけた半衿を、長襦袢の衿に直接縫いつけます。衿芯には「三河《みかわ》芯《しん》」と「はめ込み芯」があり、種類によってそれぞれつけ方が異なります。縫わずに両面テープでつける、簡単な方法も紹介します。

三河芯

木綿素材の三河芯は、半衿と一緒に縫いつけます。厚みがある衿なので、張りのある衿元になります。厚みやサイズが数種類あり、一般的なものは幅11cm、長さ120cmが目安です。ここではわかりやすいように色糸を使いましたが、実際は白糸で縫いましょう。

はめ込み芯

長襦袢の衿に半衿だけ縫いつけて、あとからはめ込み芯を差し込みます。プラスチック製が一般的ですが、布製もあります。着用後は芯を衿から外して、折らないように保管しておきます。

三河芯

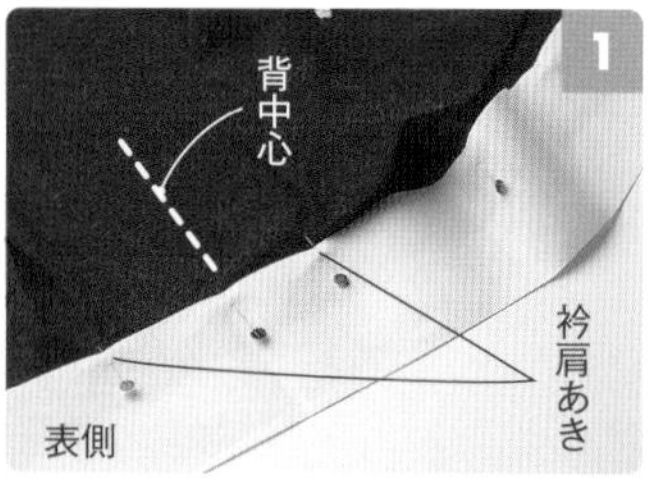

三河芯を長襦袢の衿よりやや控えめに合わせます。背中心と衿肩あき、左右の数か所を待ち針で留めます。

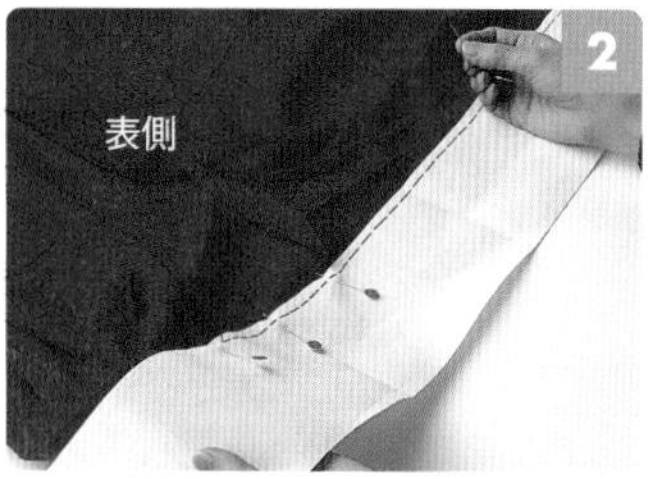

右側から衿肩あきまで、２cmくらいの大きな針目で縫います。

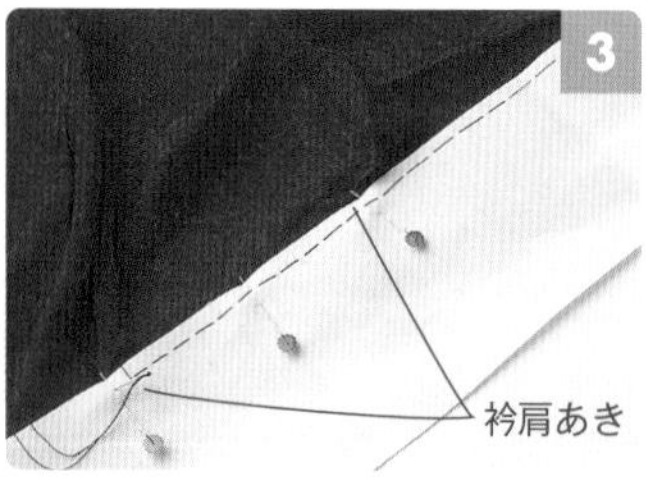

両衿肩あきの間は、ほかより細かい１cmくらいの縫い目にします。

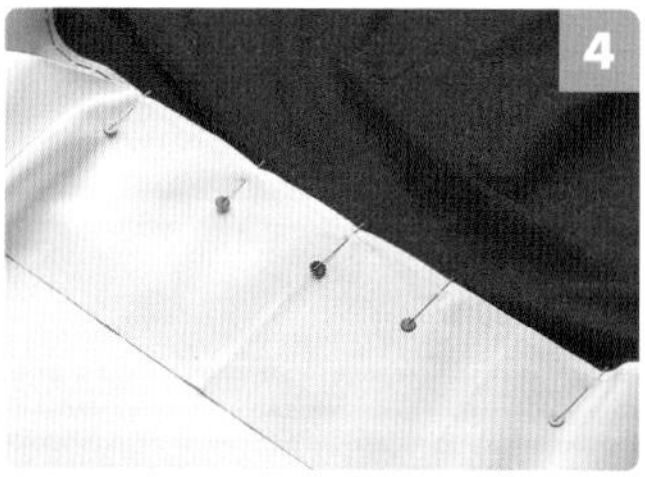

三河芯に半衿を重ねて、背中心と衿肩あき、左右の数か所を待ち針で留めます。

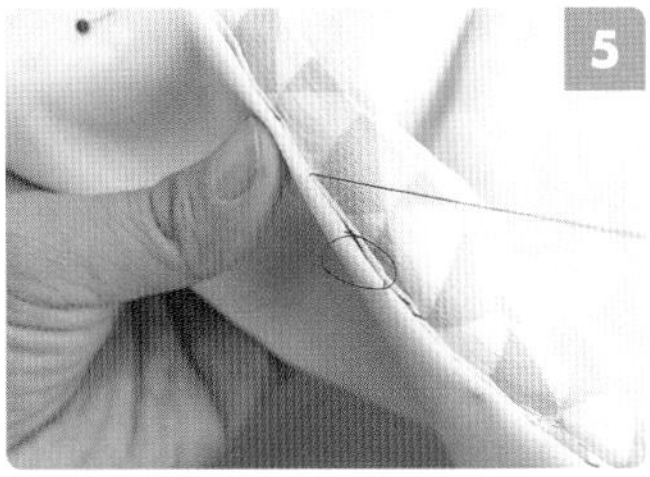

左右の両端を縫うときは、大きな縫い目でかまいません。

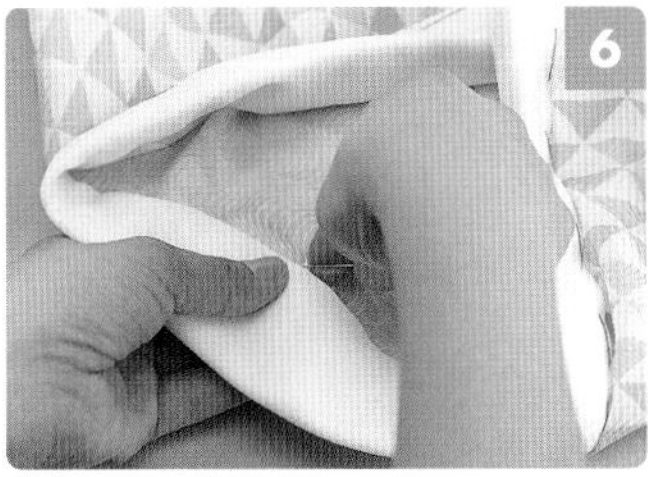

両衿肩あきと背中心は必ず針目を通し、衿肩あきの間は細かくまつります。

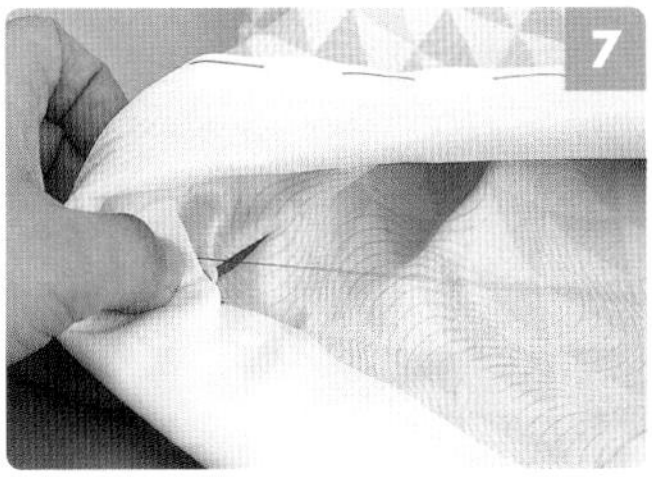

両衿肩あきは丸くなっているので、カーブをつけたまま、ややつりぎみにまつるのがコツです。

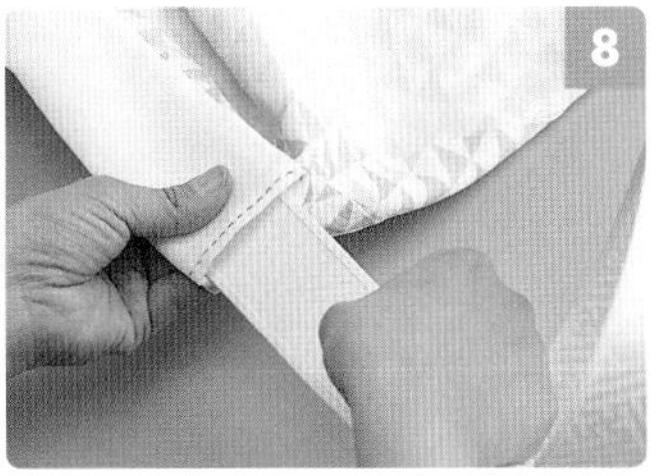

半衿をつけたら、半衿の内側に、はめ込み芯を通します。

はめ込み芯

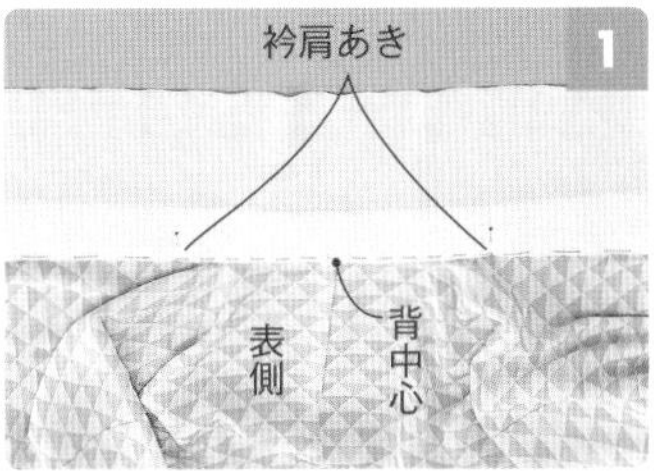

長襦袢の衿に、半衿を内側に1cmほど折り込んで重ねます。背中心、衿肩あき、左右数か所を待ち針で留めて、右端から縫います。

半衿の両端は内側に1cmほど折り込み、細かく縫います。

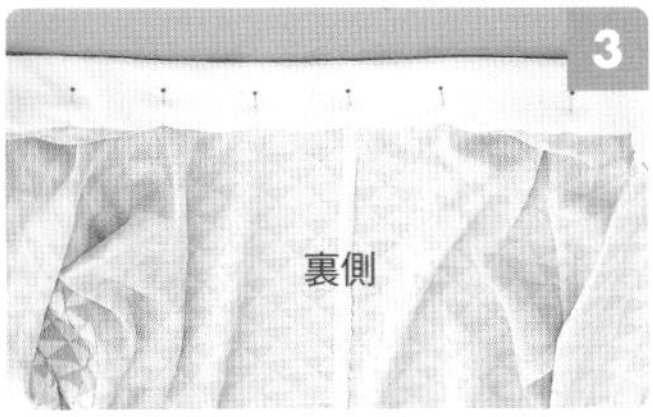

長襦袢を裏に返し、長襦袢の衿幅に合わせて半衿を折り返します。背中心、衿肩あき、左右の数か所を待ち針で留めます。

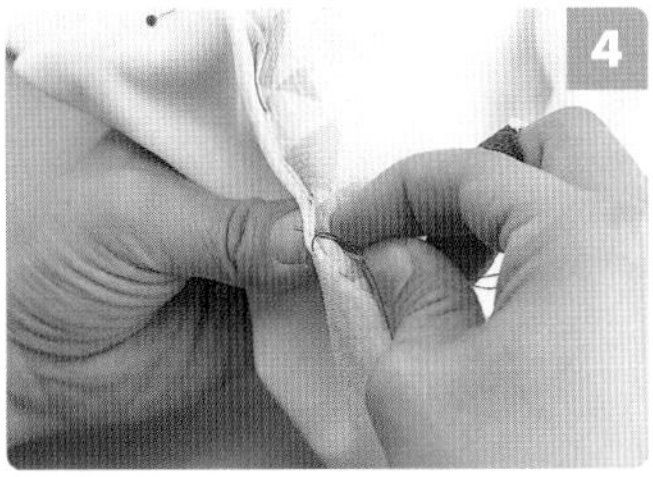

はめ込み芯が入ることを確認したら、左手で長襦袢の衿を持ち、端からまつり縫いをします。

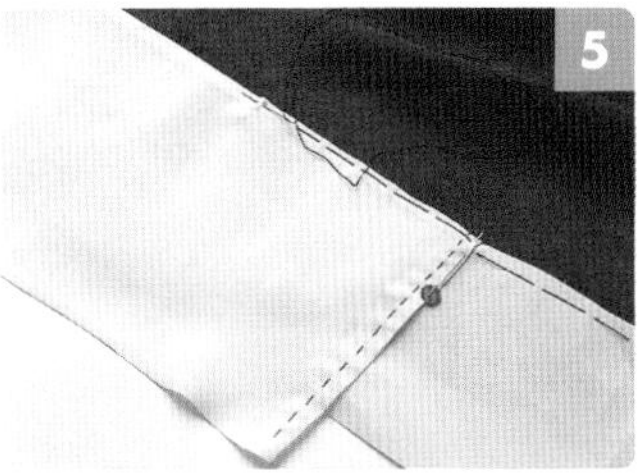

半衿の両端は1cmくらい折り込んで縫い、右端から半衿を2cmくらいの縫い目で縫います。

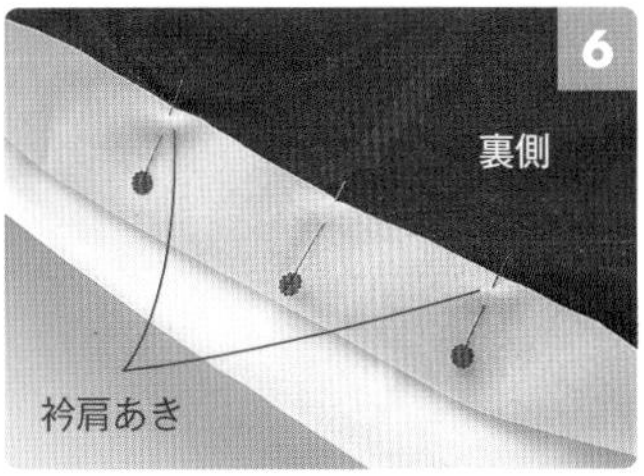

三河芯を衿に沿って裏側に折ります。衿肩あきは衿幅より5mm控えて、余分はカットします。

長襦袢の衿幅に合わせて半衿で衿芯をくるみ、右端からまつり縫いをします。

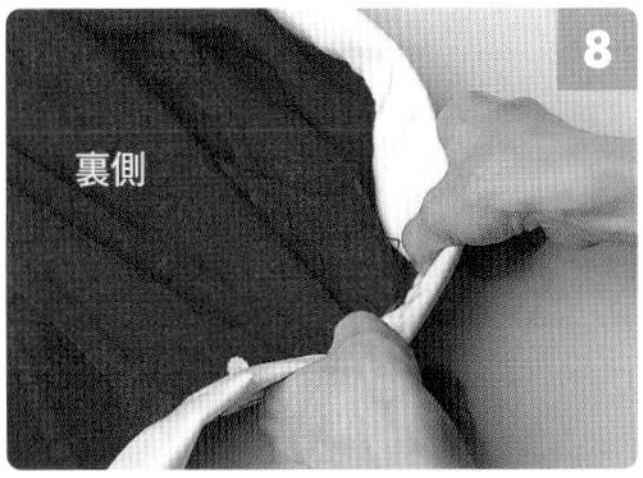

衿肩あきの間は手でカーブをつけて、ややつりぎみにまつります。

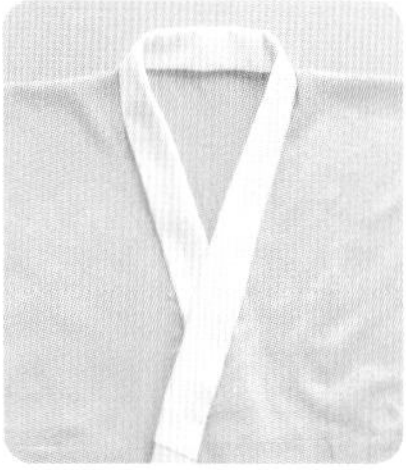

両面テープ

裁縫が苦手な方や、急いで半衿をつけたいときに便利なのが、両面テープを使う方法です。半衿をテープで貼りつけたら、はめ込み芯を差し込みます。見た目もきれいに仕上がり、衿元が着くずれる心配もありません。

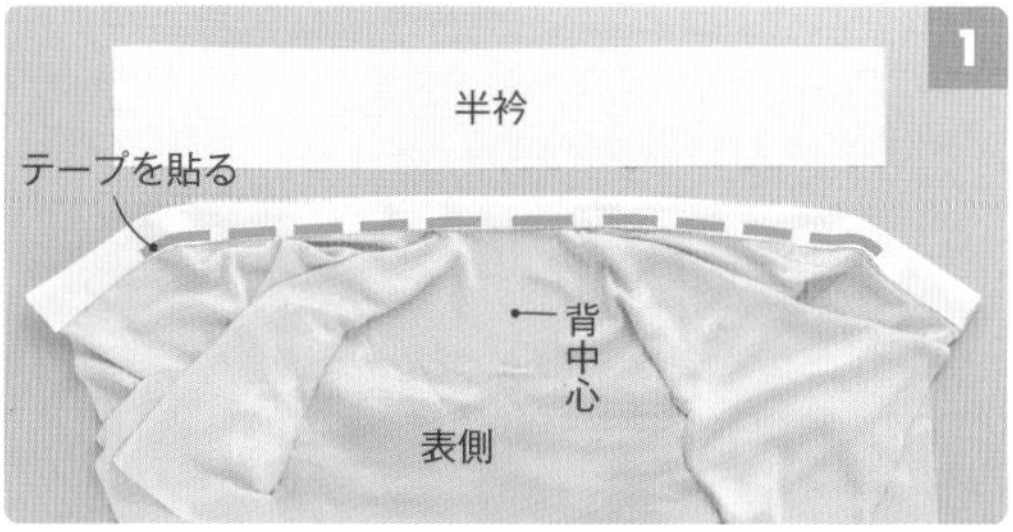

長襦袢の表を出し、長襦袢の衿の端のところどころに両面テープを貼ります。

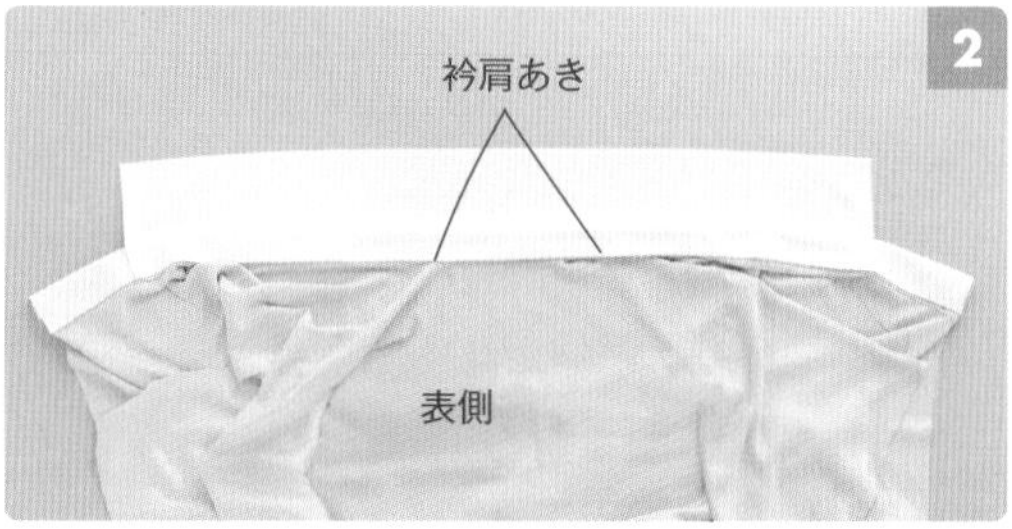

ひとつずつ紙をはがしながら、衿肩あきから長襦袢の衿に半衿を貼りつけます。

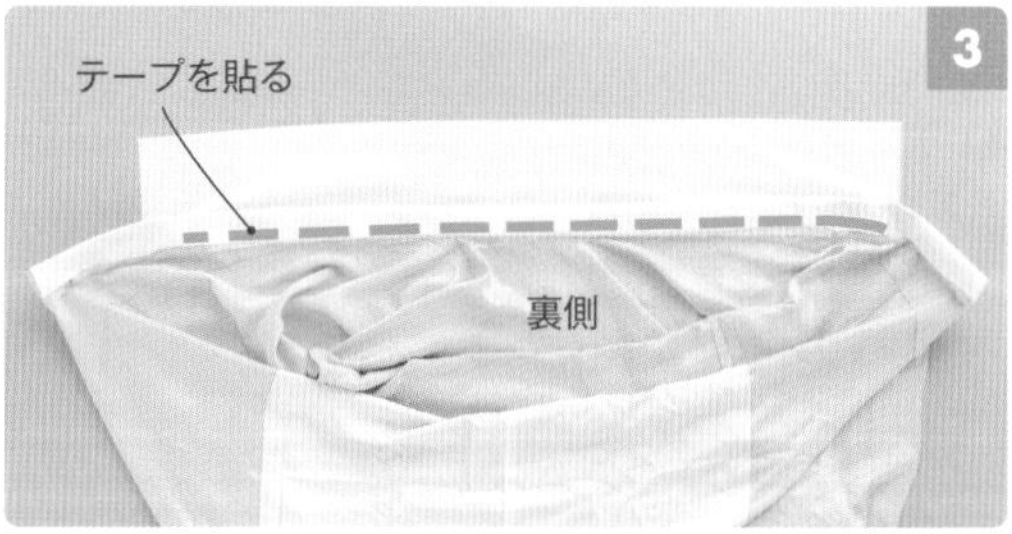

長襦袢を裏返し、内側の衿にも同様に両面テープを貼ります。

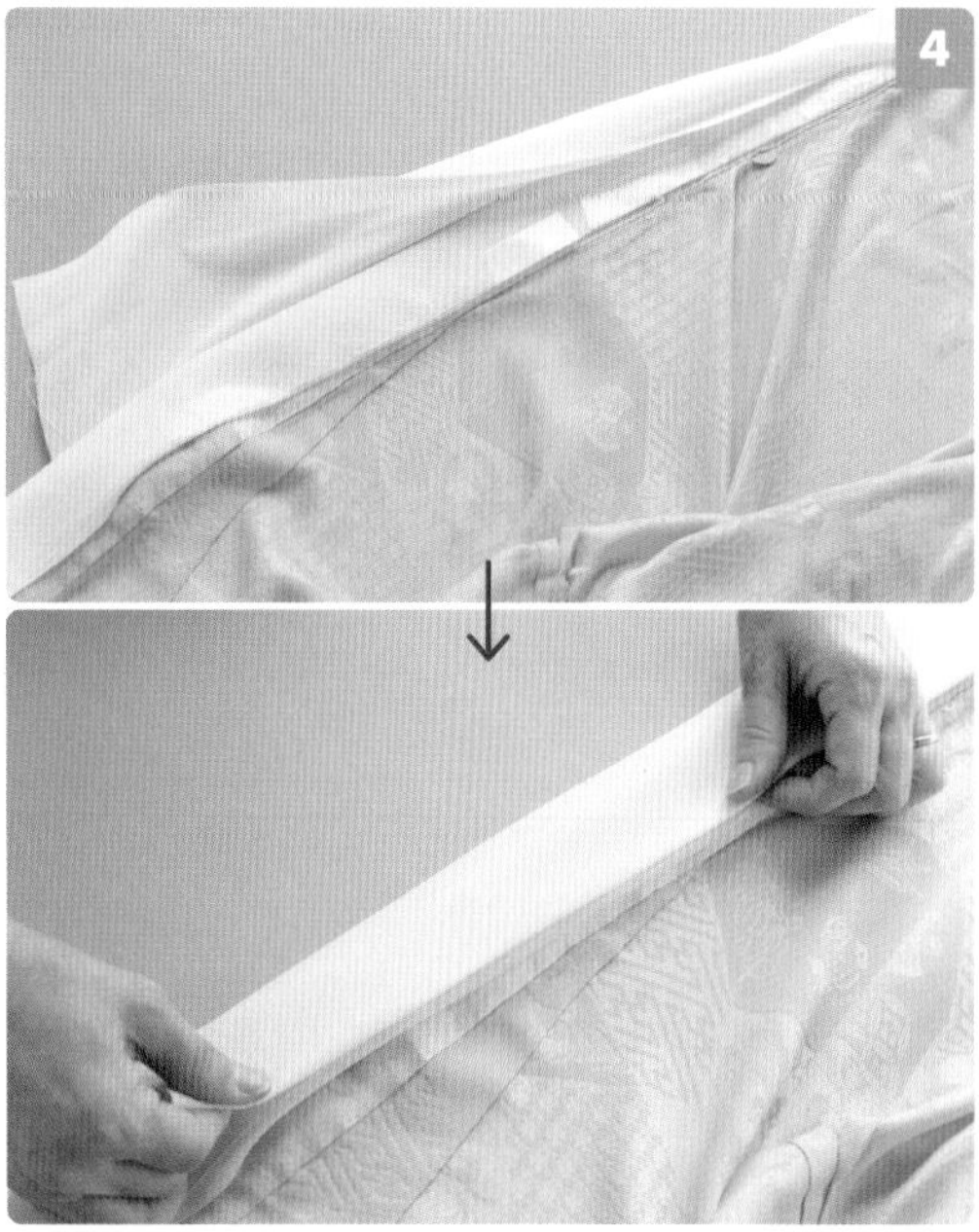

衿肩あきから紙をはがして中央を固定し、続いて左右の衿を貼りつけます。半衿は長襦袢の衿の幅に合わせて、余分を内側に折りながら貼っていきます。

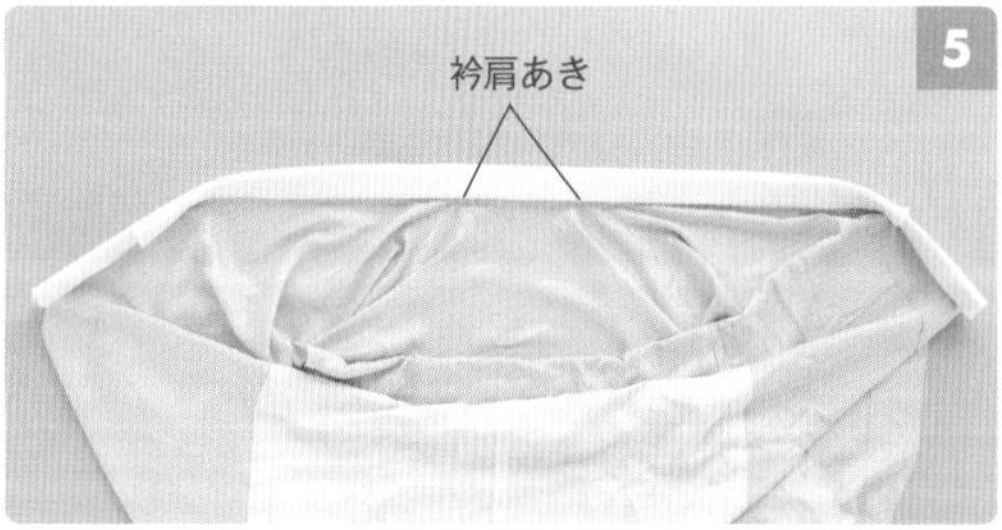

半衿がつきました。慣れてくると、5～6分でできます。

step 2 肌着を選ぶ

着物の肌着といえば「肌襦袢」と「裾よけ」が定番ですが、洋服用の肌着スリップのように頭からかぶって着られるタイプもあります。お手持ちの肌着を使うこともできるので、自分の着やすいものを選びましょう。

上下つながったワンピースタイプ。頭からすっぽりかぶれるものまで、デザインは豊富。

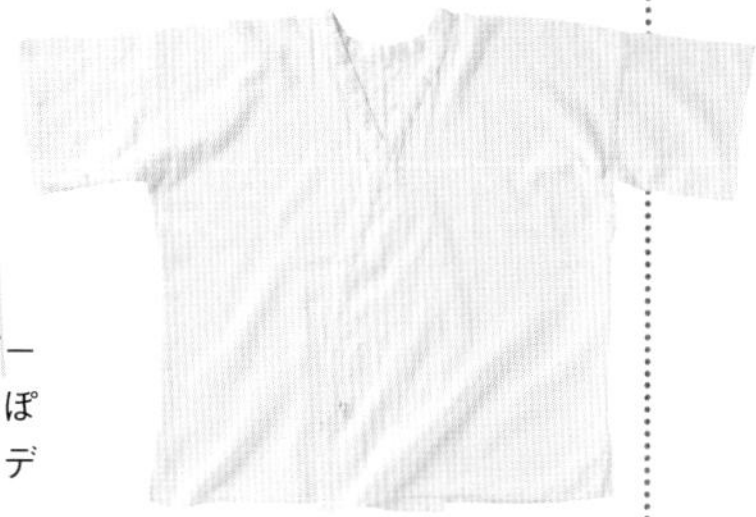

上・晒し木綿の肌襦袢は、すべての着物に合います。下・肌襦袢の下に着用する裾よけ。上部の晒しは力布といい、補整の役目も。

キャミソールも着物の肌着として使えます。とくに浴衣などに。

ステテコは裾さばきがよく、とくに夏の汗対策におすすめ。このステテコとキャミソール、ステテコと肌襦袢など、組み合わせは自由。

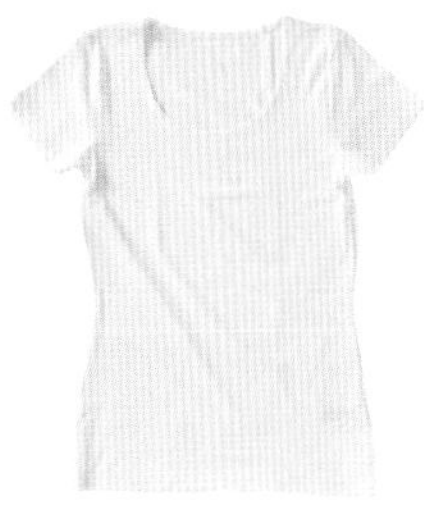

衿ぐりの大きく開いたTシャツなども便利。

step 3 足袋をはく

足袋をはくときは、腰を下ろして床に片膝をついた姿勢をとります。かかとを床につけた状態にすると、はきやすくなります。足袋は意外と目につきやすいもの。洗濯をした清潔なものを身につけるよう、心がけましょう。

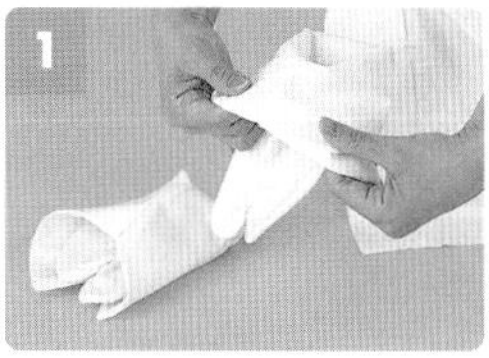

足先が入りやすいように、こはぜ（足袋の留め金具）を外して、両足とも半分に折り返しておきます。

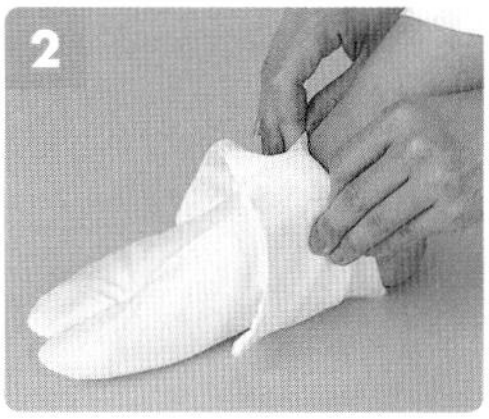

床にしゃがみ込みます。折り返しておいた足袋に、爪先がしっかりつくまで入れます。

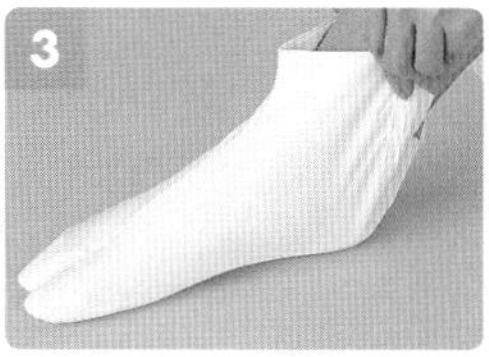

折り返したところを元に戻して、かかとまできちんと入れ、足袋を上に引いてこはぜを留めやすくします。

こはぜは掛け糸に上から下へ入れ、下から留めます。掛け糸は外側を使い、留めにくいときは内側で。

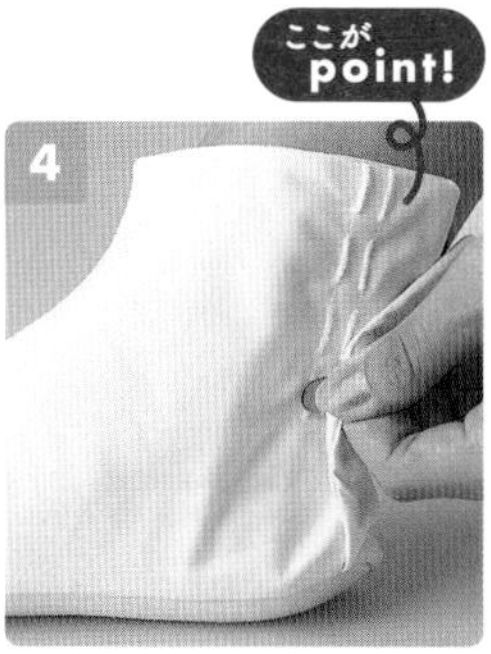

足首をまっすぐに伸ばし、下からひとつずつこはぜを留めていきます。もう片方も同様にはきます。

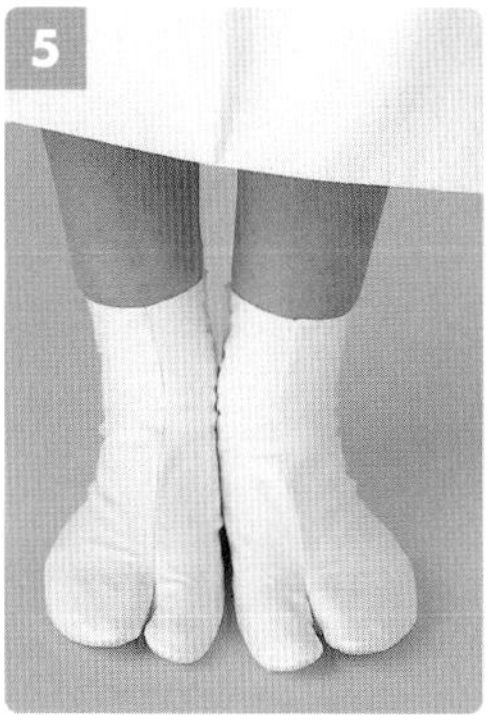

完成。足にぴったりフィットした足袋は、気持ちのよいものです。

step 4

裾よけをつける

ショーツの上につける裾よけは、着物のすべりをよくするために身につけます。裾さばきがよくなり、着くずれ防止にもなります。また力布がお腹まわりの補整をしてすっきり見えます。

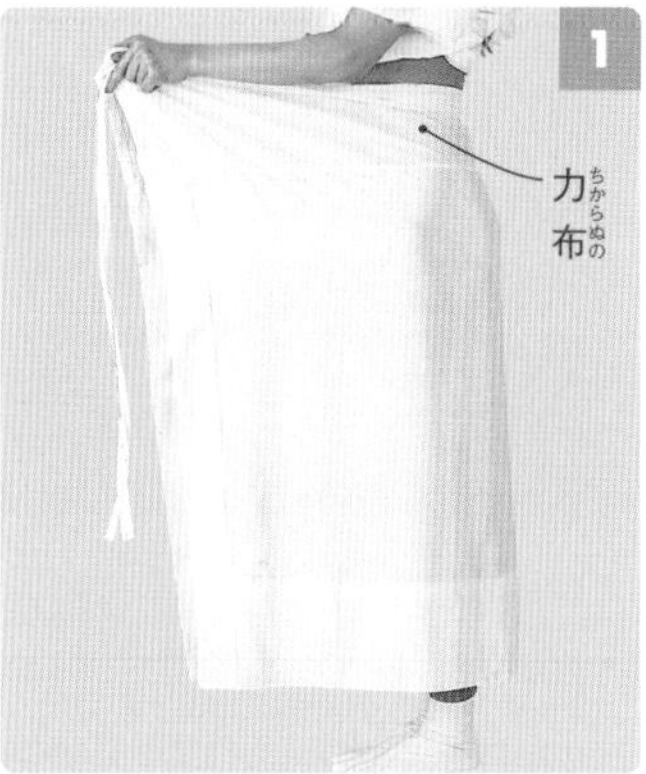

裾よけを後ろから腰にあて、両端を水平に持ち、くるぶしから５～６㎝上に裾線を決めます。

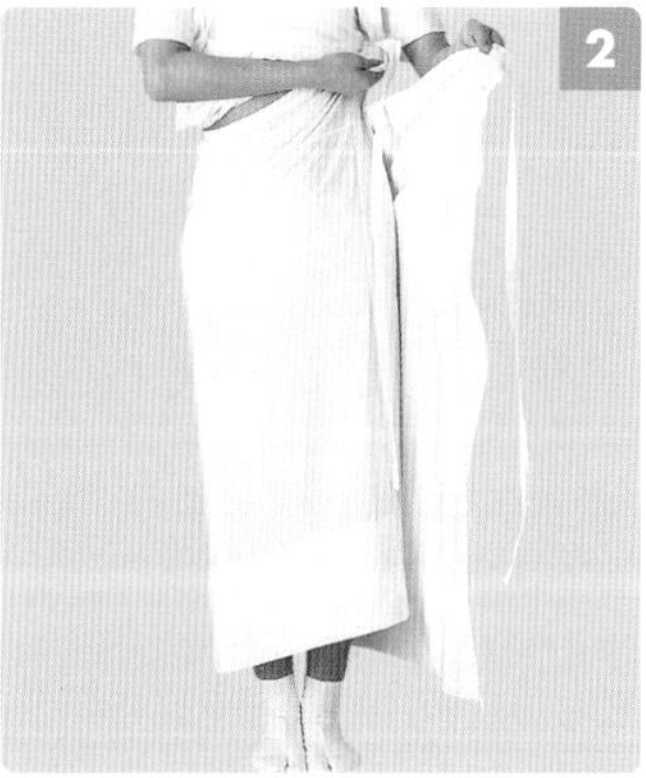

下腹部を持ち上げるようにして、力布を引っ張りながら、下前を合わせます。

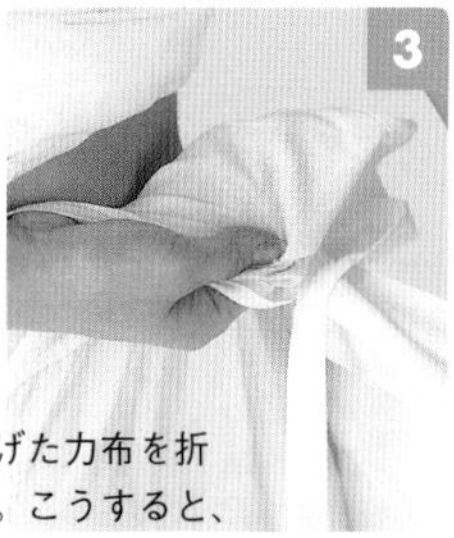

引っ張り上げた力布を折り返します。こうすると、裾すぼまりになります。

下前を引き上げたまま、上前も同様に引き上げて端を折り返します。

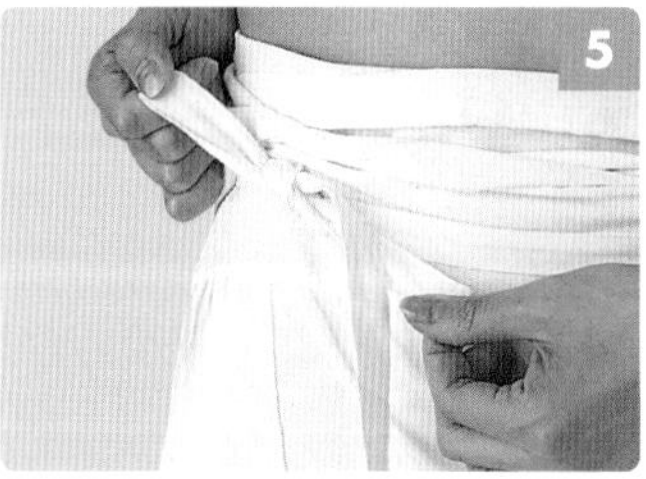

両端の紐は後ろで交差させて前にまわし、体の右側の力布の上できつくないように結びます。

step 5

肌襦袢をつける

素肌や和装ブラジャー（106ページ）などの上に、肌襦袢を着ます。肌襦袢でバストを包み込んで合わせます。

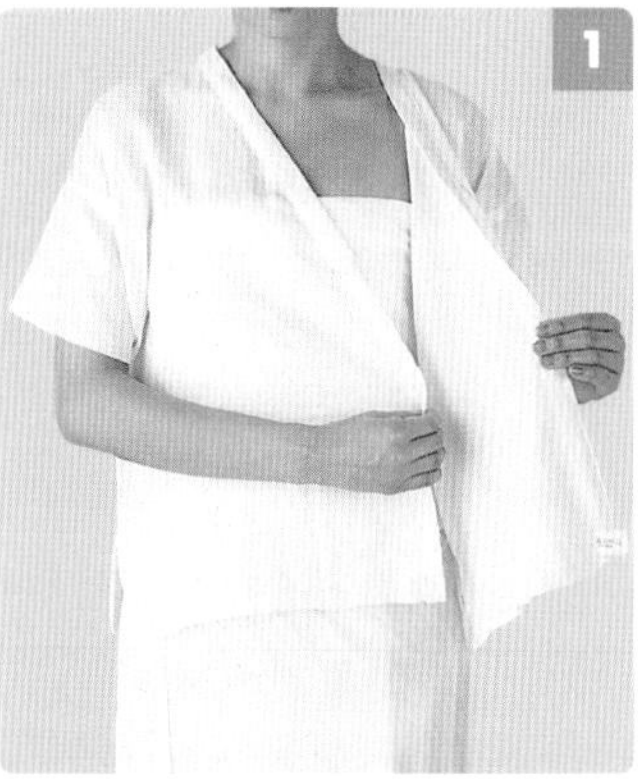

肌襦袢をはおったら、バストを包み込んで下前を合わせます。

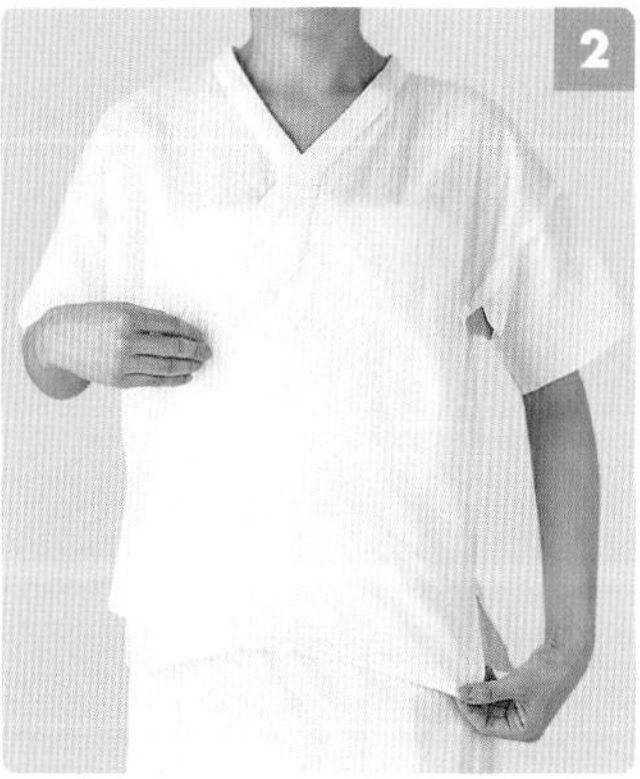

同じように上前も合わせ、完全にバストを包み込みます。

ワンピースタイプの場合

上下が一体型になった手軽な肌着には、前開きタイプや頭からかぶるものがあります。ここでは前開きタイプの着方を紹介します。

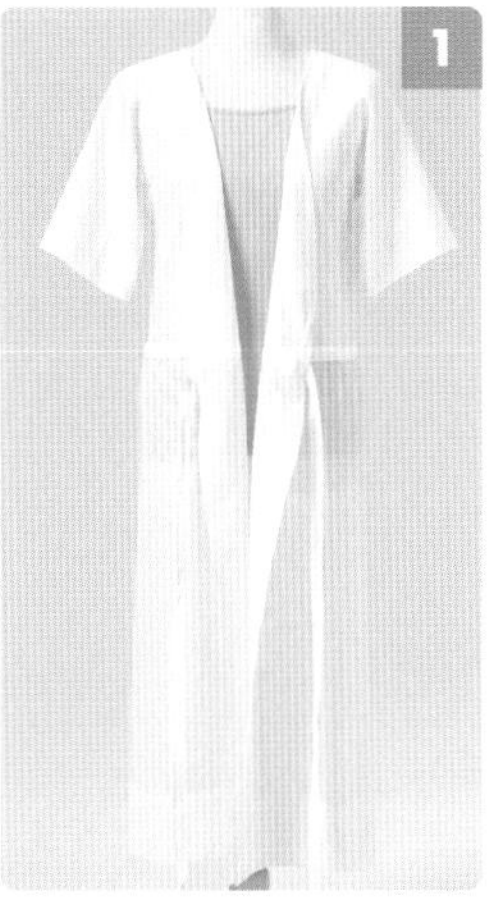

キャミソールなどの上から、または直接素肌にはおる。

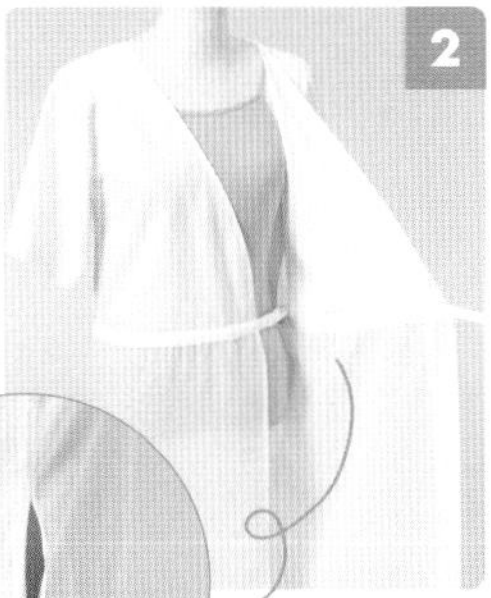

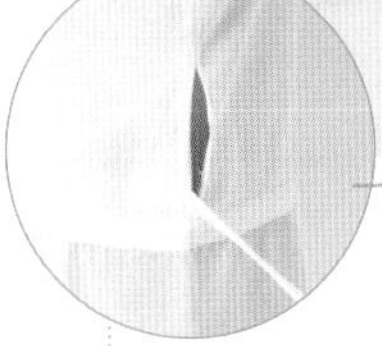

紐を通して、左前になるように合わせる。

紐を後ろで交差させて前にまわし、結びます。

下ごしらえのでき上がり

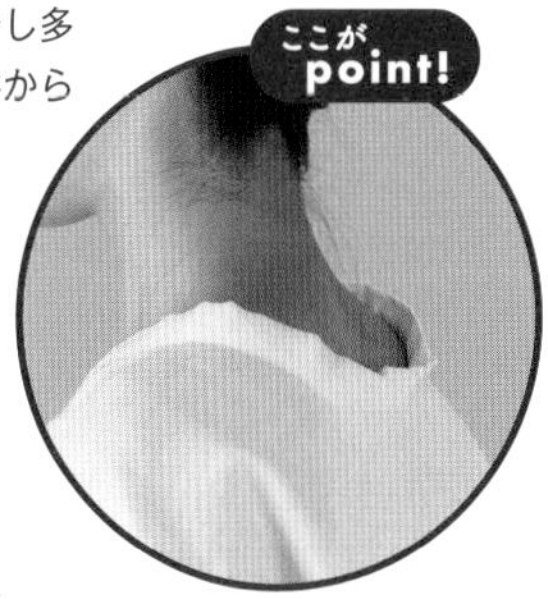

肌襦袢の後ろ衿は少し多めに抜くと、長襦袢から見えません。

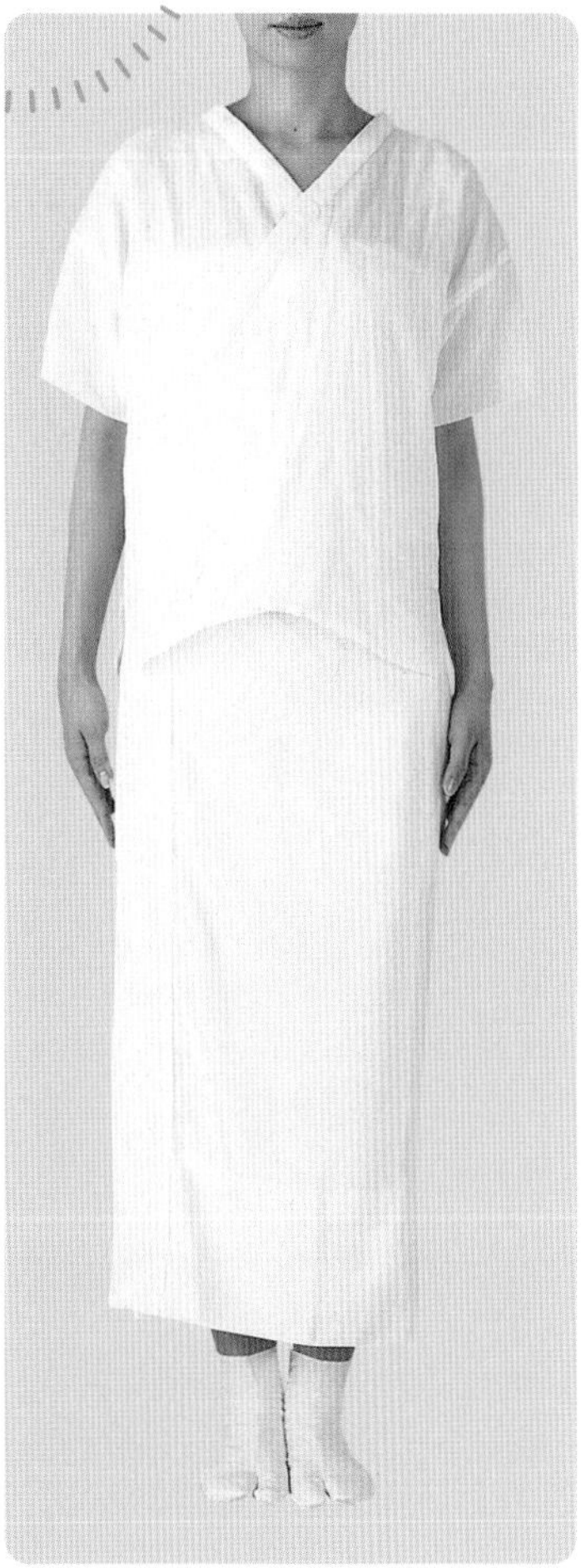

足袋、裾よけ、肌襦袢をつけ終わりました。最も基本的な着付けの下ごしらえです。

step 6

補整をする

長襦袢を着る前に、体型に合わせて補整をします。必ずするものではありませんが、体型を「寸胴」にすることで着くずれを防ぎます。ここでは手軽にタオルを使っていますが、さまざまな補整グッズも市販されています。

ウエストまわり

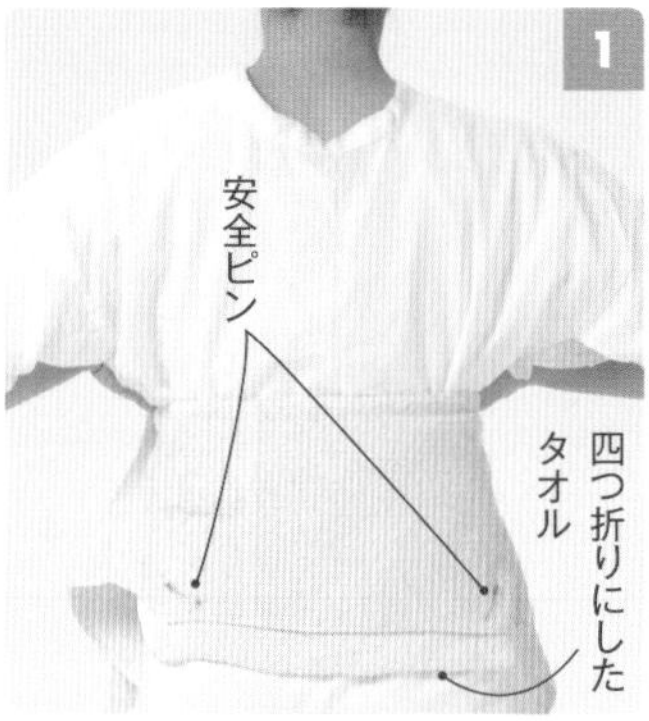

浴用タオル２枚を中央で約20㎝分重ね、幅半分に折ります。長さを四つ折りにしたもう１枚のタオルを重ねた部分にのせて、タオルが落ちないように安全ピンで留めます。安全ピンを外側にして腰のくぼみにあてます。

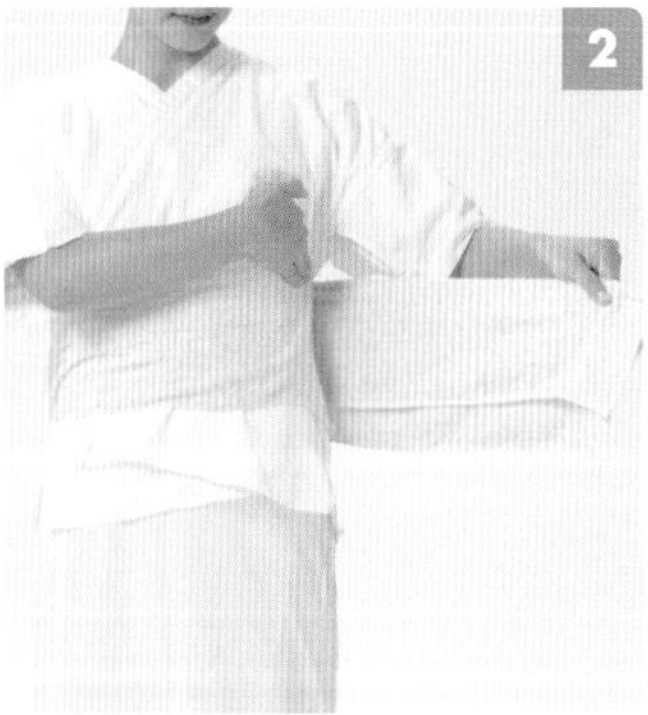

着物の衿合わせに合わせて、まず下前側を胴に巻きます。（ぽっこりお腹の人は、お尻の上だけ補整します。）

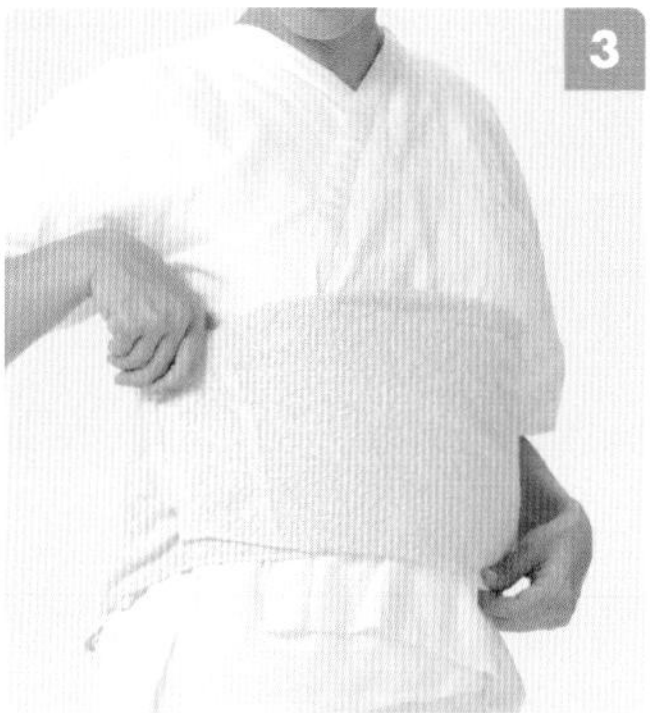

続いて、上前側を重ね、下前側のタオルに挟み込んで完成。

横から見ると、寸胴体型になっています。着物では体の凹凸をなくすことが、美しい着姿につながります。

肩のくぼみ

肩から胸のラインをきれいに出すために、肩のくぼみを補整します。幅７～８㎝に折った薄手の布をＶ字形にしてあてます。手ぬぐいは四つ折りにすると、ちょうどよいサイズになります。

腰まわりの補整には幅15㎜程度のゴム紐を使う簡単な方法も。胴にタオルを巻き、ゴム紐で押さえます。

step 7

長襦袢を着る

着る手順はどの着物も同じです。ただし小紋や紬のようなお洒落着と、訪問着や留袖などの正装では、衣紋の抜き加減や衿合わせが変わります。長襦袢をきれいに着ると、美しい仕上がりにつながるため、丁寧に整えましょう。

長襦袢をはおったら、片方の手で両衿を、もう一方の手で背縫いを持ち、背中心を合わせます。それから背縫いを下に引いて、衣紋を抜きます。衣紋の抜き加減は好みで決めますが、留袖や訪問着などは少し多めに抜くと華やかに見えます。

肌襦袢の衿に重ね、バストを包み込むように、下前を合わせます。

同様に、バストを包み込むように上前を合わせます。衿はのどのくぼみが見え隠れする程度に合わせましょう。

右手で長襦袢の上前を押さえたまま、左手で胸紐（腰紐と同じ紐）をとり、胸の下にあてます。

▶胸紐の結び方は26ページ。

胸紐は後ろにまわして交差させて、前で結びます。

フォーマルの場合の衣紋の抜き方

フォーマルな装いの場合は、長襦袢の衣紋をいつもより多めに抜きます。着付けているうちに衣紋がだんだん詰まってくることがあるので「多め」を意識して。衿は深めに合わせます。

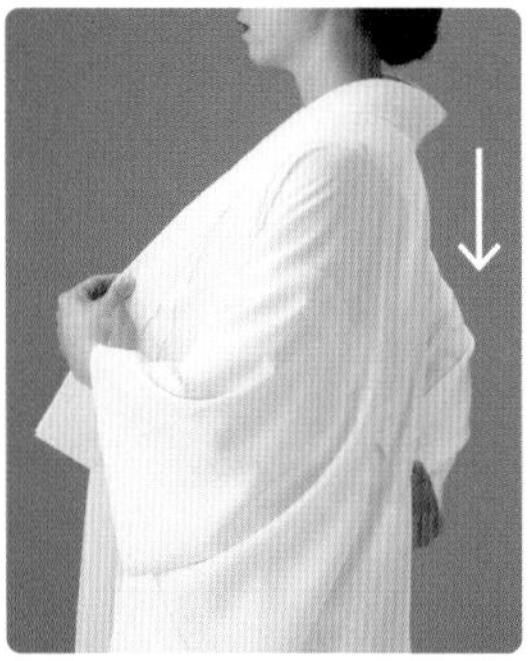

留袖や訪問着などの礼装の場合は、背中心を合わせる際に、衣紋を多めに抜きます。

右手で上前の衿、左手で下前の衿をそれぞれ身八つ口で持ち、衿を深くゆったりと合わせます。こうすることで、あらたまった感じになり優雅に見えます。

小紋や紬などのお洒落着のときは、好みで衿を詰め気味にするのもよいでしょう。髪型に合わせて、バランスを取ります。

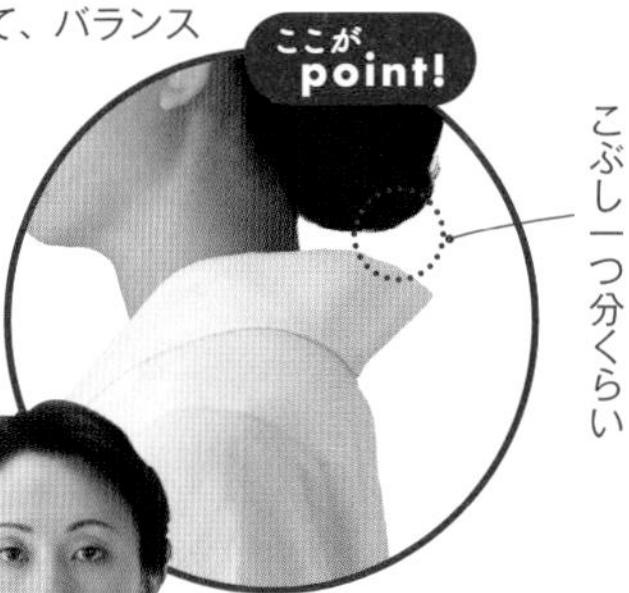

胸紐の上に伊達締めを結んで完成です。慣れてきたら、どちらかひとつだけでもかまいません。

▶ **伊達締めの結び方は26ページ。**

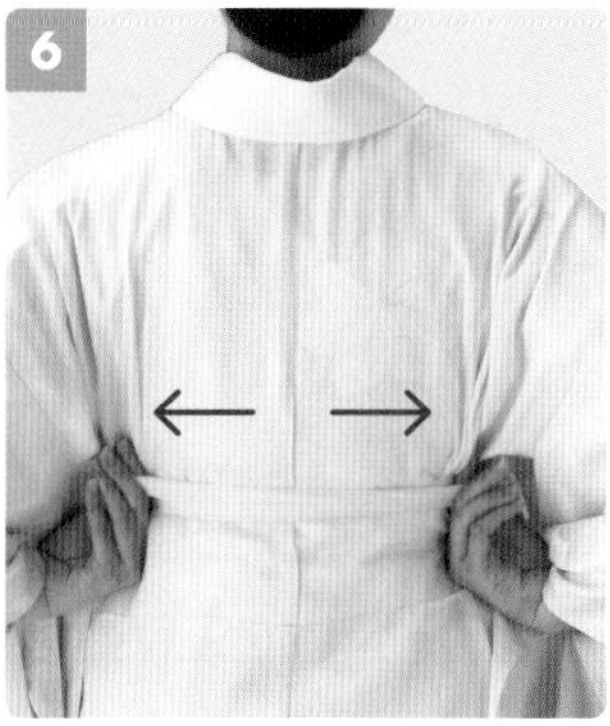

後ろの胸紐に、下から人さし指を入れ、背中のしわを左右に寄せます。

下準備のでき上がり

◎自分でできるお手入れ

着物を着たあとは

着物で出かけて帰ったら、箪笥にしまう前に
着物と帯、小物類をひと通りチェックすること。
ほこりや汚れ、しわを取っておくと
次回も気持ちよく着ることができます。
しみや汚れを見つけたら、早めに専門店など
プロに相談して正しいケアをお願いしましょう。

1. 玄関先でほこりを払う

帰宅後はまず、玄関先で簡単にほこりを払い、外の汚れを持ち込まないようにします。手ぬぐいやタオルで、ぽんぽんと裾や袂を軽くたたくようにするだけでOKです。

2. 手を洗ってから着物を脱ぐ

着物を汚さないように最初に手を洗い、大きな衣装敷などを広げた上で着物を脱ぎます。すぐにハンガーにかけて、湿気を飛ばします。

着物は重みで仕立てが狂わないように、裾を引きずるくらいの高さで半日ほど吊るします。日焼けしないように直射日光を避け、蛍光灯も消しておきます。

3.

布目に沿ってほこりを払う

汚れの多くは細かいほこりです。湿気が取れたらほこりを払うだけでも、着物が長持ちします。ビロードの布や毛足の柔らかい着物用のブラシを使います。

柔らかいビロードの布は、生地をこすっても毛羽立ちにくい特徴があります。ないときはタオルを丸めて使います。

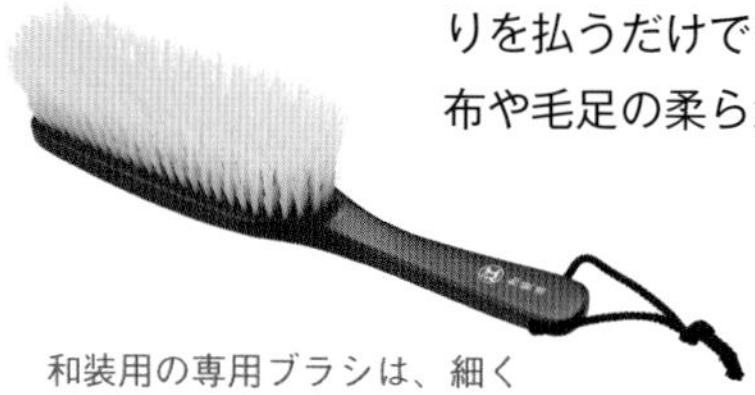

和装用の専用ブラシは、細く繊細な豚毛などを用いたものがおすすめ。払っても、生地を傷めにくい素材です。

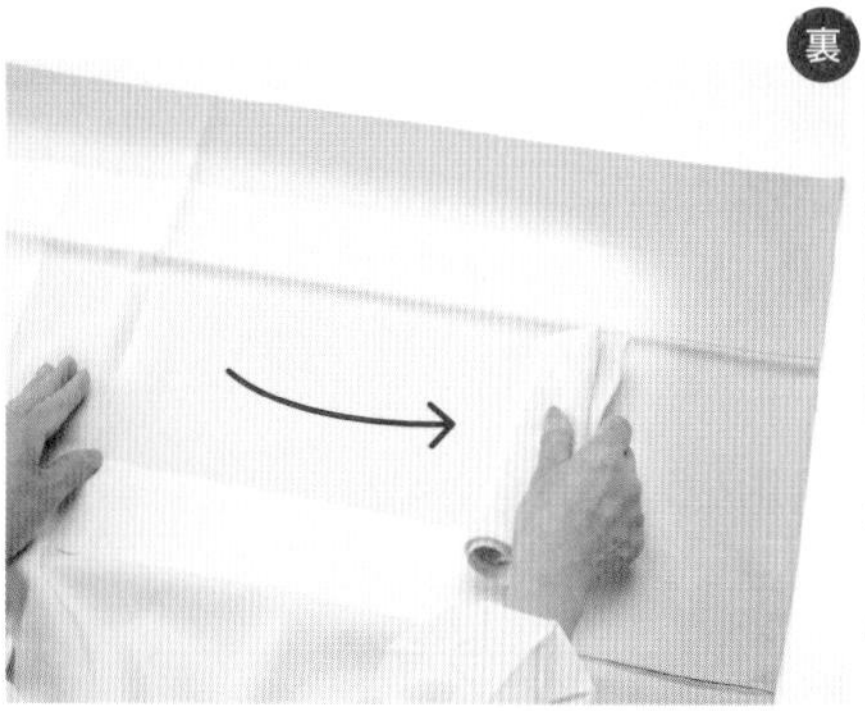

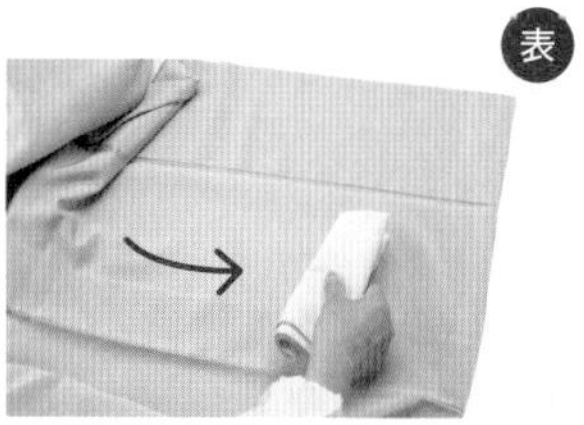

着物の身頃のほこりを払うときは、衣装敷などの上に着物を平らに置いて、ブラッシング。上前の衽や裾まわりも、忘れずにほこりを払います。

ワンポイントアドバイス

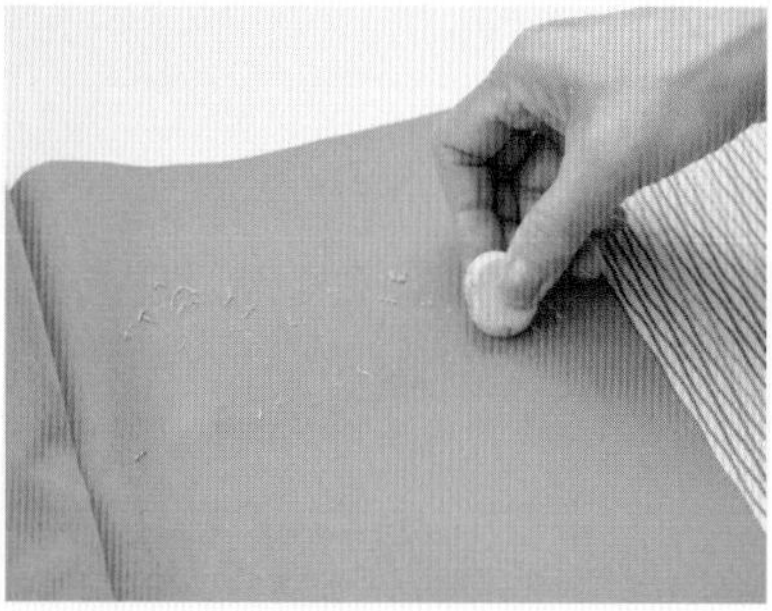

帯の手あか汚れは消しゴムで

帯はほとんど洗わないので、汚さないように気をつけて。手あかなどの汚れは、軽く消しゴムでこすると落とせます。はじめに目立たない部分で試してから、こすりましょう。

汗をかいたら水スプレーを

汗をかいた長襦袢は、汗じみやカビを防ぐために霧吹きで水をかけて汗の塩分を飛ばします。脇の下や背中、ウエストまわりに汗がしみやすいので、湿った状態になるまで水でスプレーし、自然乾燥させます。着物に汗がついた場合は、乾いたタオルの上に着物を置き、水を含ませて固く絞ったタオルでたたいて、汗をタオルに移します。（絹以外の夏物の素材に限ります）

4. とれないしわは アイロンで伸ばす

着付け紐などのしわは、吊るしているうちに取れます。気になるのはしまっている間の「たたみじわ」。アイロンがけのときは「当て布をして裏から」「温度は弱～中程度」「刺繍や箔《はく》、絞りにはかけない」がコツです。

着物の前身頃

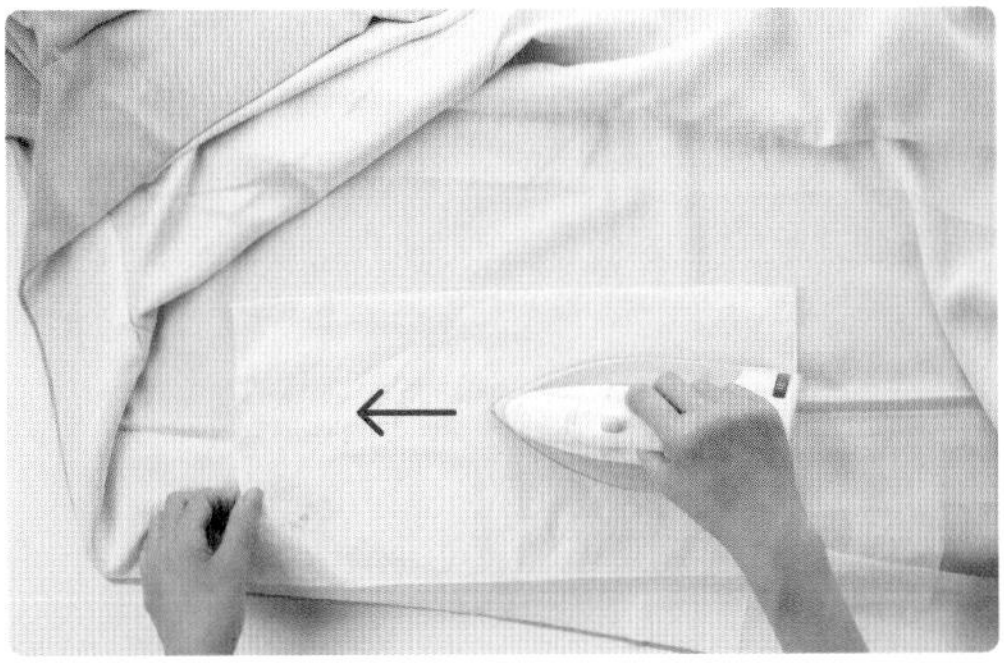

前身頃の衽の縫い線あたりも、たたみじわがつきやすい部分です。ここもアイロンは一方向に動かして、縫い目の上は軽く動かすようにします。

NG

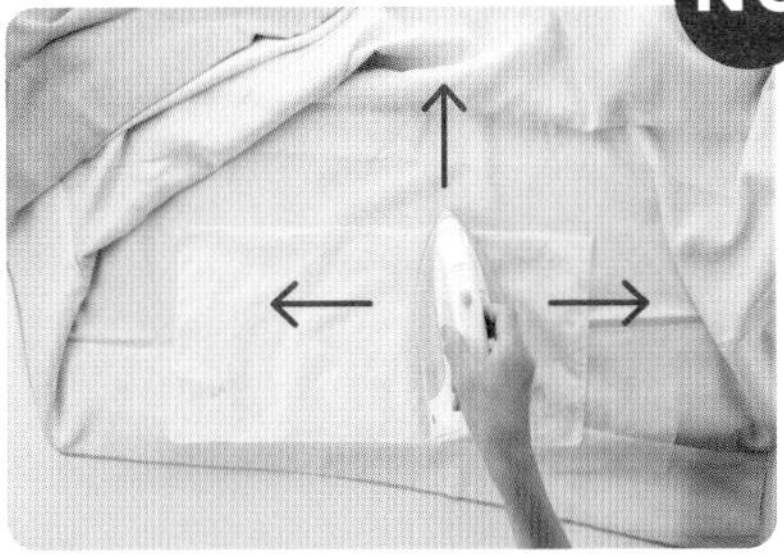

着物の布目（生地の織り目）は縦に流れています。縦と横にアイロンをかけてもしわは伸びにくく、アイロンが縫い目に当たってしまい、スムーズにアイロンを動かせなくなります。

衿

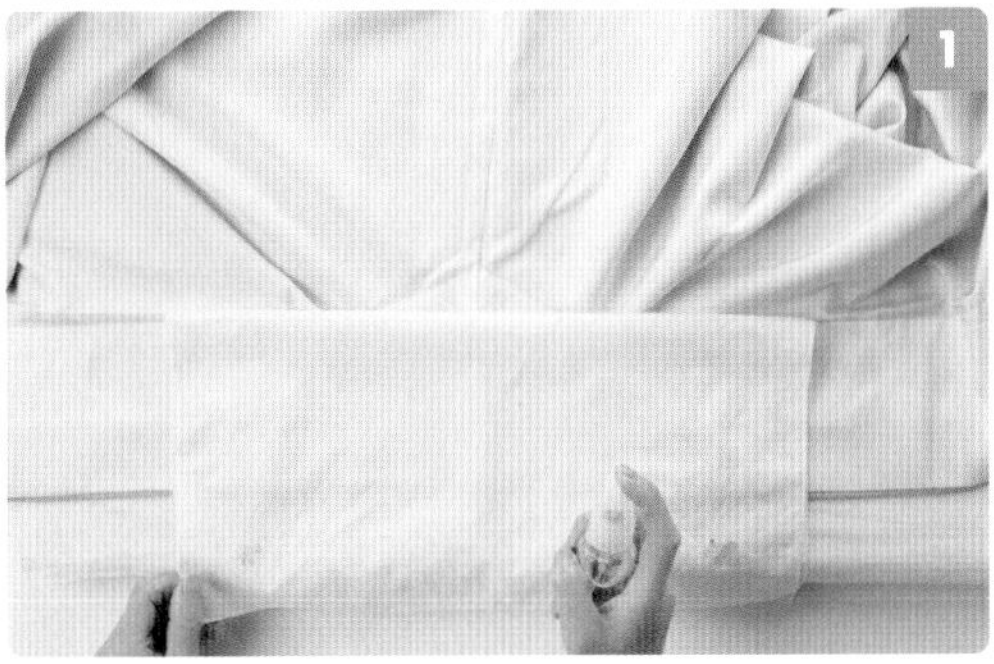

衿の裏側を広げて当て布をし、布の上からスプレーします。注意したいのは、大きい水滴が霧吹きから着物に落ちて広がること。細かい霧が出る小さめの霧吹きが扱いやすいです。

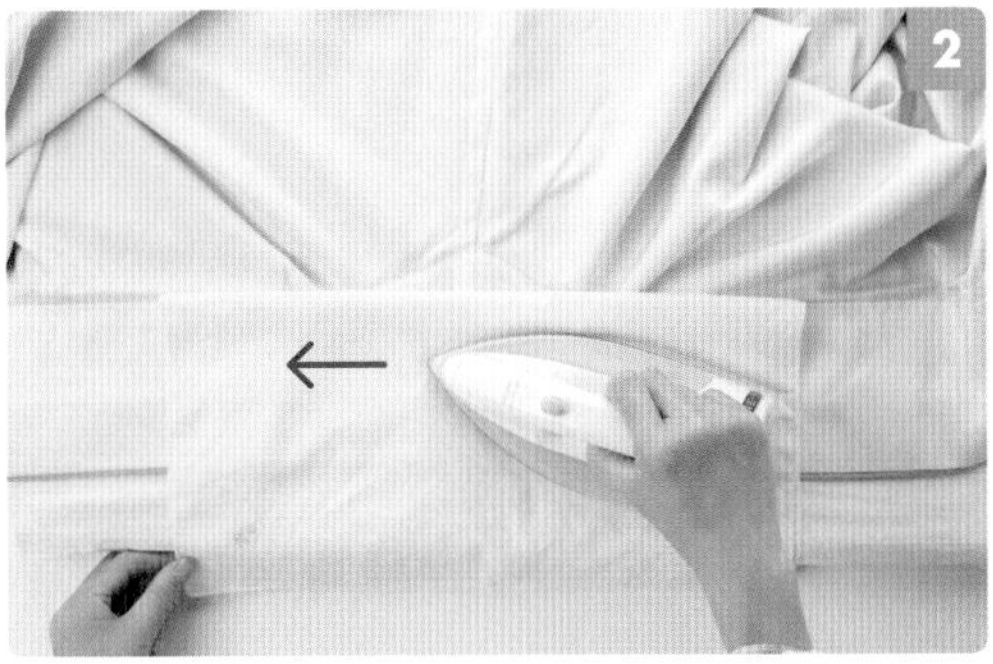

当て布の上からアイロンをかけます。アイロンは布目に沿って一方向に動かしましょう。伸ばそうとして前後左右に動かすと、しわが取れず、生地がよれてしまうことも。

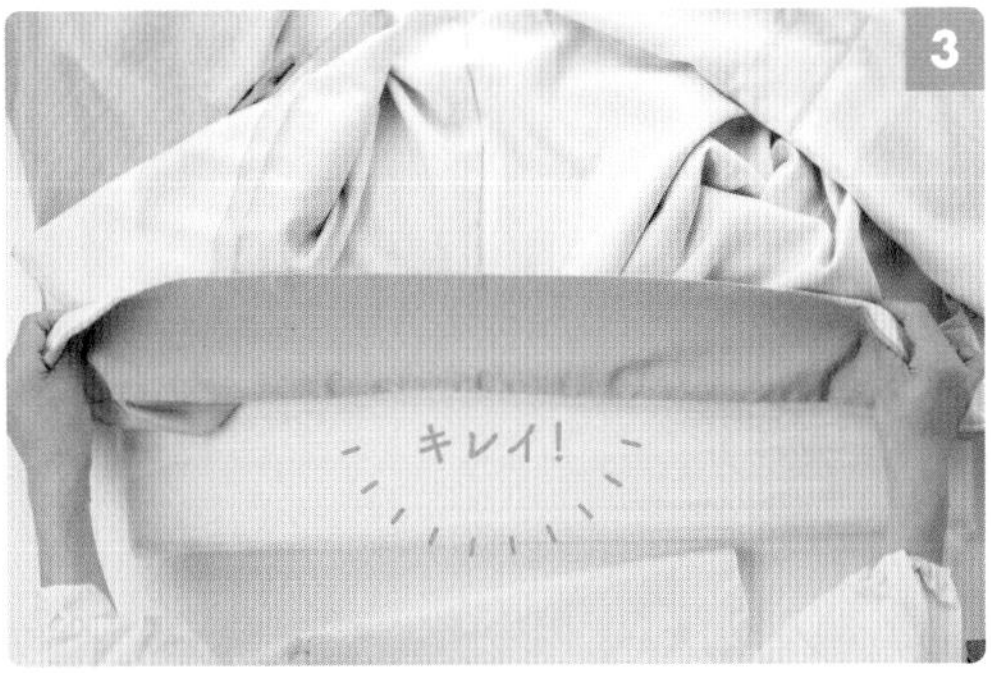

当て布を動かしながら衿全体にアイロンをかけたら、表に返してしわが取れているかチェック。しわがまだ残っていたら、同様にアイロンがけを繰り返します。

帯揚げ

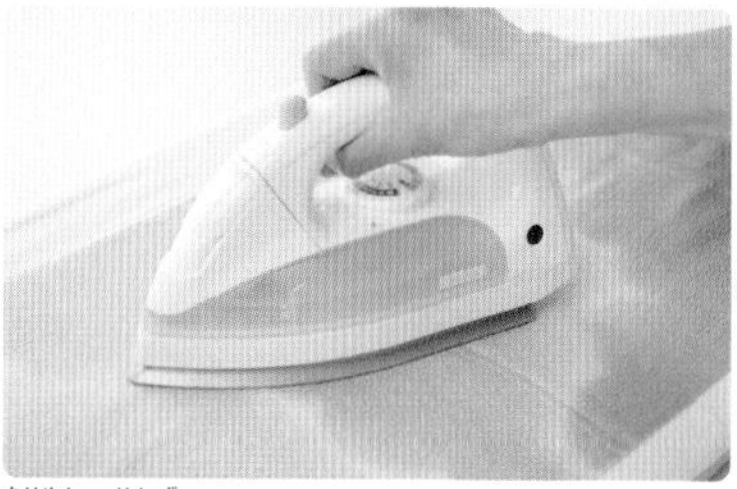

縮緬《ちりめん》や綸子《りんず》の帯揚げは、低温にして軽く滑らせるようにアイロンをあてれば大丈夫。絞りや刺繍、箔などがついたものはそこを避けて、当て布をしてアイロンをかけます。

足袋

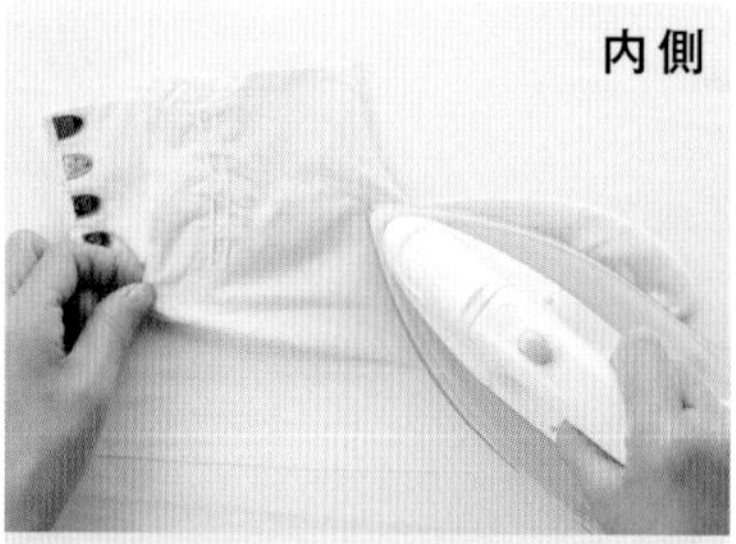

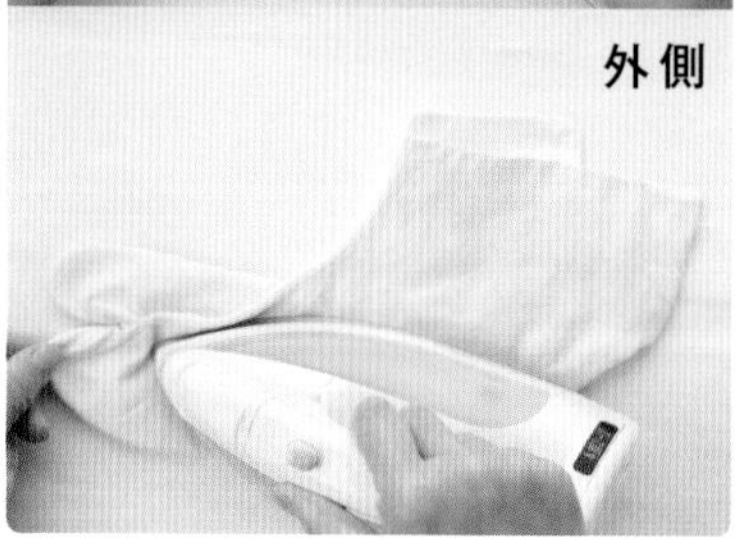

洗濯した後、軽くアイロンをかけると足元が引き締まります。内側、外側の順でかけましょう。細いしわは、はいているうちに伸びてくるのであまり気にしなくてもOK。

着物の後ろ身頃

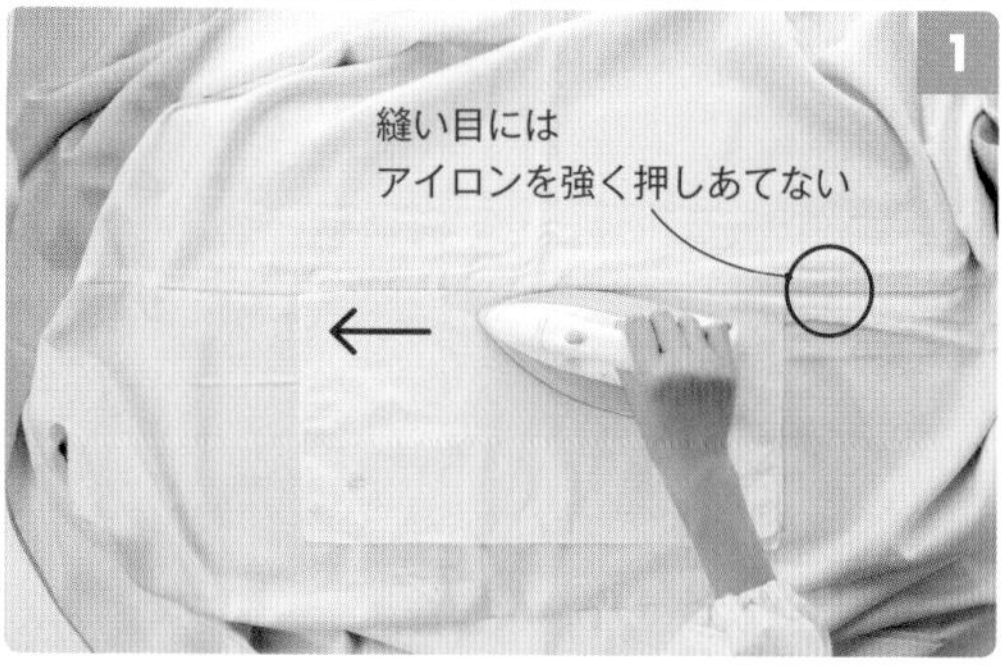

背縫いの縫い目をつぶさないように、手前からかけます。裏から当て布をし、布にスプレーして一方向に動かして。

細かいしわが伸びて、すっきりきれいな状態になりました。縫い目の奥側も同じように、当て布をし、布にスプレーをしてアイロンをかけます。

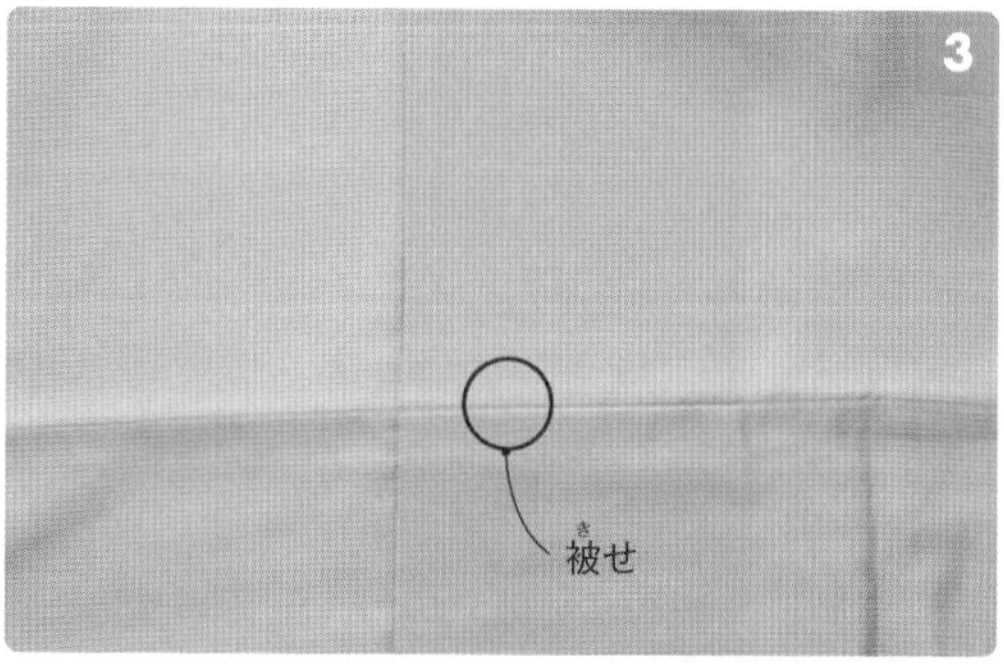

表に返して、しわがないかチェック。また着物には縫い目が折り山に隠れるよう仕立てた「被《き》せ」があり、ここをつぶさないようするために、縫い目を避けてアイロンをかけます。

5.

半衿 足袋を洗う

刺繍半衿以外の半衿は、正絹でも手洗いOK。折山線が最も汚れやすいため、足袋と同様に汚れのひどい部分に固形石けんをつけ、洗剤を溶かしたぬるま湯に20～30分ほどつけてから手洗いすると効果的です。

半衿

洗面器（洗面台の洗面ボウルなど）にぬるま湯をはり、長襦袢から外した半衿をつけます。

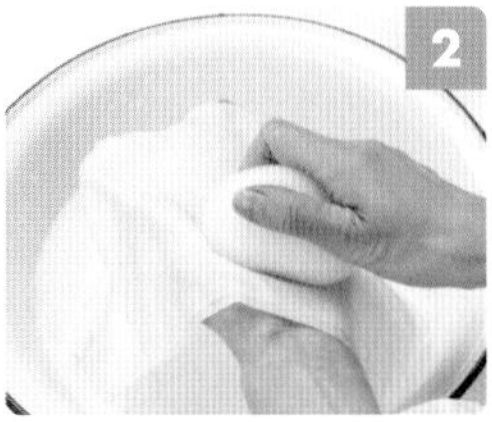

いちばん汚れている折れ山線の部分を中心に、固形石けんをつけます。

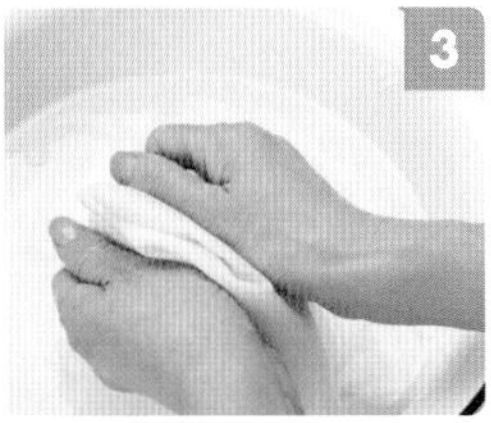

固形石けんをつけた部分を、両手でこすり洗いをします。歯ブラシや洗濯用ブラシでこすってもよいです。

そのまま1～2時間つけ置きしてから、よくすすぎます。生乾きで、アイロンをかけるときれいに仕上がります。

足袋

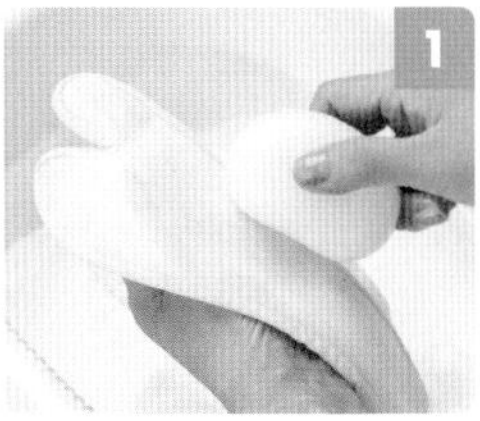

洗面器（洗面台の洗面ボウルなど）にぬるま湯をはり、足袋をひたしてから、汚れている部分に固形石けんをつけます。

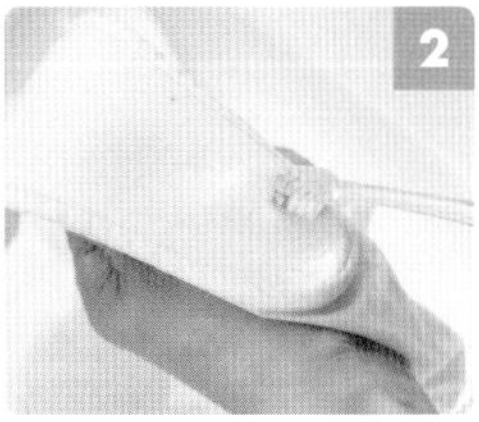

歯ブラシや洗濯用ブラシで汚れをこすります。足袋の裏の縫い目部分、つま先のところは特に汚れているのでしっかりこすります。

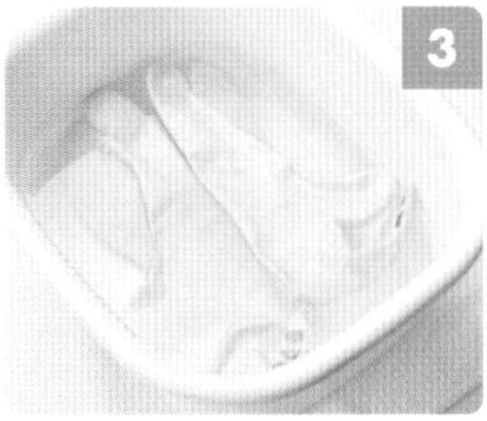

洗い終わった足袋は、1～2時間つけ置きしてから洗濯ネットに入れて洗濯機で洗います。汚れが落ちたら、よくすすいでから干します。

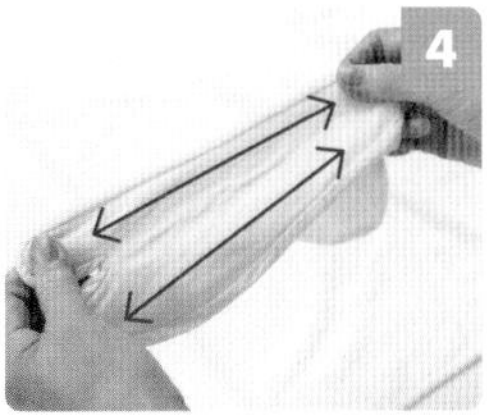

手洗いのあとも、洗濯機のあとも干すときは両手で形をしっかり整えます。まず足袋の裏を出して、縦方向に引っぱります。

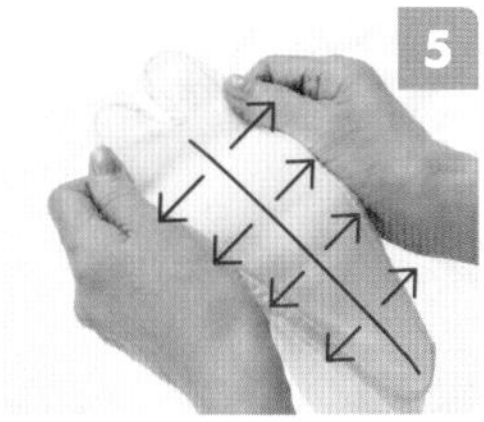

続いて、足袋の全体を横方向に引っぱります。

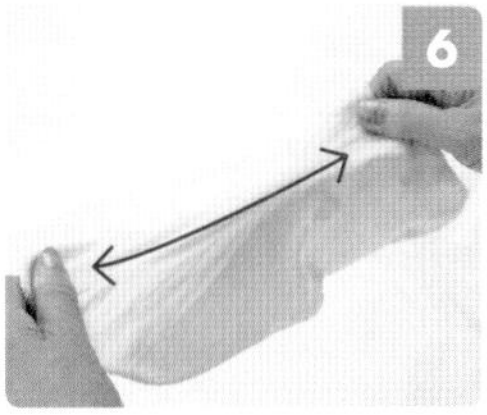

最後に足袋を表に返し、甲のの縫いつけ部分を縦方向に引っぱります。

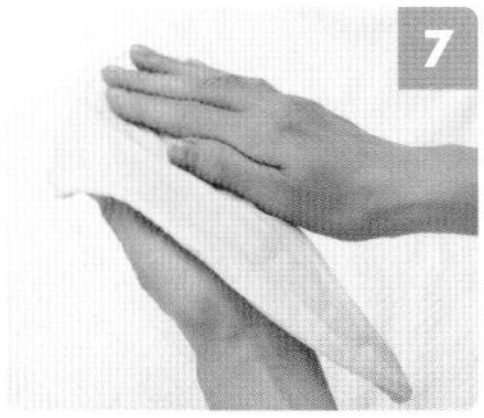

形を整えた足袋を手のひらにのせ、もう片方の手のひらでパンパンとたたいて、布目を伸ばします。

こはぜの掛け糸の内側をピンチではさんで干します。形を整えて干しましょう。

6. 小物類のお手入れ

帯締めは房を整えて、紙などで巻いて保管します。佐賀錦など布製の草履は木綿の布でたたくようにほこりを落とし、エナメル製は水を絞った布でふきます。専用のクリーナーもあります。

帯締め

たたみ方

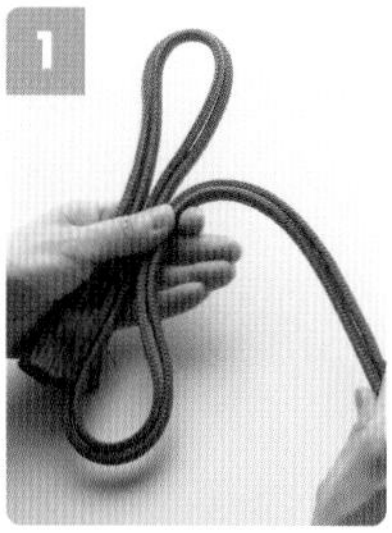

1. 帯締めを二つ折りにし、さらに写真のように折り返し、房を揃えて下にします。
2. 房を下にしたまま、二つ折りにした方(左手側)に帯締めをかぶせて輪を作ります。
3. 片わな結びを作るように結びながら、両側を持って引き締めます。房が結び目にあたるように、しっかり結びます。

房の整え方

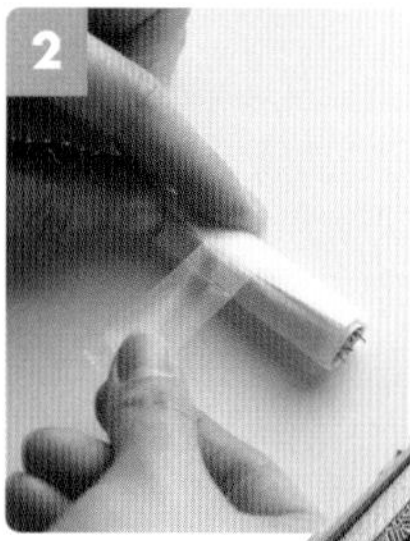

1. 乱れた房に、アイロンややかんの口から出る蒸気をあてます。
2. 房の長さに合わせた白い紙を巻き、ゆるみがないように、テープで留めます。簡単に房を巻いて保管する市販品もあります。
3. 左右とも同じように整えます。

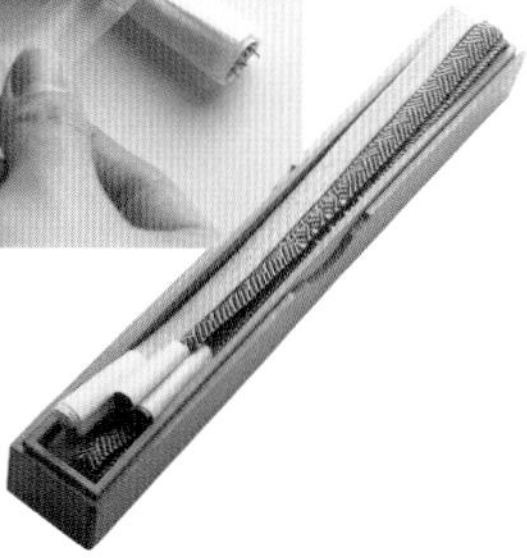

礼装用など、使う機会の少ない帯締めは房を整えたあと、四つ折りにして箱に保管しておきます。

草履

雨に濡れたり湿ったところを歩いた場合は、草履を裏返して半日くらい陰干しします。

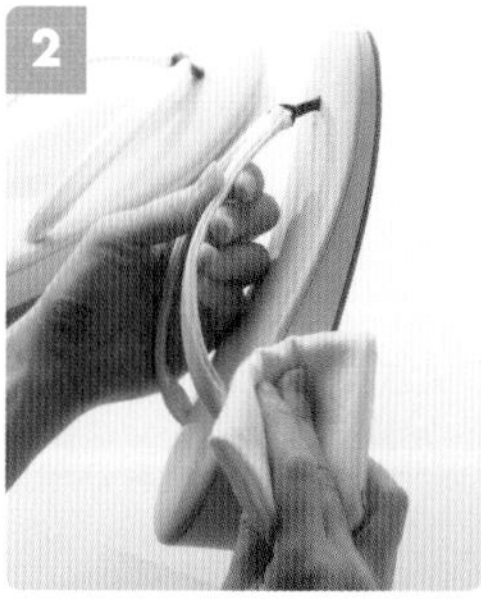

台の表や側面が汚れている場合は、クリーナーを含ませた柔らかい布で拭きます。その後、乾拭《からぶ》きします。

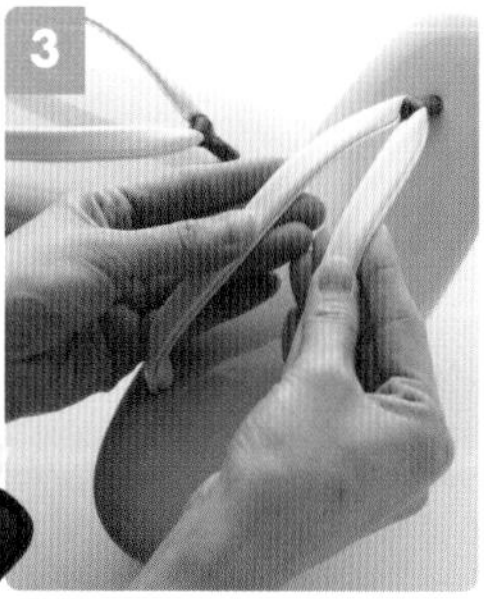

手入れがすんだら、曲がった鼻緒を両手でまっすぐに整えます。鼻緒キーパーや和紙を丸めたものなどを鼻緒に挟んでおくと安心。

汚れを落としたら、箱などに入れて収納します。持ち運びに便利な、鼻緒にはさむキーパー付きのケースも市販されています。

◎自分でできるお手入れ

着物と帯のたたみ方

着物や帯は、洋服とは作りが異なるため仕立て方に合わせた、たたみ方があります。床や畳の上に直接広げないで、大きめの衣装敷などを使います。汚れや傷みを確認しながら、形に合わせてたたみます。次のために、湿気や虫がつかないように保管しましょう。

長襦袢

おはしょりのない長襦袢は、「襦袢だたみ」という方法でたたみます。道行や道中着などのコート類、肌襦袢などもこのたたみ方をします。

1

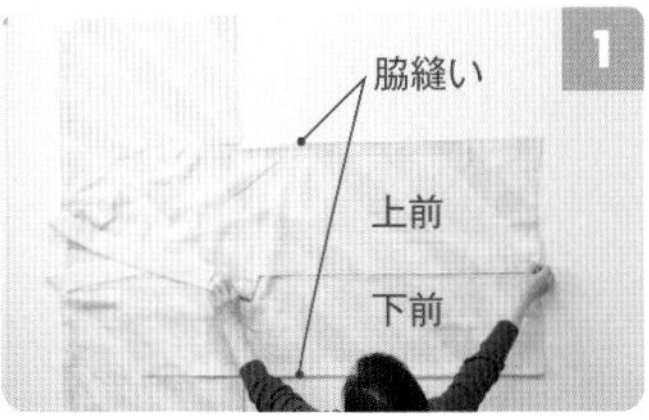

衿を左にして長襦袢を広げ、下前を脇縫いから内側に折ります。続いて上前も脇縫いから内側に折ります。

2

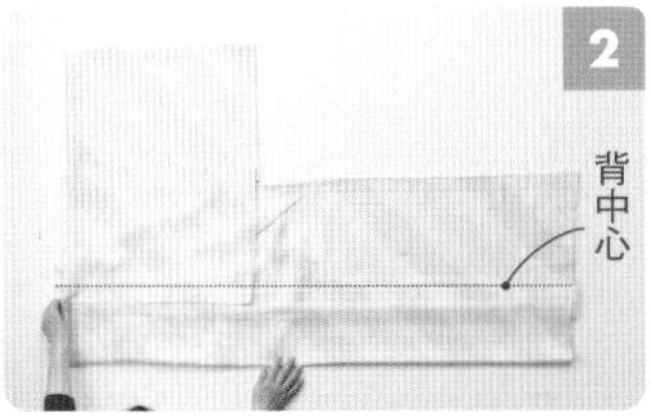

両手で下前の脇縫いを持って、背中心に向けて重ねます。

3

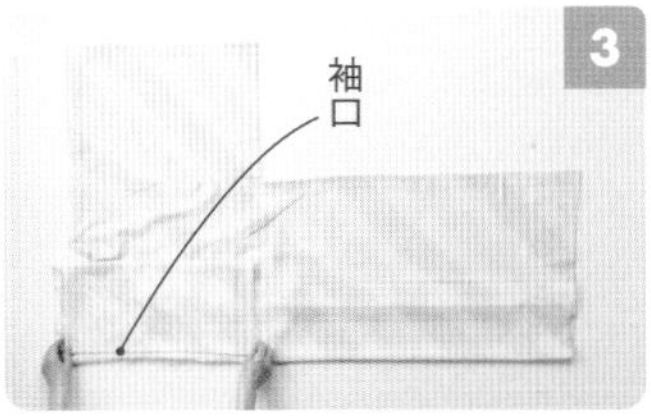

下前の袖を外側に半分折り返します。このとき、袖口は身頃の折り目より、2㎝ほど内側になります。

4

上前も同様に脇縫いを背中心に向けて、内側に折ります。

5

袖も内側にきれいに折ります。

6

上前の袖を外側に半分折り返しますが、袖口は身頃より2㎝ほど控えめにします。

7

左手で長襦袢の裾を持ち、右手で長襦袢を押さえながら半分に折ります。

8

左手で裾を少しずらし、衿につかないように重ねます。完成です。

最も一般的な着物のたたみ方「本だたみ」を紹介します。この方法でたたむと、市販の畳《たとう》紙《し》や和箪笥の引き出しにちょうど収まります。紋や刺繍、箔などが施されているところには、薄紙をあてて保護すると安心です。

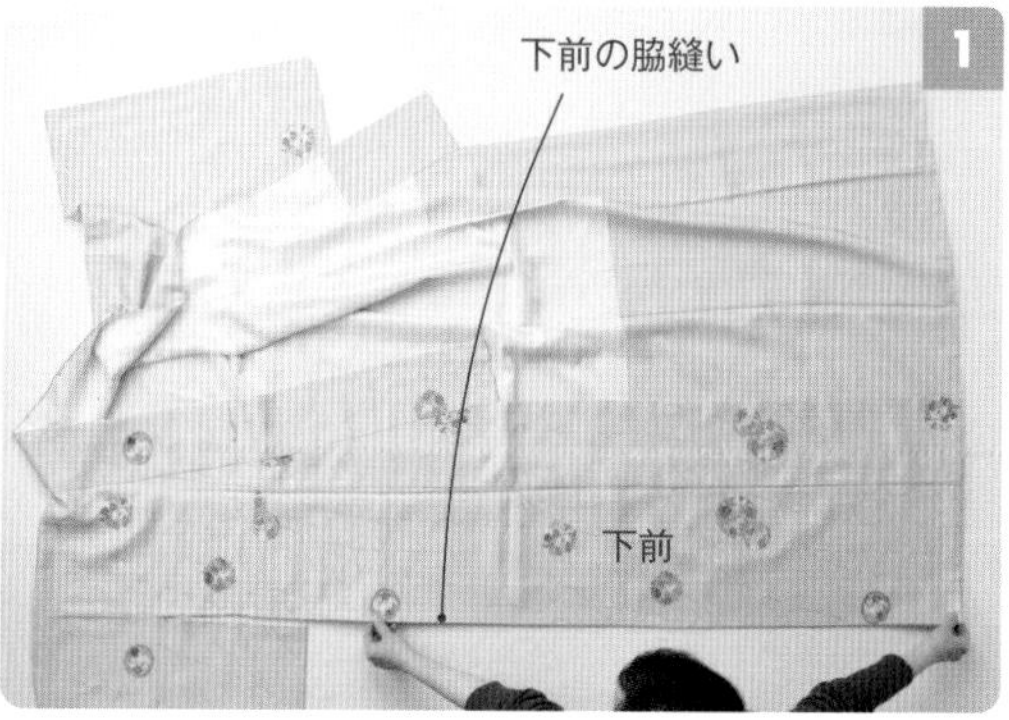

衿を左にして、着物を広げます。下前の脇縫いを内側に折り、後ろ身頃と前身頃を重ねます。

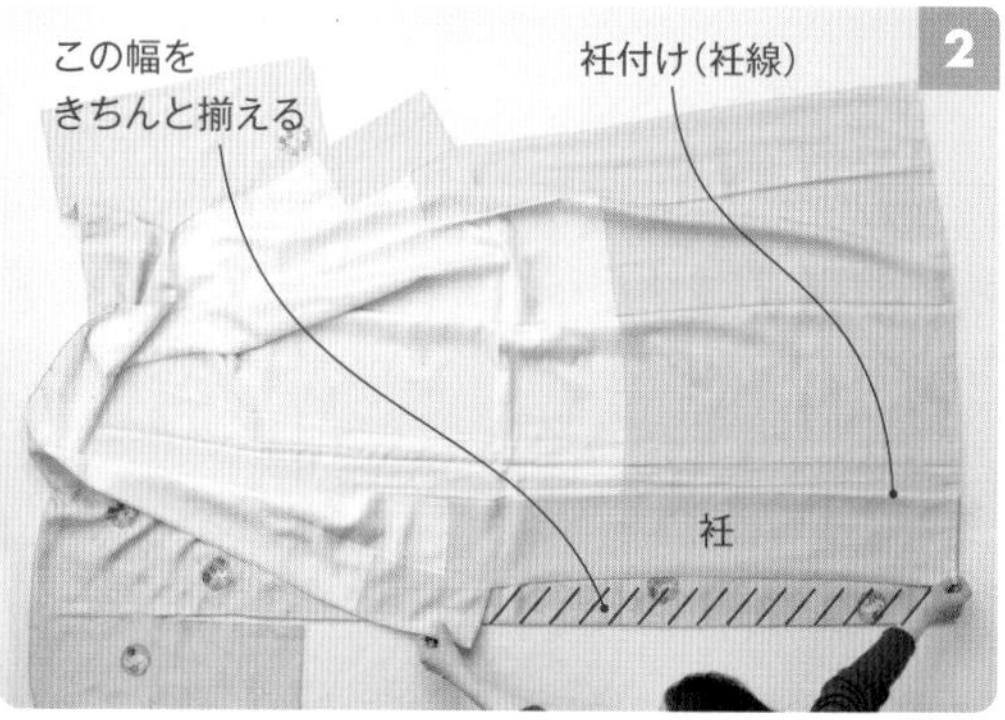

下前の衽付けから折り返します。折り返したとき、衿下の幅が揃うようにします。

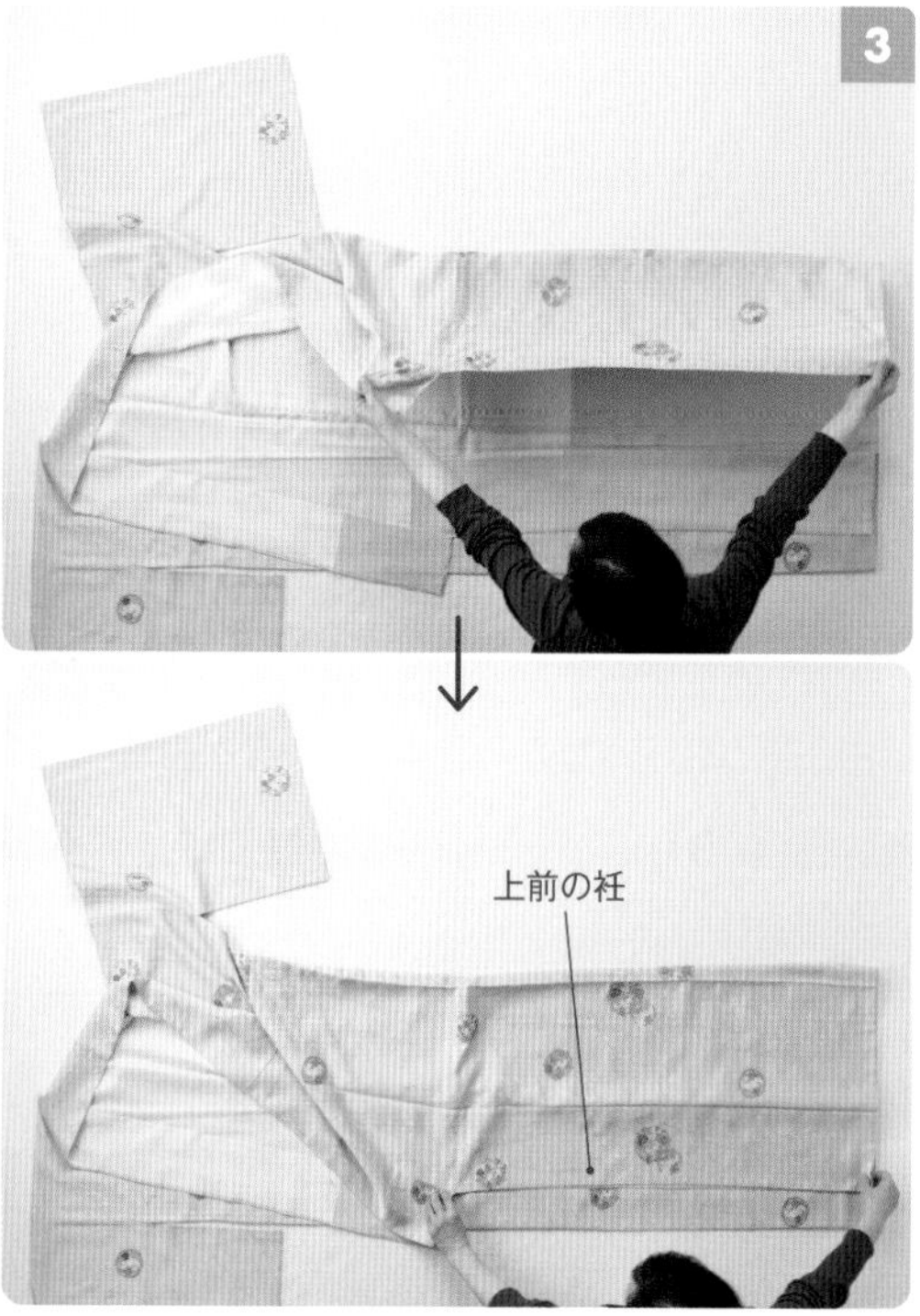

両手で上前の衽を持ち、下前の衽に重ねます。重ねたら、手のひらで空気を抜くようにすると、余分なしわも取れます。

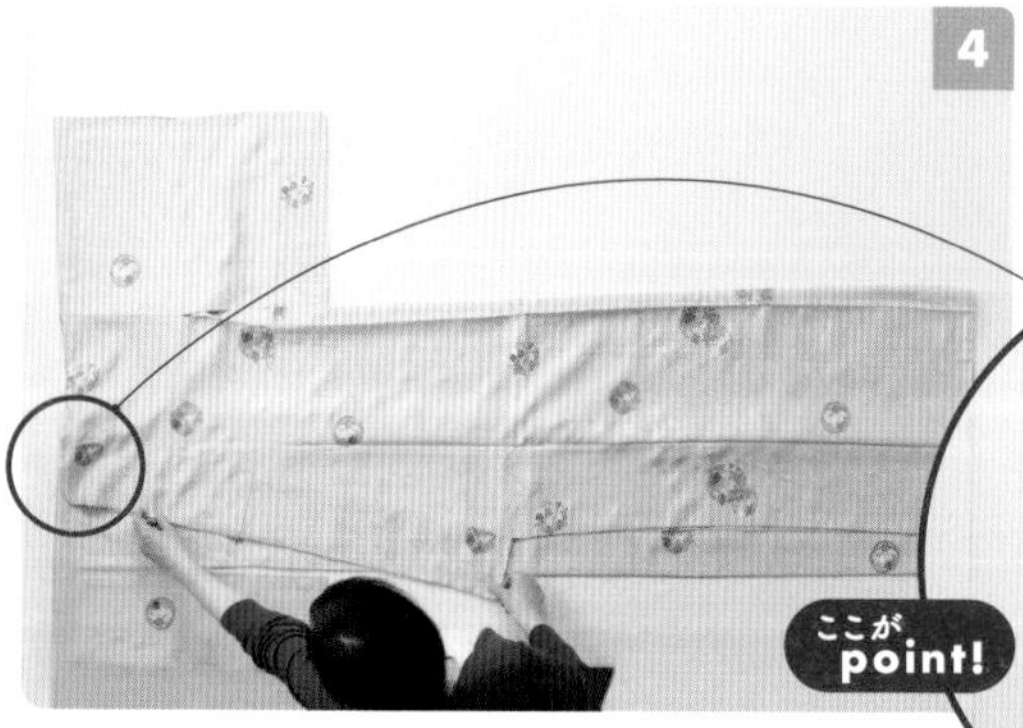

下前の衿に上前の衿をきれいに重ねます。

着物の衿は三角形に折ります。そのとき、繰り越し＋約１㎝のところを折ると、角にしわが寄りません。

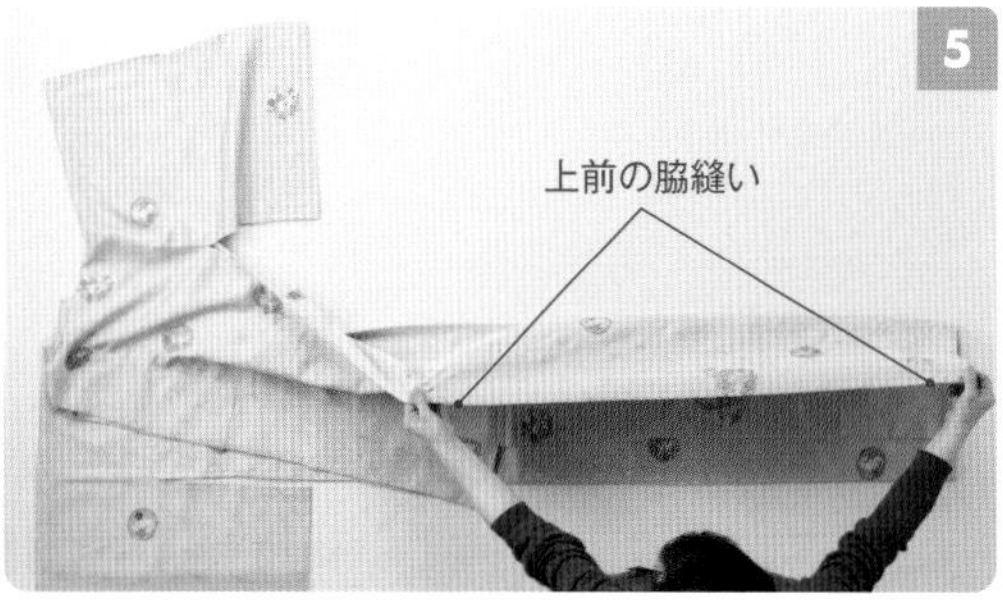

両手で上前の脇縫いを持ち、下前の脇縫いにきちんと重ねます。

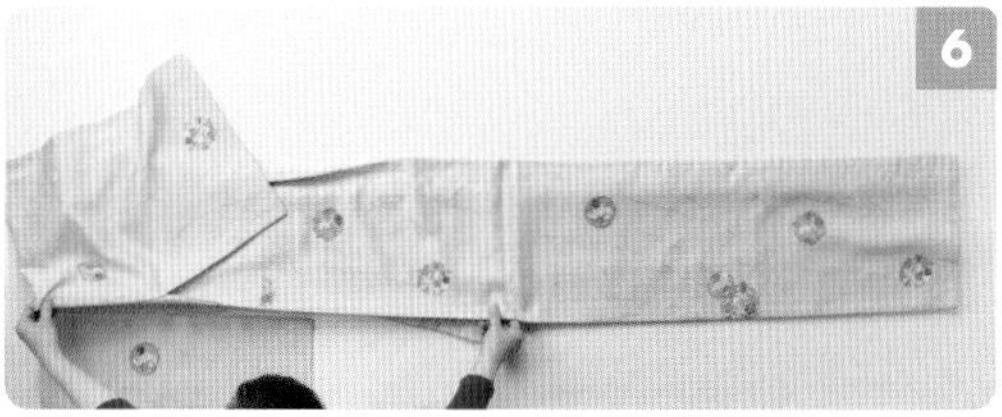

上半身も下前に上前をきちんと重ねます。

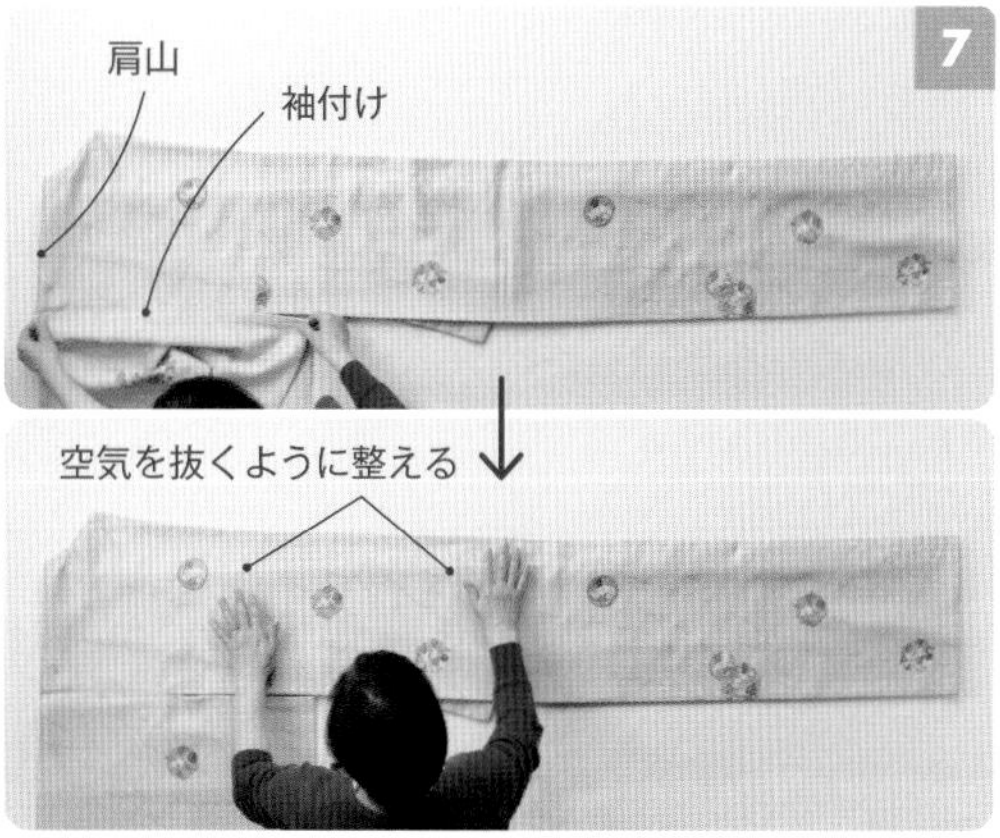

肩山と袖付けを揃えて重ね、身頃を整えます。

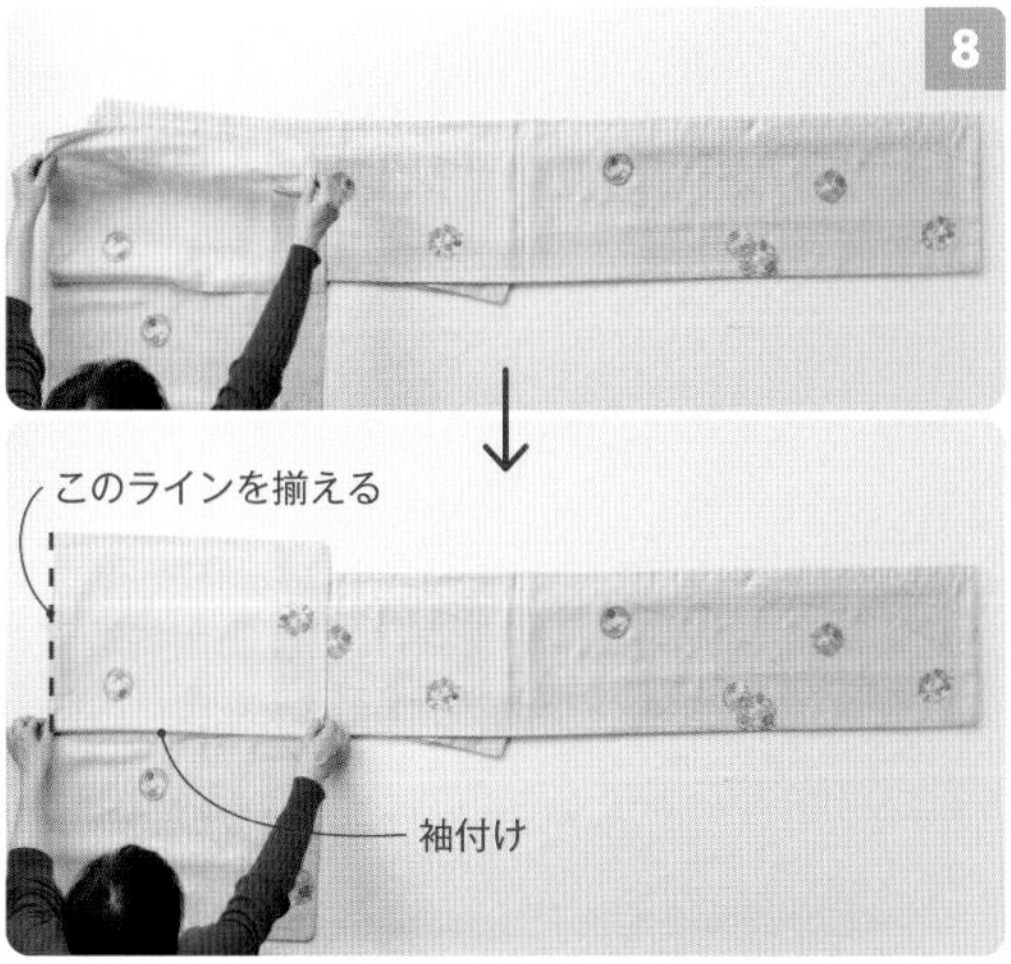

上になっている袖を袖付けのところから折り返して、身頃に重ねます。

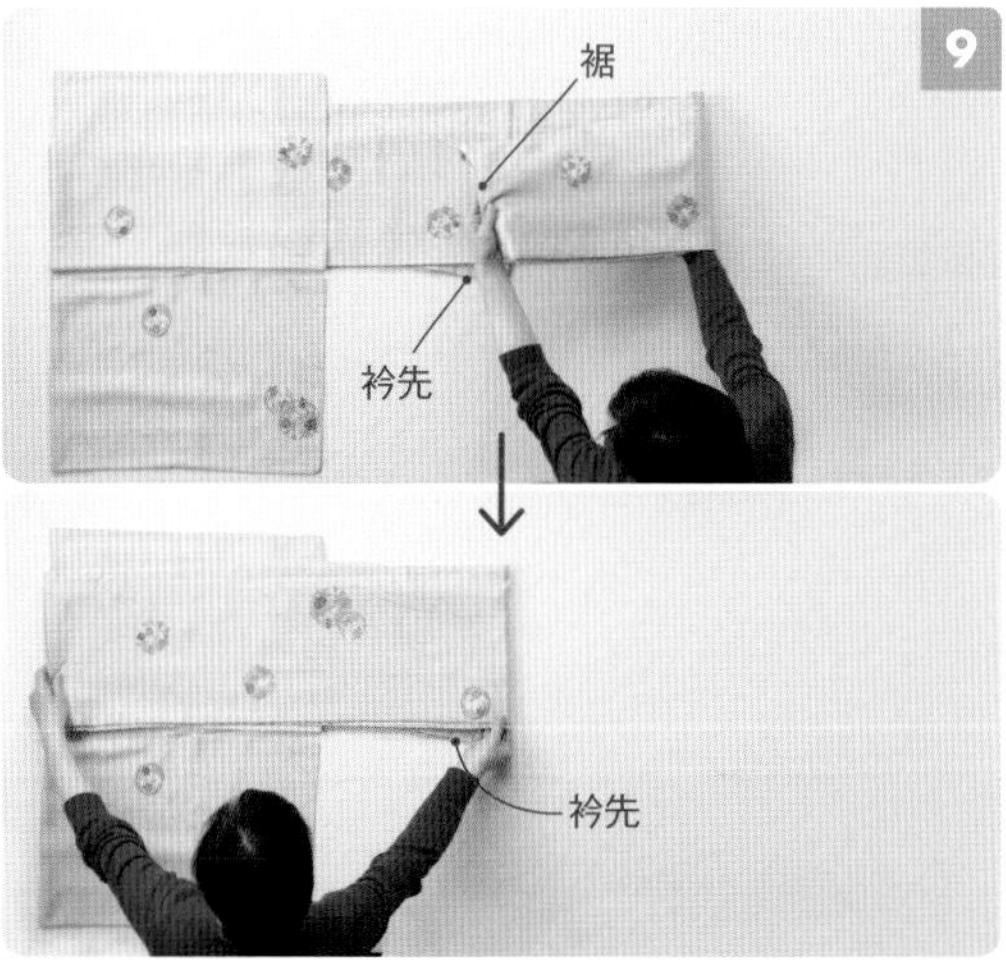

左手で裾を持ち、右手で着物を押さえて、衿先のところで半分に折ります。

名古屋帯

名古屋帯はいくつかの仕立て方があり、その方法によってたたみ方が異なります。ここではての幅を半分に折って仕立てる「名古屋仕立て」を例に紹介します。幅を半分に折っていない帯は、袋帯と同じようにたたみます。

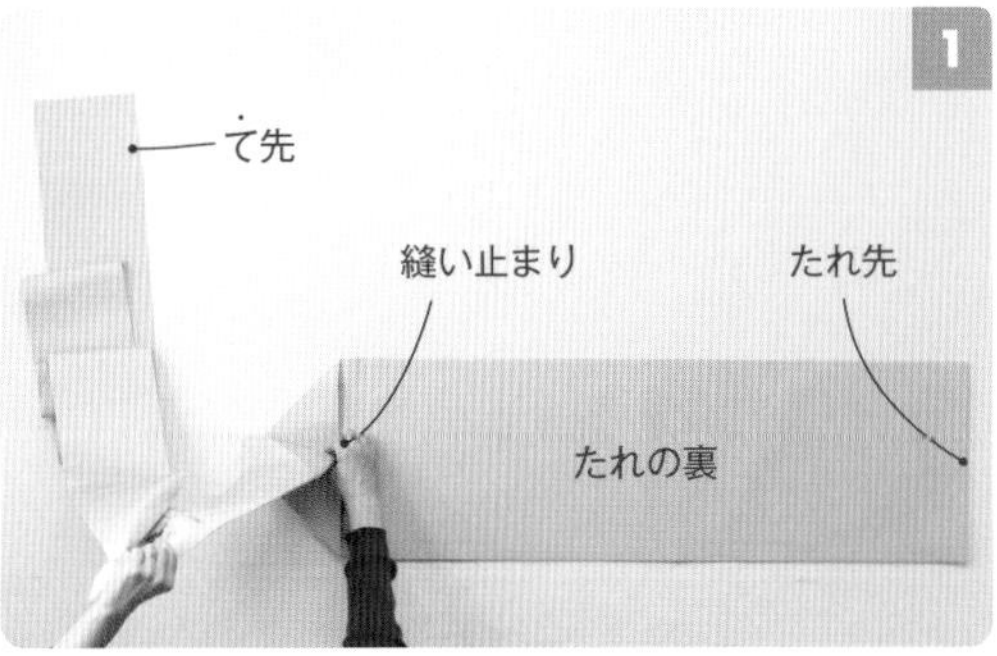

たれの裏を出して、たれ先が右にくるように、帯を広げます。帯の縫い止まりを三角形に折ります。

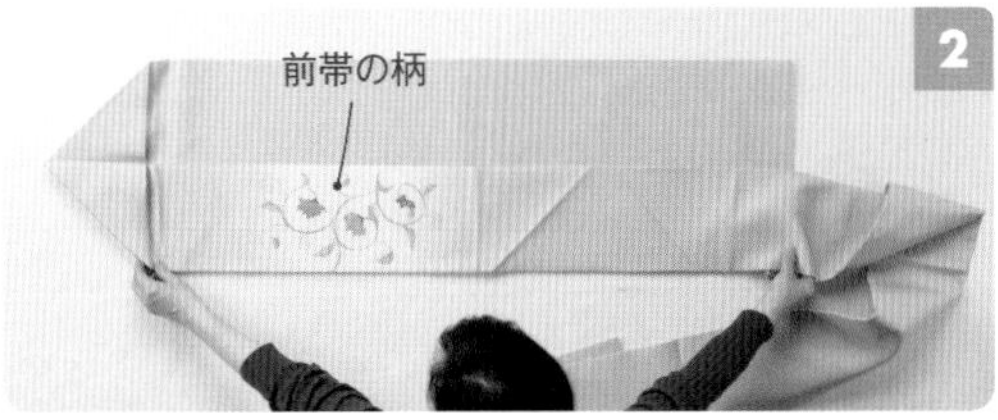

そのままてを右に流して、たれの端に重ねます。

てがたれの先端までいったら、三角形に折り返します。直角に上に折り返してから左に折ると、三角形がきれいに折れます。

折ったところをまっすぐにします。

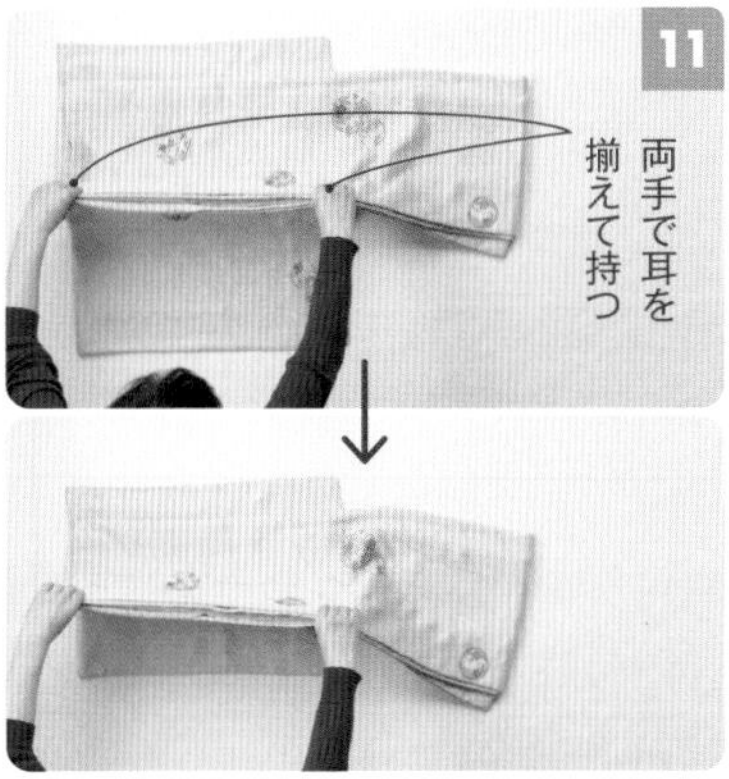

たたんだ着物を両手で持ち、下になっていた袖を身頃側に折り返します。

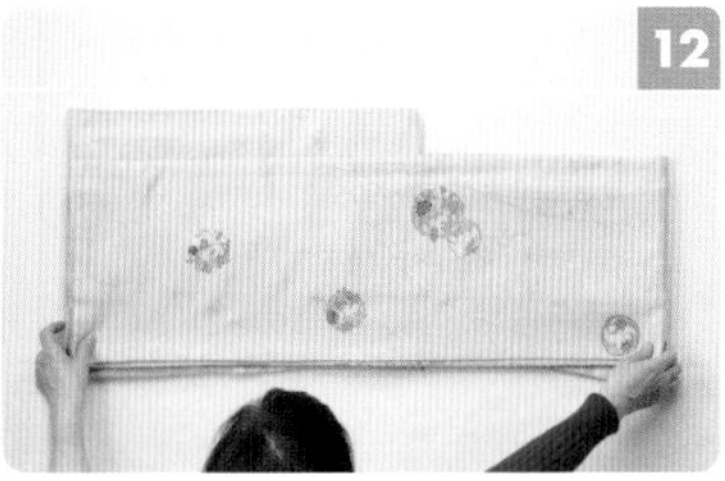

でき上がり。この長さでしまうのが理想ですが、収納する場所によっては、全体を三つ折りにしてもかまいません。

袋帯

袋帯の柄付けの多くは、全体に柄のある全通《ぜんつう》柄と６割柄がある六通《ろくつう》柄です。どちらも二つ折りを３回繰り返す「屏風だたみ」をします。写真は表を見せていますが、汚れないように表を内側にして中表にたたむ方法もあります。

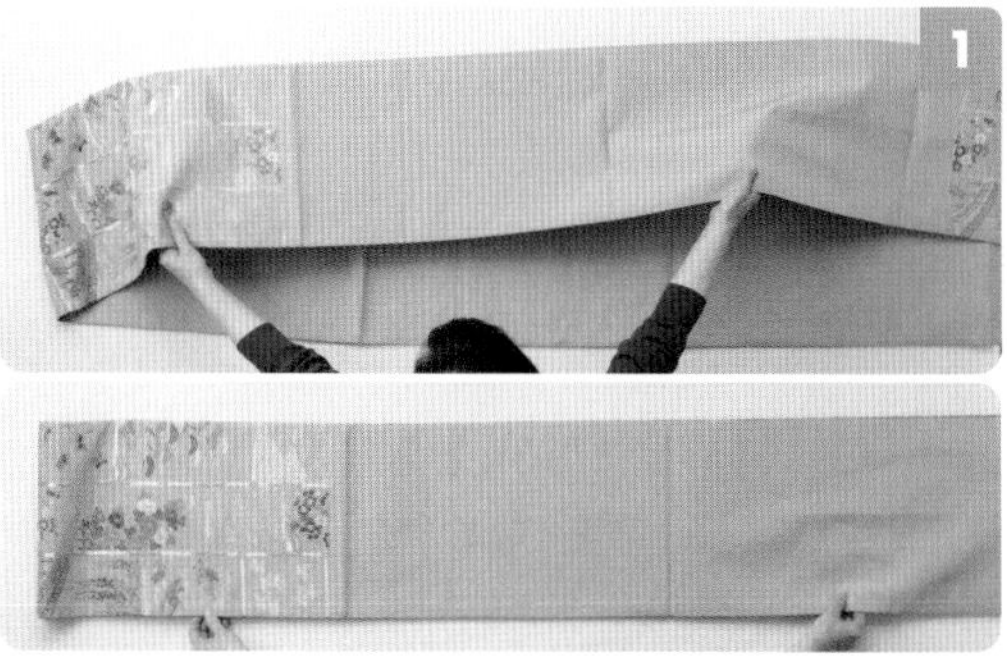

帯を広げ、中央で二つ折りにします。折り目が気になるときは、折り目のところに真綿の棒や和紙を丸めたものを挟みます。

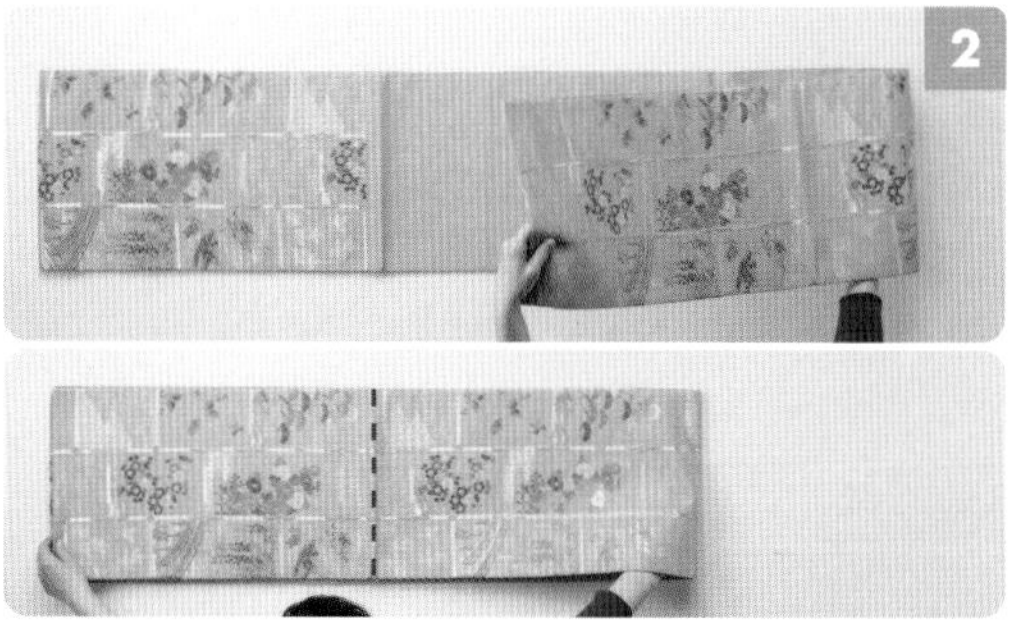

片方の手で帯の端を持ち、もう一方の手で帯を押さえて、半分に折ります。

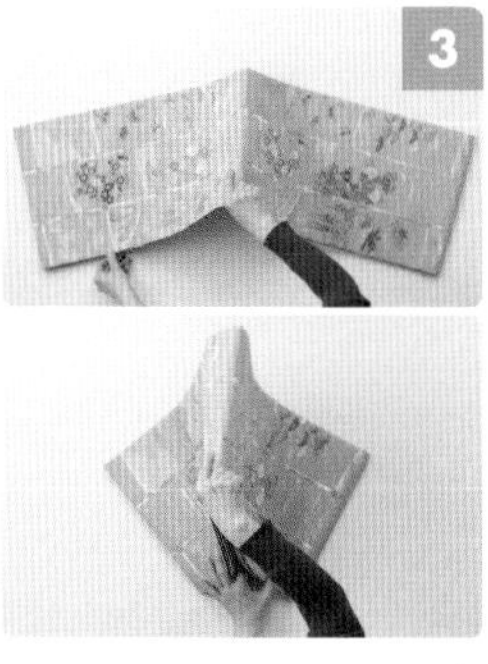

同じようにして、もう一度半分に折ります。

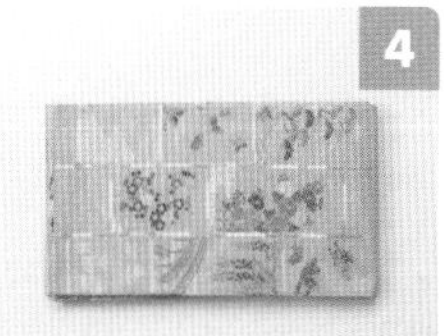

でき上がり。

てをたれの端に沿ってきれいに重ねます。

左にはみ出したて先は三角形より内側で折り（４の点線のところ）、三角形も内側に折ります。

右手で左の三角形を持ち、左手で帯を押さえて半分に折ってでき上がり。お太鼓の柄に折り目がつかず、表にきちんと出ます。

＊本誌に掲載されている写真は、新規撮影分の他に『新版　きもの着付けと帯結び』に掲載のものも含まれています。上記に関わっていただいたモデルの中に、再使用の連絡の取れない方がいらっしゃいました。本誌をご覧になりましたら、世界文化社（03－3262－5124）まで、ご連絡いただくようお願いいたします。

ブックデザイン／宮巻 麗
撮影／岡田ナツ子（Studio Mug）
　　伏見沙織（世界文化ホールディングス　写真部）
着る人／赤平里英・小川聡美・上神谷亜世・菊地瑞穂
　　高森るり子・渡辺理美
ヘア＆メイク／嵯峨直美
イラスト／すずきひさこ
校正／株式会社円水社
DTP／株式会社明昌堂
編集／佐藤未知子
　　佐藤千寿香・富岡啓子（世界文化社）

いちばん親切な着物の教科書
初めてでも自分でできる！
着物の着付けと帯結び

監修　赤平幸枝

発行日／2023年4月20日　初版第1刷発行
　　　　2024年8月20日　　　第2刷発行

発行者／岸 達朗
発　行／株式会社世界文化社
〒102-8187
東京都千代田区九段北 4-2-29
03（3262）5124（編集部）
03（3262）5115（販売部）

印刷・製本／株式会社リーブルテック

ISBN978-4-418-23406-6